本书受到江苏省社科基金项目（21YYC004）和中国矿业大学中文学科经费的资助。

现代汉语词汇和句法研究

王 鑫/著

吉林大学出版社

·长 春·

图书在版编目（CIP）数据

现代汉语词汇和句法研究 / 王鑫著. -- 长春：吉林大学出版社，2023.11
ISBN 978-7-5768-2772-9

Ⅰ.①现… Ⅱ.①王… Ⅲ.①现代汉语－词汇－研究②现代汉语－句法－研究 Ⅳ.①H136②H146.3

中国国家版本馆CIP数据核字(2023)第243785号

书　　　名：	现代汉语词汇和句法研究
	XIANDAI HANYU CIHUI HE JUFA YANJIU
作　　　者：	王　鑫
策划编辑：	李承章
责任编辑：	蔡玉奎
责任校对：	张　驰
装帧设计：	刘　丹
出版发行：	吉林大学出版社
社　　　址：	长春市人民大街4059号
邮政编码：	130021
发行电话：	0431-89580036/58
网　　　址：	http://www.jlup.com.cn
电子邮箱：	jldxcbs@sina.com
印　　　刷：	广东虎彩云印刷有限公司
开　　　本：	787mm×1092mm　1/16
印　　　张：	15
字　　　数：	250千字
版　　　次：	2024年5月 第1版
印　　　次：	2024年5月 第1次
书　　　号：	ISBN 978-7-5768-2772-9
定　　　价：	76.00元

版权所有　翻印必究

序

　　王鑫硕士阶段师从杨亦鸣教授，博士阶段到南京师范大学进入了我的团队。王鑫的兴趣和组里大部分人的研究方向不太一致。组内其他人的研究更加偏重语言的认知加工或病理人群的语言机制，不特别关注理论语言学的争议。王鑫则着眼于用神经科学的方法考察句法理论问题，他的博士论文借助功能性磁共振成像技术，考察了汉语不及物动词的语义–句法映射机制问题，并得出了一些有意思的发现，相关研究发现也发表在《当代语言学》《现代外语》《心理科学进展》以及《南开语言学刊》等期刊上，本书的第五章和第六章就跟他博士论文的研究直接相关。正因为王鑫和我近年来的研究兴趣有一些偏差，所以我从他那儿学习到很多东西。我本人从博士阶段开始对心理语言学有兴趣，为了完成博士论文，自己不成体系地阅读过一些书籍；博士后流动站工作期间正式进入神经语言学领域，最初也是用实证方法考察汉语名动是否分离这一更偏理论语言学探讨的话题，后来因为兴趣点主要锁定在儿童语言障碍上，所以观察到儿童的很多临床表现，这些表现提示我，语言和其他认知能力之间的关系非常复杂，要揭示这些关系，仅从语言学视角看问题应该是不够的，因此我就逐渐从借助实证考察理论语言学问题的研究道路上偏离了。但王鑫在组里讨论他的课题时，总让我重新回到语言本体的视角，我仍然觉得非常有趣。

　　是用实证方法做理论语言学研究，还是不特别以考察理论语言学为目标，而以语言加工本身为关注重点，这是当前认知神经语言学领域的两个大方向。作为一名较早进行语言学交叉研究的工作者，我特别欣喜地看到，最近这些年，交叉学科越来越受到国家政策层面的支持和学者的青睐。当前从事语言学交叉学科的队伍迅速壮大，语言学领域涌入了并还在不断涌入越来越多其他学科背景的研究者，这充分显示了交叉学科的魅力，证明了交叉有必要，也振奋和鼓舞了大批研究者。作为一个有幸和国内神经语言学、临床语言学一起起步、成长的亲历者，我也时常会思考一些问题：语言学如何与其他学科交叉？如何交叉才能更好地促进整个学科发展、发挥交叉学科解决复杂问题的功能？从研究特征看，语言学在与其他学科交叉后，研究范式往往都与语言本体研究存在较大不同，以神经语言学为例，在实证科学的思维模式下，神经语言学要讲究认知分解、因素剥离、实验设计和数据处理的合理性等；再从现在高校的科研评价体系来说，与语言学产生交叉的学科，如心理学、医学等，因其期刊数量多、影响因子高，所以这些学科背景的研究人员进入与语言学交叉的领域后，在技术使用、方法分析、成果发表方面都自带优势，语言学研究人员时常会有一种"被碾压"感。这种情形之下，加上其他诸如职称评审、非升即走等对成果有各种具体规定的制度，研究难做、成果难出的语言学很容易让文科背景的语言学研究者产生自我怀疑，在交叉的十字路口不知如何选择前进的道路。有些人为了彰显语言学的地位和重要性，有时会说些过度拔高的话，或者给语言学设定一些本不该由语言学承担、其实语言学也完成不了但又的确能解决现实问题的任务。凡此种种，都不利于良性交叉，也不利于学科的长远发展。

  我个人在刚进入语言学交叉研究领域的时候，对技术和数据也是好奇和仰视的。看得多了，就渐渐领会到，实验只是手段，核心还是研究问题，手段永远服务于目标。从事研究的时间越长就越清楚一点：提出一个好问题真是太难太难了。这些话很多人说，很多场合都能听到，但领悟是靠一次又一次的实际工作不断加深的。那么，语言学背景的学者怎样才能提出好问题呢？我认为大概率还是要从自己熟悉的领域出发。循着这个思路，当语言学和其他学科进行交叉研究时，我们是不是应该首先考虑，语言学知识可以为交叉带来什么新视角和新知识？交叉是为了优势互补而不是相互取代，每个学科都应定位好本学科对交叉学科的独特贡献。事实上，这几年我经常和心理学、医学、特殊教育背景的研究者合作交流，我发现他们在了解了语言学的知识框架后，都无一例外地认为语言学会对他们的工作大有裨益，交叉合作定能共赢。这种被认识、被需要的感觉让我认识到，我们不需要特别去修饰、去拔高，因为语言学的本来面貌就是学科体系和学科发展中需要的"不一样的烟火"。

王鑫的这本《现代汉语词汇和句法研究》，既有对现代汉语研究中基本问题的思考，也有从心理语言学和神经语言学视角所做的句法实证研究，这两个方面都反映了王鑫在理论语言学方面的学术兴趣，这些内容也很好地体现了语言本体研究和交叉研究的关系。王鑫是我指导的第二届博士，他勤奋好学，善于思考，专注度非常高，所以在读期间就有不俗的发表成绩，也获得过诸如江苏省优秀毕业生、国家奖学金、校长奖学金等很多高级别的荣誉。作为导师的我，与有荣焉。如今他步入工作岗位已两年有余，承担各种教学任务和事务性工作的同时，一直笔耕不辍。做学问向来大体有两种出成果的方式，一种是厚积薄发，一种是边种边收。目前高校的"青椒"们普遍"压力山大"。不管是见面还是电话，王鑫几乎每次都会聊到距离考核合格还有多少任务没有完成。我对他的学术能力完全有信心，但规定似乎不断在变化，在快够到那个标准的时候，它又会往上提一提，于是让人越够越着急。大环境如此，个人是无力改变的。王鑫一直以乐观的心态和积极的行动面对现实，这本书既是他在学术道路上边种边收的一个成果，也是他职业生涯最初几年不断努力跳跃的一个记录。完成一部书稿，对谁来说都是一次难得的自我提升，何况是一名刚走出校门的年轻人，所以我特别高兴看到这本书的出版。

当然，我相信王鑫的下一部著作肯定会更好！

梁丹丹
2023年冬于南京

目　　录

绪　论 ·· 001
 第一节　从语言开始说起 ·· 001
 第二节　词汇和句法概说 ·· 006
 第三节　研究框架和内容 ·· 017
 第四节　研究方法和特色 ·· 024

第一章　现代汉语语素和词的关系 ·· 027
 第一节　关于现代汉语语素与词的关系问题的讨论 ···························· 027
 第二节　对现代汉语语素和词关系的理论反思 ································ 038
 第三节　本章结语 ·· 045

第二章　现代汉语词和短语的区别 ·· 048
 第一节　关于现代汉语词和短语划分标准的讨论 ······························ 048
 第二节　对现代汉语词和短语划分标准的理论反思 ···························· 055
 第三节　现代汉语"没有+NP"中"没有"的词汇单位归属问题 ················ 060
 第四节　本章结语 ·· 069

第三章　现代汉语网络词汇中的类词缀 ·· 072
 第一节　语素概述 ·· 072
 第二节　现代汉语网络词汇中的新生类词缀例析 ······························ 074
 第三节　现代汉语新生类词缀产生的原因和特点 ······························ 090
 第四节　本章结语 ·· 095

第四章　现代汉语词汇的音义对应关系 ·· 097
 第一节　关于语言符号的任意性与象似性 ···································· 098

第二节　关于现代汉语词汇音义对应关系的讨论 …………… 105
　　第三节　对现代汉语词汇音义对应关系的理论反思 …………… 112
　　第四节　本章结语 …………………………………………… 117
第五章　现代汉语动词的及物性 ………………………………… 119
　　第一节　关于汉语动词及物性的讨论 ……………………… 120
　　第二节　对现代汉语动词及物性的理论反思 ……………… 128
　　第三节　现代汉语动词及物性的实证研究 ………………… 136
　　第四节　本章结语 …………………………………………… 143
第六章　现代汉语不及物动词的语义–句法映射机制 ………… 144
　　第一节　非宾格假说介绍及国外相关研究概况 …………… 144
　　第二节　现代汉语不及物动词语义–句法映射机制理论研究 …… 155
　　第三节　现代汉语不及物动词语义–句法映射机制实证研究 …… 159
　　第四节　本章结语 …………………………………………… 178
第七章　现代汉语"NP+X的"结构的语义–句法映射机制 …… 179
　　第一节　关于"NP+X的"结构语义–句法映射机制的讨论 …… 180
　　第二节　对"NP+X的"结构语义–句法映射机制的理论反思 …… 182
　　第三节　"NP+X的"结构定语后移的实证研究 …………… 192
　　第四节　"NP+X的"中"X的"的语义和语用效果 ……… 199
　　第五节　本章结语 …………………………………………… 204
参考文献 ……………………………………………………………… 205
后　　记 ……………………………………………………………… 226

绪 论

第一节　从语言开始说起

词汇和句法是语言的重要组成部分，语言是相对于词汇和句法的重要上位概念。对词汇和句法的讨论，实际上也是对语言的讨论。相应地，对具体语言中词汇和句法的讨论，实际上也是对具体语言的讨论。因此，在讨论词汇和句法这两个本书关注的核心议题之前，有必要对语言形成系统的认识。下面从"什么是语言""语言源自何处""语言的功能""人类语言的特点""汉语与世界语言的关系"等几个角度，讨论语言。

一、什么是语言

提及一种事物或现象时，往往要从"是什么"这一话题说起。关于"语言是什么"这一话题，时人前贤从不同的角度给出了不同的答案（曹贤文等，2020）。转换生成语言学的代表人物乔姆斯基（Chomsky，2006）认为，语言是基于人类遗传的一种与生俱来的能力，这种"能力"以人类大脑为生理基础。结构主义语言学的代表人物索绪尔（Saussure，1980）主张，语言是一种音义结合的符号系统。语言的符号性表现在，语言的语音形式与其表达的语义内容之间不存在必然的、本质的联系，语音和意义的联系由使用具体语言的集体成员约定俗成而建立。自然主义语言学派则主张，语言是遵循自身生成、发展和死亡规律而自然形成的有机整体。语言从产生到消亡，本质上都是语言的自发行为，与语言使用者关系不大，不受语言使用者意志的控制。结合上述关于"语言是什么"的论述可以发现，语言具有生理属性，即人脑与生俱来的一种遗传性能力；语言也具有结构属性，语音形式是表达意义内容的物质形式，意义内容又是语音形式存在的价值体现；同时，语言又具有生发和发展的固有规律，是一种相对独立的有机整体。

二、语言源自何处

了解了什么是语言，还要追问"语言如何产生"这一问题。有关语言的来源问题，同样观点众多（曹贤文等，2020；耿立波、邵可青、杨亦鸣，2015；叶蜚声、徐通锵，2016）。首先，根据《圣经》中关于上帝打乱人类发音使之语言不通的传说，产生了"上帝创造了语言"的说法。其次，"摹声说"认为，语言起源于对自然界声音的模仿。"摹声说"注意到，词汇中有许多拟声词（又叫"象声词"）。比如，"乒乓球"中的"乒乓"、"霹雳球"中的"霹雳"；又如描绘动物叫声的一些词，包括"呜呜""喵喵""汪汪"等；再如描绘风雨水流声音的一些词汇，包括"呼呼""哗哗"等。再次，"劳动说"认为，语言产生于人们协同劳作时发出的号子呼喊声。从次，"感叹说"认为，语言产生于早先人类因愤怒、兴奋、愉悦、激动等情绪变化而引起的呼叫声。最后，"歌唱说"则认为，语言产生于宗教仪式活动中的赞歌。另外，与"感叹说"和"歌唱说"类似，2017年出版的《麻省理工科技评论》提到，语言从呼喊鸣叫逐步发展而来，语言产生之初，只有少数的叹词和名词，之后慢慢扩展到动词和表示关系的其他词类（曹贤文等，2020）。

"手势说"是近年来受到较多关注的一种说法。该观点认为，语言产生于没有语音形式的手势。"手势说"主张，在人类语言出现声音之前，存在一个用手势交流的过渡阶段。耿立波、邵可青、杨亦鸣（2015）在系统回顾镜像系统的证据之后提出，人类的手势语和有声语言共享相同的神经基础，这一神经基础与镜像系统存在高度重合，这表明有声语言起源于借助镜像系统产生的手势语。具体说来，无论是一开始视觉形式的手势语言，还是后来发展形成的口头语言，其产生和发展都依赖于镜像系统的扩展运用。语言实际上是一个体势系统，由于声音可以在更大的范围发挥作用，其逐渐替代了手势等交际方式。此外，关于语言的起源，还有一种"物种进化说"。该观点认为，语言的产生也是人类进化过程的有机组成部分。李讷（2004）指出，原始人的进化，必然伴随着认知能力的提升，以及高效便捷的交际方式的转变，这些因素综合在一起，最终形成了人类语言产生的生理条件和心理条件。

三、语言的功能

了解了何为语言以及语言来自何处，还应该关注语言有什么作用。关于"语言的功能"这一问题的论述，也引起了学术界的广泛关注。首先，语言是人类最重要的交际工具。这里的"交际"，包括两个方面的含义：一是指人与人之间的信息传递，二是指人与人之间的关系建立和保持。人与人之间的交际，是通过信息传递这一基本方式实现的（叶蜚声、徐通锵，2010）。信息传递的过程中，语言可以跨越时间和空间的限制，无论是简单的、具体可感的信息，还是复杂的、抽象隐晦的信息，都可以借助语言来传递。生活中既存在"我喜欢你""我讨厌你"等简单直白的表达，也存在"醉翁之意不在酒"的言外之意。比如，当一个穿着单薄的女生望着窗户和你说"今天的风好大啊"时，她想传达的信息可能并不仅仅是风很大，而是她很冷，想请你帮她关下窗户。语言之外，文字、手势、信号灯等也能传递信息，但只有语言是第一性且最基础的交际手段。

文字虽然像语言一样，传递信息时打破了时间和空间的限制，但文字是在语言产生的基础上产生的。因此，语言是第一性的，文字是第二性的。手势、信号灯等传递信息时，会受到时间和空间的诸多限制。比如，手势和信号灯只在一定的距离范围内可以看得清楚。因此，相较于语言，文字、手势、信号灯等，只能算是传递信息的辅助性交际工具。语言的交际功能还体现在建立和保持人与人之间的关系上。关系的建立和保持，涉及说话人和听话人双方。说话人借助语言表达具体的目的、情感或态度，听话人则通过接收说话人的语言，受到一定的影响，并对说话人的意图和表现作出及时的反馈。由此，说话人和听话人彼此之间建立了联系，实现了具体的交际目的和效果。

语言除了具有交际功能，还具有思维功能，是重要的思维工具。思维是哲学、逻辑学、心理学和认知神经科学等领域都关注的热点。哲学和逻辑学关注思维形式，心理学关注思维的心理过程，认知神经科学则关注思维的神经生理机制和基础。无论是思维的形式，还是思维的心理过程，抑或是思维的神经生理机制和基础，都与语言存在着密不可分的联系。首先，从思维的形式上看，思维是人们对客观世界形成的间接性的、概括性的认识和反映。这种认识和反映的形成过程为：先是基于感觉器官对周围之人、客观事物或现象，形成具体的感觉和知觉，接着依据个人的先前经验和知识储备，概括出事物的本质和内在联系，通过抽象思维的过程，最终形成理性的认知。而事物本质和内在联系的概括，亦即抽象思维和理性认识的形成，都离不开语言。试想一下，如果没有语言形成逻辑链，我们如何抽象出事物的共性和个性，又如何认识事物？不仅思维的形成要借助语言，思维成果的储存与延续，也是借助语言来实现的。数学书上的各式公式和定理，都是抽象思维的结果，而它们的呈现和传播，都是以一定的语言描述为基础的。

心理学相关研究表明，思维是认识、获取以及运用知识的过程，这一过程的实现依赖于信息加工。信息的生成和理解具有对应的主观心理表征，客观世界通过人们的个人认知转化为主观的符号化信息，符号的使用又使主观的信息具有了客观存在的物质载体。在人类使用的众多信息和思维符号当中，语言是最主要和基本的。认知神经科学的研究成果则表明，作为大脑活动中的一种，思维具有相应的脑神经基础。同时，大脑中有主司语言产生和理解的中枢功能脑区，这些脑区与人类的抽象思维能力密切相关。语言和思维的密切联系，也得到了许多认知神经科学领域研究成果的证实。

文化功能是语言的又一重要功能。首先，语言是文化的重要载体。前人的劳作面貌、精神风貌、风俗习惯以及地域特征等文化形态的呈现，均需要借助语言来保存和流传（曹贤文等，2020）。比如，通过阅读"断竹，续竹。飞土，逐肉"八字，我们便可了解狩猎时代的人民砍竹、接竹、制造出狩猎工具，然后用弹丸追捕猎物的生存状态；再如借助"日出而作，日入而息。凿井而饮，耕田而饮，耕田而食"，我们可以洞悉到农耕时代我国古代人民的生活概貌。再者，不同民族和地区的语言，往往能够折射出不同民族和地区特殊的文化形态。比如，"狗"这个词，在汉语中常常带有消极的情感色彩，但英语中的"dog"却带有积极的情感表达，如英语中有"lucky dog"的说法。又如英语中的"uncle"包括叔叔和伯伯，但汉语中"叔叔"和"伯伯"指不同的亲属身份，前者的年龄比父亲的年龄小，后者的年龄比父亲的年龄大。

四、人类语言的特点

与动物的交际手段相比,人类语言的特点,是语言学领域的又一重要议题。关于"人类语言的特点"这一问题,学界的主要观点有以下几种。首先,人类语言具有任意性特征。所谓"任意性",是指语言的语音形式与意义内容之间的对应关系不存在本质的、必然的联系。比如,对于"父亲"这一意义内容,现代汉语的语音形式为"爸爸",英语的语音形式则为"father"。当然,也有人指出,语言的音义结合也存在本质的、必然的联系。这就关系到本书第四章关于现代汉语词汇音义对应关系的讨论。其次,人类语言具有显著的明晰性。所谓"明晰性",是指人类语言单位之间存在清晰的界限。比如,一般情况下认为,词汇包括语素、词和短语三级语言单位。词由语素构成,词与词又构成了短语。当然,也有一种观点认为,语素就是词,还有人指出,现代汉语词和短语的划分标准很难确定。上述理论分歧与本书的第一章现代汉语语素和词的关系以及第二章现代汉语词和短语的区别密切相关。再次,人类语言的特点还表现在结构的二层性。所谓语言的"二层性",是指语言包括音系层和语法层两个层面。在两个层面上,均有大小不同的语言单位。如音系层有音位、音节、音部等不同等级的单位,语法层包括语素、词、短语和句子等不同等级的单位。最后,人类语言还具有能产性、传授性和不受时间地域的限制等特点。其中,"能产性"指人类语言能够借助有限的造句备用单位和句法结构产出无限的句子。"传授性"指人类大脑中虽然具有共享的生理机制,但具体学会汉语还是英语,与语言获得者所处的环境直接相关。"不受时间地域的限制"指人类的语言当前既可以表达昨天发生的事件,又可以表达对明天的畅想。不仅可以描绘眼前的情景,而且可以描述不在眼前的场景。

五、汉语与世界语言的关系

以上是对几个语言相关议题的系统分析与呈现。本书在关注现代汉语词汇和句法现象的同时,有时也关注现代汉语与世界其他语言的比较。下面简要分析一下汉语与世界语言之间的关系。自人类语言产生以来,目前世界上大约有七千多种语言,分属于汉藏语系、印欧语系、闪-含语系、阿尔泰语系、尼日尔-刚果语系、南亚语系和南岛语系等十二个语系。语系下面又可以分成不同的语支，语支又可以进一步划分成不同的语种或具体的语言。汉语是汉藏语系的重要代表，也是一种典型的孤立语。

第二节　词汇和句法概说

本书的研究聚焦在现代汉语词汇和句法方面。在介绍研究框架和内容之前，有必要对"词汇和句法""词汇学和句法学""现代汉语在词汇和句法方面的特点"以及"现代汉语词汇和句法热点议题"等相关概念和问题作一相对系统的回顾。

一、关于词汇和句法

（一）关于词汇

1. 词汇的概念

词汇，也称语汇，是一种语言中所有的（或特定范围内的）词和固定短语的汇集。既包括汉语词汇、德语词汇、意大利语词汇等不同语言中的所有词汇，也包含"山""河""日""月"这样的自然事物，亦包含"杞人忧天""掩耳盗铃""望文生义"之类的成语，也有"中国人民政治协商会议""中国矿业大学"这样表示专有名词的词组，还可以指某人或某部作品中使用的所有的词和短语之和，例如"巴金的词汇""郭沫若的词汇""《狂人日记》的词汇""《雷雨》的词汇"等。

2. 词汇的分类

词汇可分为基本词汇和一般词汇两类。

基本词汇是词汇中最主要的部分，是所有基本词的总和。尽管词汇的具体内容纷繁，但是基本词汇始终是语言词汇的核心。基本词汇的总体数量比一般词汇的总量要少，但它体现了自然界和人类日常生活中的重要事物和基本概念，基本不会发生变化，比较稳固，例如：

（1）有关自然界的基本词汇：金、木、水、火、土；
（2）有关家禽家畜的基本词汇：马、牛、羊、鸡、鸭、狗；

（3）有关人体部位的基本词汇：耳、鼻、口、嘴、牙；
（4）有关方位的基本词汇：东、西、南、北、上、下、左、右、前、后；
（5）有关数量的基本词汇：个、十、百、千、万、寸、尺、斤、两；
（6）有关亲属称呼的基本词汇：父、母、兄、弟、姐、妹、儿、女。

一般词汇指词汇中除基本词汇之外的词汇。其特点与基本词汇的特点相反，不被全民常用、不稳固、构词能力较弱。一般词汇不具有全民常用性，或者是说在一段时间内为大众常用，但范畴和意义并不稳定，构词能力也比基本词汇弱，比如本书第三章所关注的现代汉语网络词汇即反映了上述特点。但一般词汇可以较快地反映社会当下的发展变化，体现时代气息，同样具有很强的研究价值和意义。

3. 基本词汇的特点

基本词汇具有全民常用、稳固性和能产性三个特点。

全民常用表现在基本词汇能够在不同的历史时期被不同阶层、不同职业、不同受教育程度的人经常性使用。例如"天""地""人""山""河"等与日常生活密切相关的词语，在生活中被大众普遍运用。稳固性表现在基本词汇的范围基本上是固定的，词义概念的稳定性强。比如"马""牛""羊"等词早在甲骨文时期就出现了，但一直被延续下来使用至今，并且在未来也仍会被使用下去，它们指代的事物和概念都是高度稳定的。同时也要注意，稳固性也不意味着基本词汇的范围是永恒不变的。比如有些词语在历史上是基本词汇，但在现代汉语中逐渐随着社会生活的更迭，不再符合生活实际，退出了基本词汇的范畴，例如"地主""佃户"。再比如，古汉语中单音节的基本词延续到现代汉语中被双音节化了，例如"嘴——嘴巴""舌——舌头"等。这与后文要提及的现代汉语词语的双声化趋势有关。也有些古汉语中的单音节基本词被现代汉语合成词替换了，如"月——月亮""颌——下巴"等。同时随着社会生活的变迁和科技的进步发展，也会产生一些新的基本词，例如"股市""网民"等。能产性表现在基本词汇具有很强的构词能力，可以和语素进行各类组合搭配构成许多新词。例如用"地"打头构成的词就有许多，包括"地面""地表""地理""地图""地心""地壳""地铁"等；同时也有许多以"地"结尾的词语，包括"大地""外地""洼地""湿地""田地""天地""园地"等。

(二)关于句法

1.句法的概念

作为语言重要组成部分之一的句法,在语言研究中占有举足轻重的地位。语言由语音、词汇、语法这三大部分组成,词汇经过构造规则的选择成为合格的句子进入人们日常交流,如果没有句法,再多的语言单位也无法支撑语言系统的运转。因此,句法无疑是语言研究中最复杂的部分,但同时也是不可缺少的有机组成部分。简单地理解,句法是语言的结构规律。

2.句法的分类

句法这一概念,有广义、狭义之分。狭义的句法主要是指在西方的传统语法中与词法相对应的关于句子分类和句法结构的研究。比如首先根据句子内部结构关系的复杂与否,可以将句子分为单句和复句。单句内部又可以根据结构划分出句型,根据语气分出句类。从结构角度划分,单句由句法成分按照一定的语法规律组合而成。句法成分依据与其他成分之间的关系来定义名称。属于陈述关系的为主语和谓语,谓语陈述主语,比如"她的成绩很好"中,"她的成绩"是被陈述的对象,充当主语,"很好"是陈述主语的,充当谓语。属于支配关系的是动语与宾语,动语支配或涉及宾语,比如"做完了作业"中,"做完"表示支配动作,充当动语,"作业"是被支配的对象,充当宾语。定语和状语分别为名词性短语和谓词性短语中心语前的修饰语,比如"她的成绩"中的"她的"充当表领属的定语,"很好"中的副词"很"充当表程度的状语。

广义的句法除了以上内容之外,还包括传统语法学中的词法。词法关注词内部的结构和词的形态变化。比如,根据内部结构,可以将词进一步划分为不同的语素组合形式。相应地,根据语素数量的多少,可以将词分为单纯词(比如"马""咖啡"等)和合成词(用例见下文)。合成词由两个及以上的语素构成,比如"桌子""老人"等,构成类型主要包括八种:

(1)并列式:质量、首尾、管教、宾客、学习;

(2)偏正式:红茶、火车、轮船、雪白、黑板;

(3)补充式:充实、提高、降低、改正、推翻;

（4）支配式：动员、管家、司机、掌柜、干事；
（5）陈述式：地震、胆小、肤浅、眼花、头晕；
（6）附加式：小李、桌子、第一、绿化、作家；
（7）重叠式：哥哥、姐姐、弟弟、妹妹、爸爸；
（8）名量式：书本、纸张、花束、房间、车辆。

3. 句法研究的重要性

语言学研究的目的并不仅仅是描述语言事实或现象，对于句法现象的解释是其中最具挑战性的部分，词究竟是以何种结构组成句子，不同语言的呈现方式不尽相同，比如在表达同一个意思"我吃饭了"时，汉语、英语和日语中使用的词语存在较大差异：

汉语：我吃饭了。

英语：I have eaten.

日语：ご飯です

上例中，表面上看是不同语言使用了不同的语言符号来表情达意，但是通过句法结构分析，可以将其理解为相同成分不同顺序的组合，并从足够多的样本中总结归纳出一些规律。比如汉语、英语的"主谓宾"结构占优势，日语则以"主宾谓"为常见结构。由此可见，句法分析对于找出不同语言之间的相同点或共同的规律、理解语言现象、探寻人类语言的普遍语法、认识语言本质具有极重要的作用。并且任何民族和国家的语言都要通过句法组织语言，即使是如今已退出日常使用的古代语言，也有自己的一套句法系统，而语言规则的历时演变也是语言研究中的重要部分。

二、关于词汇学和句法学

（一）关于词汇学

1. 词汇学的概念

词汇学"lexicology"一词据汪榕培（2001）考证，最早是由诺亚·韦伯斯特（Noah Webster）在1828年提出的。"lexico"创自古希腊词"lexikon"，意同英语中的"vocabulary"，即"词汇"的含义；而后缀"-ology"的意思是"学"。从词义溯源的角度看，词汇学就是词汇之学，它的研究对象就是词汇本身，关注词汇的构造、分类、发展及其规范，是狭义的词汇学。广义上的词汇学，则涵盖词源学、词义学、词典学和修辞学等。

2. 词汇学的分类

词汇学除了按照研究范围分为广义词汇学和狭义词汇学之外，还可以根据研究的语言数量多少来分类。如果只研究一门具体语言中的词汇，就是具体词汇学，例如"汉语词汇学""日语词汇学""意大利语词汇学"。如果同时研究多种语言中的词汇，分析比较它们之间的差异和共同规律的，就是普通词汇学。其中，具体词汇学又可分成描写词汇学和历史词汇学两类。侧重于描写某种语言词汇系统在共时层面上的特征和规则的，是描写词汇学；关注词汇在历时层面上的起源和发展变化过程的，则是历时词汇学。

（二）关于句法学

1. 句法学的概念

通常认为句法学是语言学研究中一门研究句法规则的下属学科。有学者提出，句法学（syntax）是研究语言中词组与句子等组成成分之间的结构关系以及内在规律的核心学科。"syntax"源自希腊语，表示"排列"。"句法"与"句法学"之间的本质区别就在于：句法是语言符号间组合构成更大单位的客观规律，不以个人的意志转移而被语言使用群体共同认可。每一个人都能感受到这种规则的存在，听到或说出一句话时，会立刻判断出该句是否是"一句话"，是否确切地表达了一个完整的信息。但是句法学是主观的。语言学家们为了阐释句法这种客观规则的存在以及如何存在，从不同的角度提出了多种句法学理论。整体上看，目前的句法学研究包括词组与句子的结构、结构层次以及形式表征、结构对词组以及语义的制约作用、结构之间的转换机制以及跨语言形式化的普遍规则和参数等多方面的问题。

2. 几种与句法研究联系密切的语法学派

（1）传统主义句法学派：该学派产生的时间最早，起源于对希腊语、拉丁语的研究。该学派认为句子是规定性的，是范畴的集合。其句法研究服务于词法，较为简略。主要研究对象为书面语，划分词类的主要依据为词的形态变化。同时该学派重视句法结构的规则，使用的研究方法为中心词分析法，以此把握句子格局、总结句法规则。总体上看，传统主义句法学派没有清晰地呈现句子的层级结构。

（2）结构主义语法学派：该学派创始人为瑞士语言学家索绪尔，其后发展出三个分支，即布拉格学派、哥本哈根学派和美国描写语言学派。该学派注重语言的形式，收集并总结句子等语言材料。使用的研究方法为直接成分分析法，以形式与功能为依据划分词类，注重对于语言结构内部层次的分析。该学派研究者的主要贡献包括：区分语言与言语、提出组合与聚合的概念、强调语言规则的系统性与严密性等。结构主义语言研究方法与成果对语言学研究影响深远。

（3）转换-生成语法学派：该学派创始人为乔姆斯基。研究句子的表层结构与深层结构，强调建立普遍语法，从语言事实中总结出"最简公式"来说明人类语言普适性语法规则，建立语法规则系统。该派学者注重语言生成能力以及句子深层结构与表层结构的转换。自问世至今，转换-生成语法理论得到不断的修正与补充，经过五个理论发展阶段，目前处于最简方案时期。

（4）功能语法学派：该学派是以韩礼德（Halliday）为代表的系统功能语法学派、以拉波夫（Labov）为代表的社会语言学派、以兰盖克（Langacker）为代表的认知语言学派和以格林伯格（Greenberg）为代表的语言类型学派等研究学派的统称。其研究核心在于语言的功能。因此，该学派主张语言研究不仅仅要观察句子本身呈现出的形式，还要将句子的意义与功能连接。

语言学发展的过程中，出现并衍生了多种语言学流派的句法理论，从多角度共同推进了语言学科的发展，句法研究的视角也日渐丰富。这些句法理论在语言研究过程中发挥了重要作用。

三、现代汉语在词汇和句法方面的特点

（一）现代汉语在词汇方面的特点

现代汉语在词汇层面有如下特点。

1. 以单音节语素、双音节词语为主

根据《现代汉语频率词典》一书的统计数据，在最经常被使用的9 000个现代汉语词中，多音节词有6 600个，其中双音节词有6 285个，在总量上占比近七成，而单音节词为2 400个，比例约为26.7%。这表明双音节词在现代汉语

词中占有主要地位。

2. 现代汉语有明显的双音节化趋势

古汉语中，单音节词占据优势地位，而在现代汉语中则以多音节词，特别是双音节词为主导。以《汉语拼音词汇》一书中的"J"部为例，一共收录了1 492个词，其中双音节词占比89.4%。造成现代汉语双音节化的原因主要有以下三点：一是由于汉语中的音节数目有限，倘若以单音节词为主，会导致大量同音词的出现，不利于日常交际，以双音节词为主则可以避免这一现象；二是大多数单音节词往往有多个词义，在运用时容易造成歧义，双音节词能够在语义的表达上更为准确、细致；三是从语音形式的角度看，双音节词的声调变化往往会使得声律富于变化，带有一种乐感，使得语言悦耳动听，具备美感。

3. 合成词和短语的内部结构基本一致

短语的结构类型可分为主谓、偏正、联合、述宾、述补五类，合成词的内部结构基本上和短语的构造是一致的。如下例。

（1）主谓式

合成词：月食、民用、头痛。短语：狗叫、孩子哭、爸爸买、妈妈笑。

（2）偏正式

合成词：彩旗、雪白、嫩绿。短语：很美、慢慢跑、非常好、躺着睡。

（3）联合式

合成词：深远、聚散、路径。短语：说笑、哭和闹、教与学、打跟骂。

（4）动宾式

合成词：理发、管家、知己。短语：帮人、夸赞他、教小孩、买锦鲤。

（5）补充式

合成词：缩短、延长、扩大。短语：喝醉、美得很、打趴下、卖三斤。

4. 缺少形式上的词形变化

在英语、德语等语言中，词在与其他不同的词组合时可以发生多种词形上的变化，比如德语中的名词存在四种格的变化，并且单数的四种格也不同于复数的四种格。英语中的形容词也有比较级等级别的区分，比如"warm""warmer""warmest"。人称代词也会在不同情况下发生主宾格的改变，比如"I love her""She loves me"。相对这些语言来说，汉语的词语没有形式上的变化。如"我爱她""她爱我"中,"我"在前一句中做主语,在后一句中做宾语;"她"在前一句中做宾语,在后一句中做主语。但"我"和"她"在外在的词形上并无变化,汉语并不通过词语形态上的变化来表示语法关系。如以上例子所示,汉语的语法关系主要依靠语序的变化来表示,这一特点同时也给汉语中词性的确定和词类的划分带来了一定的困难。本书第五章和第六章关注的就是现代汉语词类划分问题。

(二)现代汉语在句法方面的特点

1. 现代汉语句法呈现出一种"递归性"(张伯江,2011)

现代汉语的句法特点之一是每一种结构都可以嵌入同类或其他不同类型的结构。经过层层嵌套,整体的结构会变得更加复杂,例如:

(1)我们公司//已经完成了这一季度的销售目标。

例(1)中,"我们公司"为主语,表示被陈述的对象。"我们公司"之后的部分为谓语,谓语表达主体的动作、状态、性质等。例句整体为陈述关系的主谓结构。但谓语中又包含了述宾结构,"完成了"为动语,"这一季度的销售目标"为宾语,表达动作与被支配者之间的关系。"这一季度的销售目标"又为修饰语加中心语构成的偏正结构,表示修饰词与中心语之间修饰与被修饰的关系。

2. 汉语语序灵活但具有严密的句法规则

汉语的语序相对灵活,组合结构中有较多空位,为一些成分提供了移位的条件,但是这并不影响汉语句法规则本身的系统性与严密性。汉语的句法形式与印欧语有诸多不同,但是句法结构形式是严密的,并不允许各种成分随意黏合,汉语句法结构的严密性尤其表现在语素到句子之间的层次上。复合词中各成分的顺序一般是固定不能随意更换的。又如,动词做名词修饰语,语序不可调换。可以说"房间清洁阿姨",但不可以说"清洁房间阿姨"。相应地,石定栩(2000)也指出,现代汉语句子中的某些成分的顺序比词汇灵活得多,但也受到句法规则的限制。在句子这个层次上,某些成分的顺序似乎可以调换,但也不是不受限制。例如,汉语中确实存在受事主语句,受事可以出现在动词前面,但是诸如"鞋子穿"之类的"受事+及物动词"结构的句子大部分不能被接受,只有一些韵文、歌谣的语境中会有少量类似表述,但这足以说明受事需要在一定条件的加持下才能位于动词前。虽然分析现代汉语语序的灵活性需要综合考虑句法、语义和语用等因素，语篇的上下文或交流中的前言后语也会影响句子表达的实际意义，但现代汉语句法系统本身具有规则性与严密性。

3. 数量短语强制使用量词

不同于英语等印欧语言，在现代汉语中，数词大多数情况下与量词构成数量短语共同修饰名词。比如"两本书""三棵树"。然而以历时比较的眼光看待数量短语，可以发现在古代汉语中，数量短语中无须出现量词，数词与名词的语序也十分灵活，比如"三马""羊二"。现代汉语大部分量词，比如"条""匹""个""张"等，如今主要表达语法意义而基本无指称意义，因为现代汉语中的量词经历了较长的语法化过程。相关研究也指出量词并非从其他语言借入而是汉语所固有的，量词从本质上来分析是一种使名词所指的事物量化或个体化的标记，而它本身的分类功能也在漫长的演变中随时间不断变化。同时，现代汉语中的量词也在继续发展，语法化是一个相当缓慢但持续的过程，量词在发展中不断趋向简化，比如相对来说语法化程度最高、意义最虚的"个"已有渐渐取代越来越多其他量词的趋势，这也印证了量词个体化物体的本质属性（金福芬，2002）。但不论怎样，现代汉语的名词和数词之间通常要有对应的量词。

4. 词类与句法成分呈现一对多的复杂对应关系

词类问题一直是汉语语法研究的热点问题，汉语中的词类与句法成分并非一一对应的关系。比如"游泳"既可以出现在"游泳是一项有利于身体健康的运动"中，也可以出现在"我喜欢游泳""游泳运动员英姿飒爽"中，同一个词可以做多种句法成分。有研究深入分析了该现象可能的成因：一种可能是现代汉语的句法位置本身不严格要求进入成分的词性，比如说汉语的主语位置和宾语位置也允许谓词性成分进入；一种可能是能充当不同句法成分的词兼有多种词性，比如"共同""长期"等词因为兼有副词词性与区别词词性，所以能做状语也能做定语（郭锐，2011）。

四、现代汉语词汇和句法研究热点议题

（一）现代汉语词汇研究热点议题

词汇是语言的建筑材料，语言离开词汇就不能遣词造句成篇，词汇的本体研究在语言学研究中一直占有重要地位。近年来，现代汉语词汇本体研究整体上呈现出四大特征：现代汉语词汇研究新时代印记凸显；词汇语义学领域理论性思考增多；词汇化研究和词源学研究关注个案描写；词典学研究内外兼备（张妍，2020）。

现代汉语词汇研究包括新词语研究、词的产生、构词和构词法、造词和造词法，以及方言词汇研究等若干内容。关于现代汉语词汇的构词和构词法问题必然要涉及词汇基本单位的研究，本书的第一章和第二章重点关注了三级词汇单位之间的关系，以期对上述问题的探究有所助力。同时，随着科技的进步和社会的发展，人们的日常生活日新月异，出现了许多新事物和新现象，如何描述这些变化需要语言系统作出相应的反应。在词汇系统层面，这种及时的反应就是新词语的出现与创造。本书的第三章聚焦新时代现代汉语具体词汇层面的变化，探讨了现代汉语词汇中网络词汇类词缀现象。

词汇语义学作为词汇学的重要组成部分，其研究领域不仅包含词汇的具体意义研究，也涵盖了词义与书写形式、语音形式、概念内容之间的关系，还囊括词义系统、词义变化等内容。在跨学科交叉融合的背景下，词汇语义学吸收利用了其他学科的研究成果和研究方法优势，显著提高了研究成果的理论化程度。词汇化和词源研究都注重考察词在历时层面上的演变，也关注词在共时层面的语法表现，近年来相关研究十分关注对具体个案的描写。如前所述，本书的第三章对部分网络词汇的产生进行了溯源分析，同时也注意到这些网络新词在发展使用过程中伴随的语法化倾向。

词典学研究内外兼备的特点体现在两个方面。首先，内向型词典研究的主题呈发散趋势。内向型语文词典的研究大都是基于《现代汉语词典》这一辞书展开，虽然选用的研究底本较为一致，但研究的主题差异凸显，呈现分散趋势。其次，关于外向型词典的研究日渐升温。对外汉语教学的逐步发展，推动了面向二语者的学习型词典编撰工作的展开，与此同时，此类词典的研究也逐渐增多。此外，随着对外汉语教学的逐步发展，外向型词典越来越关注面向二语习得的词汇教学与习得等问题。

（二）现代汉语句法研究热点议题

句法一直是汉语学界研究和讨论的热点，比如在词类划分方面，名动关系引发了诸多讨论。相关研究主要形成了两类观点，一类观点认为，现代汉语中，名词与动词是分立的两个词类，这是以往学界长期以来普遍认同并采纳的观点，即名词与动词互相独立存在，分属两个词类。而沈家煊先生（2009）提出的名动包含说冲击了以往汉语研究中的印欧语眼光，指出名词动词的分类是事关汉语语法体系的根本性问题，认为汉语的动词是名词下属的一个词类，是动态名词。这类观点认为现代汉语名词和动词的关系并非分立而是包含的。引起了国内外学者的广泛关注，由此学界展开了关于"名动包含说"与"名动分立说"的大量讨论（陆俭明，2013；沈家煊，2012；吴义诚，2022；张伯江，2012；等等）。

同时，现代汉语动词在词汇信息的储存上是否存在及物性方面的二分也引起了广泛的关注。一类观点认为，现代汉语动词存在及物动词和不及物动词之分，动词词汇信息包含及物和不及物的差别，及物性是动词自身固有的特征、稳定的属性（王文丽、陈昌来，2017；王鑫、周万勤，2023；徐杰，2001）。另一类观点认为，现代汉语动词的词汇信息不包含及物性信息，及物和不及物的区分仅存在于特定的句法中，动词及物与否受到动词之外因素的影响（刘晓林，2004；沈家煊，2019；王志军，2007；吴义诚、李艳芝，2014；徐盛桓，2003）。但是这些研究主要是在理论层面的讨论，相对国外理论实证相呼应的态势，缺少相应的实证研究。本书第五章在理论辩证的基础上，借助实证研究，探讨了上述议题。汉语中的形容词做谓语时词性有没有发生改变，亦即现代汉语谓语位置上的词究竟是形容词，还是动词，引起了学界广泛的讨论（郭继懋，2003；李学清，1992；齐燕荣，1992；谭伯仙，1995；王日生，1995；周有斌，1996）。

在语义结构与句法结构的映射问题上，现代汉语不及物动词内部在语义-句法映射机制方面是否存在二分也是一个存在长期争议的议题，围绕该议题汉语学界展开了大量的理论研究和部分实证研究（韩景泉，2016、2019；刘探宙，2009；沈家煊，2018；沈阳，2001；王鑫、封世文、杨亦鸣，2020；温宾利、陈宗利，2001；许歆媛、潘海华，2019；等等）。部分研究者支持非宾格假说（Unaccusative Hypothesis），认为现代汉语不及物动词内部应下分两个次类，一类动词的论元直接映射至主语位置，另一类动词的论元基础映射在宾语位置，之后移位至主语位置。另一部分研究者则主张，非宾格假说不具有普遍性，现代汉语不及物动词不存在语义-句法映射机制层面的二分。本书第六章从理论和实证的双层视角，探讨了上述问题。此外，现代汉语定语与中心语的语义-句法映射机制也存在争议。具体来说，"X的"一般做定语，位于中心语之前。但是现代汉语中存在大量"毛衣，红色的""面包，蓝莓馅儿的"之类"NP+X的"之类的语序表达，关于这一类句子究竟是主谓句，还是经过移位的定语后置句也存在争议（符达维，1984；李芳杰，1983；刘丹青，2002；等等）。本书的最后一章即第七章，对于上述理论分歧作了相对系统的讨论。

第三节 研究框架和内容

为方便读者阅读本书，下面对本书的研究框架和内容作一简要说明，以期先帮助读者对本书内容形成大致的印象，为之后细读各个章节作准备。

一、研究框架

本书的研究框架如图0-1所示。如前所述，词汇和句法是语言学关注的重要议题。在现代汉语词汇研究领域，语素、词以及短语三级词汇单位引起了学界的广泛关注，探讨的问题包括三级词汇单位之间的关系、语素的产生与演变以及词汇的音义对应关系等。在现代汉语句法研究领域，词类划分以及句法-语义映射引起了学界的广泛关注，探讨的议题主要有动词及物性的次类划分、不及物动词论元映射机制的次类划分以及定语与中心语的映射机制等。本书聚焦上述热点议题，围绕现代汉语语素和词的关系、词和短语的区别、网络词汇中的新生类词缀、词汇语音形式与意义内容之间的对应关系等几个词汇层面的议题，以及现代汉语动词及物性分类、不及物动词句法-语义映射层面的分类以及"NP+X的"结构的句法-语义映射等几个句法层面的议题，对既有研究作了系统分析，从理论反思或实证检验的角度，给出了新解释，为深化现代汉语词汇和句法研究提供了参考。

```
                         ┌── 从语言开始说起
                 ┌─ 绪 论 ├── 词汇和句法概说
                 │       ├── 研究框架和内容
  现              │       └── 研究方法和特色
  代              │
  汉              │       ┌── 现代汉语三级词汇单位之间的关系（第一章、第二章）
  语 ──────────── ┼─ 词汇层面 ├── 现代汉语网络词汇中的类词缀（第三章）
  词              │       └── 现代汉语词汇的音义对应关系（第四章）
  汇              │
  和              │       ┌── 现代汉语动词的及物性（第五章）
  句              └─ 句法层面 ├── 现代汉语不及物动词的语义–句法映射机制（第六章）
  法                      └── 现代汉语"NP+X的"结构的语义–句法映射机制（第七章）
  研
  究
```

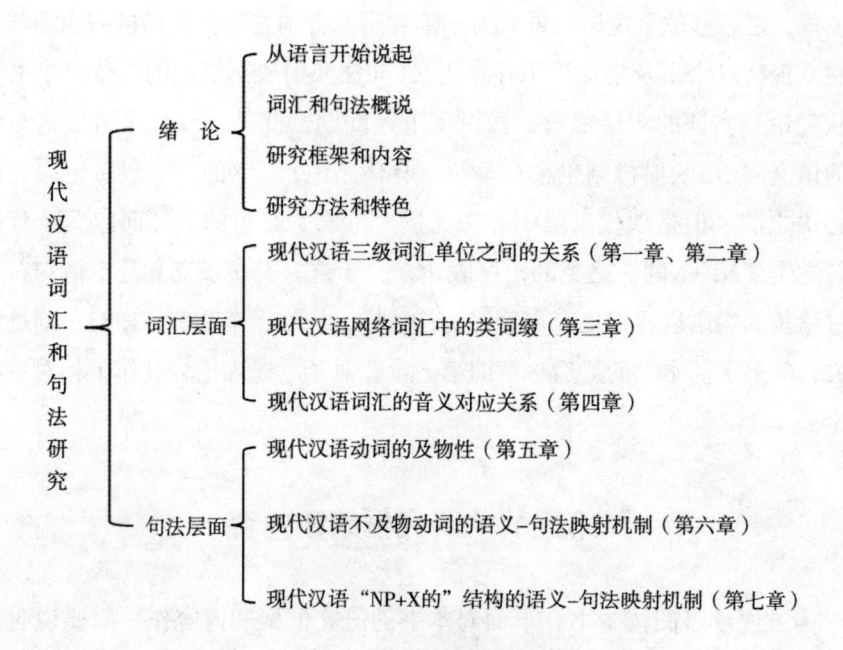

图0-1　研究框架示意图

具体框架内容包括绪论、现代汉语语素和词的关系（第一章）、现代汉语词和短语的区别（第二章）、现代汉语网络词汇中的类词缀（第三章）、现代汉语词汇的音义对应关系（第四章）、现代汉语动词的及物性（第五章）、现代汉语不及物动词的语义–句法映射机制（第六章）以及现代汉语"NP+X的"结构的映射机制（第七章）八个部分。除绪论外，前四个章节关注现代汉语词汇方面的热点议题，后三个章节关注现代汉语句法层面的热点议题。

二、研究内容

与研究框架相照应，本书各部分的内容分述如下。

（一）绪论

该部分为本书的引子。首先从"什么是语言""语言源自何处""语言的功能""人类语言的特点"以及"汉语与其他语言的关系"几个角度，分析和呈现了语言的相关议题。然后聚焦本书的研究问题，论述了词汇和句法的相关概念和分类、词汇学和句法学的相关概念和各自的研究对象和范围、现代汉语词汇和句法的特点、现代汉语词汇和句法领域研究的热点议题。然后向读者呈现了本书的研究框架和内容，最后交代了本书涉及的主要研究方法和具有的一些特色。

（二）第一章　现代汉语语素和词的关系

该部分围绕现代汉语有无语素和词的区别这一经典词汇学议题展开。主要立足于语素与词的概念问题、合成词与其构成语素的关系问题、成词法提出的必要性问题这几个角度，系统呈现和分析了支持和反对现代汉语存在语素和词二分的相关研究。考察合成词与其构成语素之间的关系，主要是为了论证"词就是语素"和"语素就是词"这两个观点。论述前一种观点时，关注点包括复合式合成词、附加式合成词以及重叠式合成词；论述后一种观点时，关注点包括定位不成词语素和定位成词语素。在分析学界相关研究的基础上，对相关研究作了理论反思，最终得出现代汉语中的语素和词分属不同的词汇单位层级的结论。

（三）第二章　现代汉语词和短语的区别

该部分围绕现代汉语词和短语的界定标准这一经典词汇学议题展开。关于现代汉语词和短语的界定，目前的划分方法主要体现在结构标准、意义标准、语音标准和定量标准这四个方面。该章首先分析各类方法的适用性和局限性，以集各家之所长，并深入探究造成词和短语划分困难的原因，主要在于定义不统一、双音节形式的词和短语的词法与句法具有相通性，以及词和短语内部的融合程度存在差异。在此基础上提出，现代汉语词和短语更为完善的界定标准应该是在定型、定性、定量三大标准下，做到形式同意义的结合。具体以插入法和意义鉴别法为主要界定标准，辅之以语音标准和定量标准，为学界深入探讨该问题提供可能路径。接着，根据前文提及的现代汉语词和短语的划分标准，并结合其他角度的分析，考察现代汉语"没有+NP"结构中"没有"的句法性质，最终得出现代汉语"没有+NP"结构中"没有"的句法性质应该是短语而非词这一结论。

（四）第三章　现代汉语网络词汇中的类词缀

第一章和第二章讨论了语素、词和短语这三级现代汉语词汇层面的语言单位之间的关系，论证了现代汉语词汇层面存在语素和词，以及词和短语的区别。在此基础上，第三章结合网络语言中的具体类词缀现象，考察了现代汉语网络语言中类词缀的发展演变和特点。网络词汇"X系"中"系"这一新生类词缀，原本为动词，指围一圈系起来，后逐渐虚化为表示具有归类作用的类词缀。音节方面，网络词汇类词缀"系"之前的成分可以是单音节的，也可以是双音节的。句法方面，由网络词汇类词缀"系"构成的"X系"可以是名词性成分，也可以是形容词性成分。语义方面，网络类词缀"系"常常表达强烈的主观态度或倾向。网络词汇"X门"中"门"这一新生类词缀，原本为名词，指在房屋等建筑物的出入口所安装的可开关的装置，后逐渐虚化为具有事件归类作用的类词缀。音节方面，网络词汇类词缀"门"之前的成分大多数情况下是双音节的。句法方面，由网络词汇类词缀"门"构成的"X门"可以是名词性成分，也可以是形容词性成分。语义方面，网络类词缀"门"常常带有［+比喻意］［+负面］［+社会轰动性］的特点。网络词汇"云X"中"云"这一新生类词缀，原本为名词，指在空中悬浮的由水滴、冰晶聚集形成的物体，后逐渐虚化为具有手段归类作用的类词缀。音节方面，网络词汇类词缀"云"之后的成分大多数情况下是双音节的，同时存在单音节和多音节的情况。句法方面，由网络词汇类词缀"云"构成的"云X"可以是名词性成分，也可以是谓词性成分。语义方面，网络类词缀"云"常常带有［+流动性］［+规模大］［+集合性］［+虚拟性］［+共享性］［+交互性］等语义特征。综合看来，现代汉语网络词汇类词缀产生的原因可以从客观原因、主观原因以及语言自身原因三个角度分析。现代汉语网络词汇类词缀在语法结构、意义以及语用表达等方面，也存在共性特点。

（五）第四章　现代汉语词汇的音义对应关系

语言在本质上是音义结合的符号系统。语言符号音义之间的对应关系是任意的，还是有理据的，一直存在争议。由此争议生发的现代汉语词汇音义对应关系，是现代汉语词汇研究中的又一经典议题。本书第四章紧承之前章节对现代汉语词汇三级语言单位的讨论，着重探讨现代汉语词汇的音义对应关系是任意的，还是象似的这一问题。单从任意性或象似性的任一角度看待语音和意义结合的问题都是片面的（沈家煊，1993）。任意性观点离不开语言的社会属性，即社会约定俗成是音义结合的决定性因素，但社会属性并非语言符号的唯一属性，语言还有生理属性、物理属性等其他因素；并且在社会性层面上，语言也能体现一定的象似性；在不同的社会环境中，人类语言也存在普遍共性。因此，现代汉语词汇的音义对应关系不会仅有任意性特点。与此同时，象似性观点聚焦于汉字造字法、词汇演变、汉语声训以及语言的体验性角度对现代汉语语音和意义结合的方式展开论述，但汉字造字法和汉语词汇演变反映的更多的是汉字和汉语词汇形体构造与意义内容之间的关系，而非汉语词汇的语音形式与意义内容之间的关系。同时，自声训产生以来，其合理性就备受质疑。此外，语言的体验性和社会属性之间实际上也存在互动关系。

（六）第五章　现代汉语动词的及物性

动词的分类一直是学界的热点议题（陆俭明，2022），吕叔湘（1979）则指出，将动词分成及物动词和不及物动词是很有用的分类。在显性标记显著的语言中，动词可根据其及物性特征不同分为及物动词与不及物动词。如英语中的及物动词可以直接带宾语，不及物动词则不可以，其只能后接介宾短语。现代汉语缺少类似英语中的显性标记，动词与宾语的组合情况复杂。如沈家煊（2018）认为，现代汉语所有的动词都可以带宾语，在一定情形下又都可以不带宾语。高名凯（1963）则认为，由于现代汉语词性显性标记的缺失，词类划分很难实现，动词及物与不及物特征也难以从词本身的形式上分辨。因此，现代汉语动词是否存在及物动词和不及物动词的二分，一直存在争议。本书第五章从理论研究和实证研究两个视角，讨论了上述分歧。

理论研究方面，从及物性溯源分析和语言学领域对及物性相关概念的分析看，及物性是动词本身的属性，指动词在句子中和至少两个论元发生直接语义关系的能力；不及物性与及物性相对提出，不及物性也是动词本身的固有属性，指动词在句子中只能和唯一一个论元发生直接语义关系的能力。相应地，及物动词是指必须带有两个或两个以上论元的动词，及物动词的所有论元均与对应动词发生直接语义关系。不及物动词指仅和一个论元发生直接语义关系的动词。由于及物性反映的是动词的典型常规句法语义特征，讨论现代汉语动词有无及物动词和不及物动词二分时，应区分哪些现象是动词的典型常规用法，哪些现象是借助于语境或隐现成分等附加条件实现的临时性用法。划分现代汉语及物动词和不及物动词应该从句法和语义两个层面着手，同时充分观照动词的同音同形异义词和兼类词现象。实证研究方面，汉语母语者加工论元不出现的现代汉语及物动补结构和不及物动补结构时，在正确率和反应时上均存在显著性差异。与现代汉语不及物动补结构相比，汉语母语者加工现代汉语及物动补结构的正确率更低、反应时更长。上述实验结果表明，加工现代汉语及物动补结构的心理认知过程更复杂。考虑到实验中现代汉语及物动词和不及物动词之后的补语结构一致，上述心理认知复杂性差异应该是动词及物性不同引起的。具体而言，及物动词在论元不出现的情况下，也会自动引发两个潜在的论元，形成"谁怎么了谁"或"谁做了什么"之类的二元论元结构，而不及物动词在论元不出现的情况下，只会引发一个潜在的论元，形成"谁怎么了"之类的一元论元结构。而二元论元结构比一元论元结构的加工过程更复杂。因此，实证研究表明，现代汉语动词在及物性层面存在二分。

（七）第六章　现代汉语不及物动词的语义-句法映射机制

本书第六章在第五章的基础上，从理论和实证两个方面，进一步探讨现代汉语不及物动词内部，在论元语义-句法映射机制层面是否存在二分这一理论分歧。有关不及物动词在语义-句法映射机制层面的分类问题，影响较大的是波尔马特（Perlmuter，1978）提出的非宾格假说。该假说认为，不及物动词在论元语义-句法映射机制层面存在二分。非宾格动词的论元为基础生成于动词之后的内论元，非作格动词的论元则为基础生成于动词之前的外论元。虽然隐性非宾格动词结构和非作格动词结构的语序均为NP-V，但生成机制相异，前者是经历了由内论元到主语句法移位的派生结构，后者则是直接映射而来的基础生成结构。来自西班牙语、荷兰语、英语、意大利语和日语等具体语言的语料证据支持了非宾格假说（Montrul，2005）。由于现代汉语缺少显性的主宾格标记且语序比较灵活，因此现代汉语不及物动词论元语义-句法映射机制是否相同，尚无定论。

面对上述分歧，该章提出：理论层面，汉语部分不及物动词能同时自由进入NP-V和V-NP两种语序的语言事实，无法推出后一种语序较之前一种更基础，进而也无法推出这部分动词的论元基础生成位置是动词之后的内论元，最终也无法得出汉语不及物动词论元性质层面存在二分的结论。现代汉语非宾格动词论元移位也缺少必要的动因。实证层面，该章借助功能性磁共振成像技术（functional magnetic resonance imaging，fMRI），比较了现代汉语隐性非宾格动词结构和非作格动词结构加工时的脑区激活情况。现代汉语受事主语结构是一种被实验证实了的句法移位派生结构，将其与其他两种结构比较，能够有效阐释汉语非宾格动词和非作格动词论元语义-句法映射机制是否存在差异。兴趣区分析结果表明，汉语受事主语结构与其他两种结构相比，在左脑颞上回和左脑额中回两个功能脑区引发了更强激活；现代汉语隐性非宾格动词结构和非作格动词结构相互比较则无显著性差异。左脑颞上回反映了现代汉语受事主语结构语义-句法再分析过程。上述实验结果及分析表明，现代汉语隐性非宾动词格结构不是与受事主语结构类似的派生结构，而是与非作格动词结构类似的基础生成结构；汉语非宾格动词的客体论元不是与受事论元类似的内论元，而是与施事论元类似的外论元。从功能性磁共振成像实验结果提供的证据看，汉语不及物动词在论元语义-句法映射机制层面可能不存在二分。

（八）第七章　现代汉语"NP+X的"结构的语义-句法映射机制

第六章讨论了现代汉语不及物动词的语义-句法映射机制的分类。第七章则讨论了现代汉语中"NP+X的"结构的语义-句法映射机制。语序是汉语最重要的语法手段，一般情况下，各个句法成分在句子中的位置是固定的，如定语与中心语的常规相对位置为定语在前，中心语在后。有意思的是，为了表达的需要，现代汉语原先做定语的"X的"结构，会跑到中心语NP的后面，形成"NP+X的"结构。关于现代汉语"NP+X的"结构的语义-句法映射机制，学界一直存在争议。部分研究认为，现代汉语中存在语义结构与句法结构不对应的"NP+X的"结构，此时"X的"做NP的定语，发生了句法移位。部分研究者则主张，现代汉语中的"NP+X的"结构，均为主谓结构，"X的"不是定语成分，而是谓语成分，也没有发生句法移位。

面对上述分歧，本章首先从反对和支持现代汉语"NP+X的"结构语义-句法存在错配的两个视角，反思相关理论研究。接着以结构为主要标准，辅之以语义因素，圈定现代汉语中发生语义-句法错配的"NP+X的"结构。在陈述句中，"X的"结构定语后置句可以再分为以下五类："关于+N+的"结构、"程度副词最+形容词+的"结构、"X的和Y的"共现结构、"动词性短语+的"结构以及"人称代词/人名/地名/时间名词+的"结构。上述五类结构，无论有无排谓性，"X的"在语义上表达修饰限定义时，都是经历了移位的后置定语。在祈使句中，由于句类自身的语气和语义限制，后移的"X的"结构，皆为后置定语。接着，借助语感测试实验，从实证研究的角度，分析现代汉语是否存在定语后移的"NP+X的"结构。实验结果表明，90%以上的汉语母语者认为，现代汉语"NP+X的"结构可以理解为定语后置结构。这进一步表明，现代汉语中，部分"NP+X的"结构的语义–句法映射过程发生了句法移位。该章最后系统分析了现代汉语"NP+X的"结构解读为移位结构时的语义特点以及语用特点。语义方面，现代汉语"NP+X的"定语后置结构定具有圈定范围、表达领属所有、表达确定性、表达周遍性以及区别性质这五种语义特点。语用方面，现代汉语"NP+X的"定语后置结构定具有强调突出、追加说明、精简结构这三个作用。

第四节　研究方法和特色

本书的研究方法和特色分述如下。

一、研究方法

综合看来，本书在研究过程中，使用了对比研究法、语料库研究法、问卷调查法、实验研究法以及基于SPSS的统计分析方法等研究方法。

（一）对比研究法

所谓"对比研究法"，是指通过对比不同语言系统和具体语言现象，或不同年龄、性别、社会阶层等群体的语言使用，揭示各类语言现象共性特征和彼此差异的研究方法。本书多处章节使用了对比研究法，如第一章比较了现代汉语语素和词的区别，第二章则比较了现代汉语词和短语的区别。

（二）语料库研究法

所谓"语料库研究法"，是指通过构建语料或检索既有语料库中的语料，基于语言事实分析来探究各种语言现象，进行语言分析的研究方法。本书多处章节使用了语料库研究法，如第二章在探讨现代汉语"没有+NP"中"没有"在句法性质层面是词还是短语时，搜集并分析了北京大学语料库、北京语言大学语料库以及微博平台中的具体语料；第七章在分析现代汉语"NP+X的"结构的结构分类、语义和语用特点时，也搜集并分析了语料库中的现实语料证据。

（三）问卷调查法

所谓"问卷调查法"，是指通过问卷调查来收集语言使用者的语言产出、理解和接受等方面的实际情况，从语言使用者和语言使用实际等角度，分析相关语言现象和语言学理论的研究方法。本书部分章节使用了问卷调查法，如第六章在匹配现代汉语隐性非宾格动词结构、非作格动词结构、受事主语结构的可接受度时，采用问卷的形式调查了汉语母语者的语感情况；第七章在分析现代汉语"NP+X的"结构中的"X的"是否为后置定语这一理论分歧时，也采用问卷的形式调查了汉语母语者的语感情况。

（四）实验研究法

所谓"实验研究法"，是指通过实验来探究语言加工的心理过程或生理机制的研究方法，如使用眼动仪和脑电图等技术来考察语言理解和语言产出的过程。本书的部分章节使用了实验研究法，如第五章采用行为学实验，考察和比较了汉语母语者加工论元不出现的现代汉语及物动词结构和不及物动词结构的加工情况；第六章则采用功能性磁共振成像技术，考察和比较了汉语母语者加工现代汉语隐性非宾格动词结构、非作格动词结构以及受事主语结构时的功能脑区激活情况。

（五）基于SPSS的统计分析方法

统计产品与服务解决方案（Statistical Product and Service Solutions，SPSS），集数据录入、资料编辑、数据管理、统计分析、报表制作、图形绘制为一体，被广泛应用于配对样本t检验、单因素方差分析以及重复测量方差分析等统计分析中。本书部分章节使用了基于SPSS的统计分析方法，如第五章和第六章匹配实验语料词频、比较不同语言结构加工的正确率和反应时，都是基于SPSS做的单因素方差分析或配对样本t检验。

二、研究特色

综合看来，本书呈现出以下研究特色。

（一）追求小而精的研究态度

专著的一个特点在于，其不像一般的教材那样要做到知识面的广度，而是追求对具体小切口的问题，作深度的考察与剖析。本书追求小而精的研究态度，选择现代汉语词汇和句法研究领域几个相对重要的具体议题，进行深入探讨；而不追求对现代汉语词汇和句法领域的问题作面面俱到的大研究，这样的大研究，可能个人穷其一生也难实现万一。

（二）跨学科的研究视野

随着转化生成语言学、心理学和认知神经科学等学科的交叉融合，心理语言学和神经语言学等语言学分支逐步发展壮大，语言学研究的跨学科特征愈发显著。本书关注的虽然是现代汉语词汇和句法领域的理论议题，但在对这些理论问题进行再研究时，引入了心理语言学和神经语言学的研究方法和研究视角，注重从语言加工心理表征和神经机制的角度，提供分析理论分歧的实证参考。例如，第五章基于反应时和正确率这两个心理表征指标，分析了现代汉语动词有无及物动词和不及物动词的二分这一理论争议；第六章则基于语言加工的功能脑区激活情况的比较，分析了现代汉语不及物动词在语义-句法映射机制层面有无二分这一理论争议；第八章则基于汉语母语者的语感分析，考察了现代汉语"NP+X的"结构中的"X的"是否为后置定语这一理论分歧。

（三）多种研究方法的综合运用

跨学科的语言学研究视野要求跨学科的研究手段的综合运用。正如介绍研究方法时所说的那样，本书的研究方法既涉及比较研究法、语料库研究法等语言学学科内研究方法，又涉及功能性磁共振成像实验、基于SPSS的统计分析等语言学学科外研究方法，呈现出多种研究方法综合运用的特点。

第一章　现代汉语语素和词的关系

学界通常认为，现代汉语存在四级语法单位：语素、词、短语和句子，如图1-1所示。其中，语素、词和短语是词汇层面的三级语法单位，三者之间的关系为语素构成词，语素是词的下级单位；词构成短语，词是短语的下级单位。但也有部分研究认为，现代汉语词汇层面不存在语素和词的区分，现代汉语中的词就是语素（李德鹏，2013、2018a、2018b；赵强强，2016；等等）。鉴于上述研究分歧，本章主要讨论现代汉语词汇层面有无语素和词的区分。

图1-1　现代汉语中四级语法单位关系示意图

第一节　关于现代汉语语素与词的关系问题的讨论

李德鹏（2013、2018a、2018b）、赵强强（2016）等研究认为，语素就是词，否认语素与词存在上下级关系。以李显赫（2015）、吴潮（2017）等学者为代表的一派则坚持认为，现代汉语语素与词具有明确的区分标准，二者不可混为一谈。上述学者的相关论述都涉及语素与词的概念问题、合成词与其构成语素的关系问题、成词法提出的必要性问题，本节将围绕这几个主要问题进行讨论。

一、语素与词的概念问题

李德鹏（2013、2018a、2018b）认为，学界目前对语素与词的定义存在矛盾，主要体现于以下几点。

首先，如图1-2所示，语素可以分为能独立运用的语素（即传统概念中的成词语素）与不能独立运用的语素（即传统概念中的不成词语素），而语素又是"最小的音义结合体"，也就是说语素可以分为"能独立运用的最小音义结合体"和"不能独立运用的最小音义结合体"两类，根据"词是最小的能独立运用的音义结合体"（陆俭明，2005），可知词就是能独立运用的一类，所以词属于语素，语素是词的上位概念，词的概念可以进一步替换为"词是能独立运用的语素"，即词是"能独立运用的最小音义结合体"。

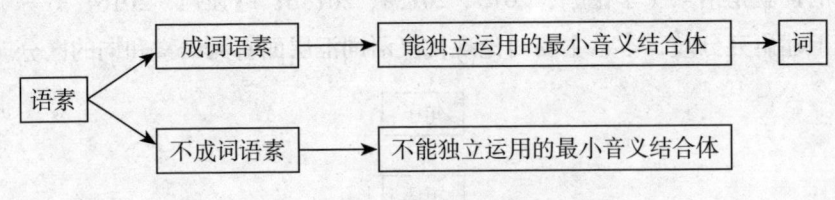

图1-2 词是语素观的逻辑推导示意图

词又可以分为"单纯词"和"合成词"两类，李德鹏（2013）认为，既然"词属于语素"，那么处于词下位的"合成词"也应属于"语素"。而学界认为合成词可以拆分为两个或两个以上的语素，即语素组合可以构成词，语素与词是部分与整体的关系，这与上文的推论——"语素是词的上位概念"相矛盾。

其次，李德鹏（2018a）认为，语素与词关系上的矛盾还体现在逻辑学上。从学界对词和语素的定义来看，语素是"最小的音义结合体"，词是"最小的能独立运用的音义结合体"，词的定义比语素的定义多了"能独立运用"的限制，而逻辑学中认为"概念的限制是通过对属概念增加内涵而过渡到某种概念，以明确概念外延的逻辑方法"。因此语素与词是属与种的关系，即语素是词的上一级语法单位，这一结论又与传统认识上语素与词的关系相矛盾。

再次，李德鹏（2018a）认为，既然学界将语法单位分为四级，那么各级语法单位间的关系应当保持一致。虽然能找到某些用例既是语素又是词，但不能找到某些用例既是词又是短语、既是短语又是句子，这说明，各级语法单位间的关系并不一致，学界将语素与词看作两级语法单位并不科学。

最后，与李德鹏（2013、2018a、2018b）的观点不同，李显赫（2015）认为，在现代汉语中，"语素"与"词"不是同一个概念，词的定义中限定中心语的"能独立运用的"与"最小的"这二者不能轻易互换。李显赫（2015）认为，学界将词定义为"最小的能独立运用的音义结合体"，首先肯定的是词是"能独立运用的"语言单位，然后才肯定词是"能独立运用的"语言单位中"最小的"。而李德鹏（2013）对词的定义中先肯定的是词是"最小的音义结合体"，再肯定词是"能独立运用的"，这就等于先肯定词就是语素，再言其他。吴潮（2017）也主张，"能独立运用的"与"最小的"这两个定语在同时限定中心词"音义结合体"时须遵循认知语言学中的距离象似性原则，即在人的认知域中，离中心词越近的定语，与中心词联系越紧密。因此，对词下定义时，应该先交代其是能够独立运用的语言单位，而后再言其他。赵强强（2016）不认同李显赫（2015）所谓的"能独立运用的"与"最小的"是层递关系，认为二者是一种平行关系。正如"小的红苹果"与"红的小苹果"，定语"红"与"小"互换位置后仍代表同一个客观事物。李德鹏（2018a、2018b）针对李显赫（2015）和吴潮（2017）提出的异议进一步论证"能独立运用的最小的音义结合体"同样是词的定义。在李德鹏（2018a）看来，首先，"最小的"和"能独立运用的"孰前孰后，只影响词的定义的表达形式，并不影响所指对象。正如"鲁迅"和"《祝福》的作者"所指对象都是"鲁迅"这个人，只是表达形式不同。"最小的"和"能独立运用的"均为形容词性词语，并不违背黄伯荣、廖序东（2017）在《现代汉语》中规定的多层定语的排列次序原则，即"从最外层算起，一般次序为：领属关系词、时间处所词、量词短语或指示代词、动词性词语和主谓短语、形容词性词语、表示资料属性或范围的名词"。其次，虽然"能独立运用的最小音义结合体"属于递进句式，但"能独立运用的"和"最小的"这两项仍是并列关系，孰前孰后因说话者的表达需要而异，"最小的能独立运用的音义结合体"强调的是所有能独立运用的音义结合体中的最小的，"能独立运用的最小音义结合体"强调的是所有最小音义结合体中能独立运用的。

二、合成词与其构成语素的关系问题

李德鹏（2013）为了进一步论证"词"与"语素"是同一个概念，又对词与语素关系进行了双向分析，试图说明学界所说的词就是语素，语素就是词。

（一）词就是语素

首先，李德鹏（2013）对"词就是语素"进行了论证。学界把词分为单纯词与合成词，要说明"词就是语素"，也就是要说明"单纯词就是语素"及"合成词就是语素"。对于"单纯词是一个语素"的观点学界不存在异议，故要论证"词就是语素"，主要是要论证"合成词就是语素"。因合成词有复合式、附加式、重叠式三种构词方式，即要分别说明"复合式合成词是一个语素""附加式合成词是一个语素""重叠式合成词是一个语素"。

1. 复合式合成词

李德鹏（2013）认为，复合式合成词是一个语素，如表示"话语或文章等的要领、主旨"的"要领"一词，其构成成分"要"和"领"都没有单独的意义，都不是语素，"要领"表示一个语素。李显赫（2015）不认同"复合式合成词是一个语素"这一观点。李显赫（2015）认为，首先，复合式合成词"要领"，从语义透明度层面[①]来看属于"完全隐晦"的一类，因此认为"要领"是一个语素倒也说得通，但诸如"哀叹""陶瓷"等复合式合成词，从词义透明度层面看属于"完全透明"的一类，我们就不会认为"哀叹"中的"哀""叹"以及"陶瓷"中的"陶""瓷"都不具有单独意义；其次，像"白菜""油菜""菠菜""芹菜"等词体现的是汉语中"属+种差"的构词方式，这说明了人们认知事物依托的是分解的策略，如果否认语素的存在，即认为复合式合成词在语义上都不能分解，则无法解释基于已有概念构造新词的现象。

[①] 李晋霞、李宇明（2008）提出"词义的透明度"概念，即词的"整体意义"可以从其"部分意义"上得出的难易程度。他们指出，词义透明度可以分为"完全透明、比较透明、比较隐晦和完全隐晦"四个梯级。

赵强强（2016）以"人物"为例，认为学界一方面将"人物"看成由两个语素构成的合成词，一方面又认为"人物"中只有"人"具有意义，观点不足以自洽。针对李显赫（2015）提出的"完全透明词的整体意义基本上等于各语素意义部分之和"这一观点，赵强强（2016）也提出了异议，并举出"国家"不等于"国"+"家"、"兄弟"不等于"兄"+"弟"等反例。他还认为，李显赫（2015）所举的"白菜""油菜"被解释为"白色的菜"与"带油的菜"，这显然不合常理，"白菜""油菜"都应该是一个语素。吴潮（2017）认为，李显赫（2015）提到的李晋霞、李宇明（2008）将"词的透明度"分为四个梯级，与符淮青（2004）将合成词词义和构成它的语素义的关系分成六大类①的做法异曲同工。吴潮（2017）认为，"要领"属于符淮青（2004）划分的六大类中的"合成词的词义是语素义的比喻用法"，也就是属于"词义透明度"四个梯级中的"完全隐晦"；"白菜""油菜"属于六大类中的"合成词的语素义表示了词义的某些内容"，对应着的词义透明度是"比较透明"；"国家""兄弟"属于六大类中的"合成词中有的语素失落原义"，也对应着"比较透明"的词义透明度。无论是"完全隐晦"，还是"比较透明"，构成复合合成词的各个语素，都具有表达意义的作用。

　　李德鹏（2018a、2018b）对李显赫（2015）以及吴潮（2017）提出的质疑作了补充解释。他认为，第一，我们可以说词不能扩展，但不能说不能扩展的就是词，即认为用扩展法判定词与短语具有局限性。他提倡用意义法②来分析"哀叹"，因为"哀叹"的意义是"哀"与"叹"意义的相加，按照意义法符合短语的定义，所以"哀叹"是一个短语，而不是合成词。第二，若"陶瓷"属于词义透明度中的"完全透明"一类，李显赫（2015）又认为"完全透明词的整体意义基本上等于部分意义之和"，那么"陶瓷"的意义应当是"陶"的意义+"瓷"的意义，但"这个碗是陶瓷的"中的"陶瓷"，并不能

---

① 符淮青（2004）提出的六类语义关系分别为：词义是语素义按照构词方式所确定的关系组合起来的意义；词义同组成它的两个语素相同、相近，这些都是并列式的合成词；合成词的语素义表示了词义的某些内容或特征；合成词的词义是语素义的比喻用法；合成词的词义是语素义的借代用法；合成词中有的语素失落原义。
② 根据意义法，短语的意义可以是组合的两个词意义的相加，复合词的意义是各语素意义的融合。

解释成"既是陶的又是瓷的",这就说明"陶瓷"中"陶"与"瓷"都没有单独的意义。第三,"白菜""油菜"即使是采用"属"+"种差"的造词方式,成词后也是变成一个整体义,单独的"白""油"都不再有意义。因此,认为一个合成词可以切分成几个语素是不可取的。第四,对于李显赫(2015)所说的"若不承认复合词中语素的地位,而称所有复合词的语义都是不可分解的,则不符合人们对世界进行概念化的认知过程,更无法想象人们将如何不借助现有概念来创造新词和理解新词",李德鹏(2018a)认为,理解词义未必要借助构词法,可以通过理解成词过程达到目的。新词一旦诞生就是不可逆的,词义就是不能拆分的。第五,李德鹏(2018b)对符淮青(2004)将合成词词义和构成语素的语义之间的关系分成六大类的做法表示质疑,比如"尘垢""浅见""保健""私营",在符淮青(2004)看来都是词,都属于"词义是语素义按照构词方式所确定的关系组合起来的意义"一类,但李德鹏(2018b)认为这里的"尘垢""浅见""保健""私营"均为短语,采用的判定方法仍是意义法。

2. 附加式合成词

李德鹏(2013)主张附加式合成词是一个语素,如"桌子"中,"桌"和"子"融合为一个词后都没有单独的意义,都不是语素。"桌子"表示一个语素。李显赫(2015)认为,附加式合成词"桌子"中,"子"并非没有意义,这里的"子"是由表"果实"的实词"子"通过隐喻得到的。赵强强(2016)并不认同"子"带有"较小的、圆形或带角的东西"的特征,如"车子""院子"中的"子"就不具备上述特征。"桌"和"子"结合成词后"桌"和"子"都不具备单独意义,而有意义的是"桌子"这个词。他认为,不管由几个语素结合成词,只要作为词出现都表示一个语素。吴潮(2017)虽赞同合成词都是多语素词,认为"语素组合成合成词后,语素义会发生一定的变化,以此来适应整词的意义",但质疑李显赫(2015)对"桌子"的"子"的词源分析。李德鹏(2018a)也不赞同"'桌子'中的'子',与果实的意义相关"这一观点,认为被指称对象为某一类食物时,如"包子",其中"子"的意义与果实的意义关联性更大。判断"子"是否有意义,可以看删掉"子"后合成词的意义是否改变,若改变,则"子"有实际意义,如"包子"

删去"子"后意义改变；若不改变，则"子"无意义，如"桌子"删去"子"后意义不改变，由词根加上无意义的"子"合成的才是真正的附加式合成词。

3. 重叠式合成词

李德鹏（2013）认为，重叠式合成词也是一个语素，如在"姐姐"这一重叠式合成词中，两个"姐"在合成词中都没有单独的意义，"姐姐"是一个语素。李显赫（2015）认为，重叠式合成词"姐姐"的词汇义由第一个语素"姐"承担，"姐"重叠后增添了表示郑重的色彩义，且重叠后的形式更常见于较正式的语体中，可见语素重叠也影响了其附加义，"姐姐"并非一个语素。赵强强（2016）认为，如果"姐姐"中的"姐"存在单独意义，则"姐姐"="姐"+"姐"，即两个姐，对应英文中的"sisters"，这并不是"姐姐"的意义。吴潮（2017）不认为"姐姐"就是两个"姐"的简单相加表示一个复数名词，他认为，"姐姐"中的前一个"姐"表示概念义，后一个表示附加义。相同语素重叠成词会使这两个语素都失去一部分意义，增加一个结构意义，表示亲昵。李德鹏（2018b）进一步补充道，"姐"与"姐姐"意义不同，恰恰说明"姐姐"是一个整体义，单独的"姐"没有意义。他认为，单独的"姐"也可以表示亲昵的感情色彩，这层语义色彩并非"姐"重叠后才具有的。他赞同"姐姐"的意义来自"姐"，只不过认为"姐"重叠后变成"姐姐"，"姐姐"中的"姐"便不再具有意义，词一经诞生便是不可逆的。

（二）语素就是词

单向论证"词就是语素"之后，李德鹏（2013）又对"语素就是词"展开论证。学界将"语素"按照构词能力分为"成词语素"与"不成词语素"，"成词语素"可以作为词使用，学界对于"成词语素可以用作词"的观点并无争议。"不成词语素"按照语素的位置分为"定位不成词语素"和"不定位不成词语素"。"定位不成词语素"即"词缀"，附在词根的前后或中间，能表示附加的意义和语法作用，如"子""儿""头"等。由于汉语具有"双音节化"的趋势，古代汉语中许多词（成词语素）在现代汉语中演变为"不成词语素"，如"祖""语""言"等，它们只出现在某些文言格式、成语或俗语中，这部分不成词语素也承担词的部分意义，也是"词根"，无固定位置，因此我们把这部分不成词语素称为"不定位不成词语素"。李德鹏（2013）认为，学界所谓的"不定位不成词语素"也是词，"定位不成词语素"根本不是语素，不在讨论的范围内。

1. 不定位不成词语素

李德鹏（2013）认为，古代汉语与现代汉语是同一套语法标准。例如，我们认为古文"关关雎鸠，在河之洲"中的"雎鸠"是单纯词，依据的就是现代汉语语法标准。因此，"祖""语""言"等在古代汉语中是词，在现代汉语中依旧应该将其判定为词，即学界所谓的"不定位不成词语素"都应该是词。李显赫（2015）认为，我们谈语法标准应当基于一个共时平面而言，"古代汉语与现代汉语是同一套语法标准"的观点是超越时空的，不符合语法规律。他认为，"雎鸠"在古代汉语中就是单纯词，与现代汉语的语法标准没有关系。他还认为"祖""语""言"在现代汉语中仍然是词的说法不太客观，因为它们作为词的用法受到了严格的限制，比如"祖"在"祖宗""祖师"中就是一个语素，并非是词。李显赫（2015）认为，"成词语素"与"不成词语素"没有明显的区分界限，只有典型与不典型之分。例如，"我看书"中的"我""看""书"都可以被其他语素替代，是典型的"成词语素"。"祖""语""言"可以在特定语法环境下被看作是词，但不能轻易被替换，可见成词环境十分受限，因此更接近不成词语素，是不典型的不成词语素。最典型的不成词语素是词缀，在任何情况下都不能被看作是词。赵强强（2016）质疑李显赫（2015）提出的"成词语素与不成词语素没有明显的区分界限，只有典型与不典型之分"的观点，认为既然李显赫（2015）赞同"语素不是词"，为何说"我""看""书"这三个语素构成的是一个"短语"呢？又为何说"我""看""书"可以被其他"词语"替换而不是被其他"语素"替换？吴潮（2017）也认为，李德鹏（2013）主张的"古代汉语与现代汉语是同一套语法标准"这一观点不合常理，比如"妻子"在古代汉语中表示的是一个短语，而在现代汉语中变成了一个词。但他并不认为将"雎鸠"判定为单纯词依据的是现代汉语的语法标准，而认为是根据古代汉语的语法标准。学者们通过考察"雎"和"鸠"单用时在古代汉语语篇中出现的频次和意义，得出"雎"和"鸠"在古代汉语中不能单用的结论，从而判定其为一个单纯词。李德鹏（2018a）认为，李显赫（2015）提出的"不存在超时空的语法标准"与"语言学的理论和方法可以关注不同时空的语言现象"这两个观点相互矛盾。李德鹏（2018a、2018b）认为，李显赫（2015）与吴潮（2017）将"雎鸠"当作古代汉语语法评判标准下的"单纯词"不符合时间逻辑，因为"单纯词"的概念是在现代提出的。李德鹏（2018a、2018b）仍坚持"古代汉语与现代汉语是同一套语法标准"的观点，认为现代汉语语法学和古代汉语语法学的区别在于研究对象不同、语法现象的使用频率不同。例如"吾谁欺"这样的句式在现代汉语中虽然不出现了，但这种句式所体现的"主谓宾"概念仍旧沿用至今，证明了古今汉语的语法标准是相统一的。李显赫（2015）认为，"祖""语""言"等的成词环境十分受限，"祖"在"祖宗""祖师"中就是一个语素，因此"祖""语""言"是不成词语素，而李德鹏（2018a）认为，学界把"人民""人家""人大"中的"人"也看作是一个语素，但仍旧认为"人"是一个词，以此类推，"祖"也应被看作是一个词，即文言词。此外，他还认为"祖"在"祖宗""祖师"中没有单独的意义，并不是一个语素。

2. 定位不成词语素

"定位不成词语素"的别称是"词缀"，如"子""儿""头"等。李德鹏（2013）认为，词缀不是音义结合体，要么没有声音，要么没有意义，所以词缀不是语素，也不是词。他认为，目前学界对词缀的定义是有问题的，并举例展开说明。

首先，李德鹏（2013）认为，学界所谓的词缀"子"不是语素，并依据词源将词缀范畴的"子"重新定义，认为其中的一部分"子"属于文言词，如"胖子"的"子"，一部分"子"没有任何意义，如"桌子"的"子"。学界列举的许多附加式合成词在李德鹏（2018a）看来并不成立，如"胖子""瘦子"。他认为，其中的"子"是"人"的意思，是具有理性意义的文言词，不是词缀，"胖子""瘦子"都是短语；而真正的附加式合成词，如"桌子"，由"词"+"无意义成分"构成。李显赫（2015）认为，"胖子"的"子"在古代汉语中确实表示"人"，但从共时的角度看，这里"子"的词汇义已基本脱落，若是将"胖子""瘦子"解释为"胖人""瘦人"或许还能为人们理解，但将"贩子""嫂子"解释为"贩人""嫂人"就难以使人理解了。他认为，"胖子"中的"子"是其语法义发挥主要作用——标示词性，"子"在这里是个典型的词缀，也是个音义结合体，是语素。赵强强（2016）认为，李显赫（2015）将"贩子""嫂子"简单替换成"贩人""嫂人"来直接理解的做法并不合理，因为"贩""嫂"和"子"在结合后经过长时间的使用已经具备了结构上的稳定性。他认同李德鹏（2013）所说的"子"作为词缀是没有语汇意义和语法意义的。正因为没有意义，才更容易附着于有意义的词组成双音节词。李德鹏（2018a）认为李显赫（2015）由"胖子"的"子"是"人"的意思推出"贩子""嫂子"中的"子"也是"人"的意思这一逻辑有问题，因为"贩子"和"嫂子"中，"贩"是动词，"嫂"是名词，而"胖子""瘦子"中的"胖"和"瘦"都是形容词，形容词后可以加某些成分并不意味着动词、名词后也可以加同样的成分。

其次，李德鹏（2013）认为所谓的词缀"儿"不是语素。李德鹏（2013）认为，如果学界认为"儿"是词缀，即承认"儿"也是一个语素，那么"儿"应该是一个最小的音义结合体。但黄伯荣、廖序东（2017）又指出"花儿"的"儿"字"不是一个独立的音节，也不是音素，而只是一个表示卷舌动作的符号"，也就是说，"儿"没有音，这不符合学界对语素的定义。赵强强（2016）与李德鹏（2013）的观点一致。李显赫（2015）提出三条证明"儿"有语音形式且是词缀的理据。第一，儿化韵的词和非儿化韵的词有着可听辨的分别。第二，一部分学者认为"儿"表示卷舌活动的特征就是其语音形式。第三，实验语音学发现，可能"儿化韵中卷舌音色的载体是一个单纯音素"（刘振平，2008）。吴潮（2017）也认为"儿"虽不是一个完整的音节，但附在前一个语素之后连读时会有一个儿化音，这个儿化音就是它的"音"，它在词中体现的语法功能和附加义就是它的"义"。李德鹏（2018a）认为"音义结合体"中的"音"到底指什么存在概念上的模糊性，学者们能证明"儿"是音素并不能代表证明了"儿"就是语素。对于"儿"是否有"义"的问题，李德鹏（2018a）也持怀疑态度，一方面，学界认为，"儿"带有一定的感情意义，但如"聪明""狡猾"此类带有感情意义的词，它们的感情意义并不是单独出现的，是附着在理性意义上出现的，而"儿"似乎并不具备理性意义，它的感情意义是如何附着的尚未确定；另一方面，学界对于"词缀表示一种附加的意义"中的"附加的意义"究竟指什么没有明确的说法，是否对应"音义结合体"中的"义"也无定论。

最后，李德鹏（2013）认为"子""儿""头"不是名词的标志，学界所主张的"词缀具有语法意义"的观点并不成立，词缀一旦没有意义，就不是音义结合体，也就不是语素。黄伯荣、廖序东（2017）认为，"子、儿、头"是名词的标志，一般动词或形容词加上它们后便转为名词。李德鹏（2013）举出反例，认为符合"一般动词或形容词加上后缀便转为名词"的还有"的"，如动词"买"加上"的"，即"买的"，是一个名词，符合黄伯荣、廖序东定义的词缀的特征，但学界并没有将"的"划分到词缀范畴中，说明黄伯荣、廖序东对词缀的定义存在问题。此外，一般动词或形容词加上词缀后便转为名词的说法也不准确，如形容词"甜"+词缀"头"，合成"甜头"，形容词"甜"并没有变换词性，而是"甜头"具有了名词性。李显赫（2015）认为，李德鹏（2013）以"的"字为例来论述词缀不是名词的标志这一逻辑存在问题。因为"的"作为结构助词连接定语和中心语，"的"字短语的中心语貌似被省略，其实能被补充完整，"的"的助词性具有词缀所不具备的特征，将"的"放入词缀范畴中做例证没有价值。赵强强（2016）也认同"甜头"中的形容词"甜"并没有转换词性，真正具有名词性的是"甜头"。他总结了学界对"儿"的作用的几点理解，来论证"儿"也不是名词的标志。第一，项梦冰（1994）认为"画儿""尖儿"具有名词性，是因为"画"和"尖"产生了体词性的转指义从而进入了名词的行列，与其后加不加"儿"没有关系，且一些动词加上"儿"后并没有转为名词，如"玩儿去"。第二，曹芳宇（2010）认为"画儿""尖儿"中的"儿"只是构形语素，对改变词性和词义不起任何作用，"儿"的存在或许也是因为汉民族尚偶的心理，因而在音节上倾向使用双音节形式。综上，"儿"之类的词缀并不是名词的标志。吴潮（2017）虽认同赵强强（2016）关于"词缀不是名词的标志"的说法，但并不认为附加式合成词在加词缀前就完成了词性转变。

三、成词法提出的必要性问题

目前学界用构词法作为合成词的分类方法，即把合成词拆分成几个语素后，根据语素间的关系来归纳分析合成词的类别。但李德鹏（2013）认为，合成词一旦形成，便具有了新的意义，不能被拆解，以构词法作为依据给合成词分类并不恰当。李德鹏（2013）提出"以成词法代替构词法"的观点。他认为，所有的合成词都有来源，如"领袖"作为短语时，表"衣领"的"领"和表"衣袖"的"袖"是并列关系，即"领袖"是一个联合短语，经过降级成词而成为一个联合型合成词。李显赫（2015）认为，"短语降级成词"的观念并不能用来解释现代汉语中后来出现的"飞机""语言学""共和国""互联网"等之类合成词的生成机制。赵强强（2016）则认为，"飞机""语言学"等新词同样可以用李德鹏（2013）提出的"成词法"来解释，它们都属于偏正式的来源词，成词法的提出是看到了合成词结构与意义的整体性，是语言学的一大进步。吴潮（2017）不赞成用"成词法"替代"构词法"，认为语素与合成词间的关系是双向性的，拆分合成词，不仅可以对合成词进行结构分析，而且可以分析语素之间的组合规则。同时"成词法"的提出也破坏了语法系统的完整性与稳定性。吴潮（2017）列举了用成词法替换掉构词法的弊端：第一，现代汉语词的结构分析无法进行，势必影响现代汉语词汇学的发展；第二，若人们只能对词进行整体记忆，将增加汉语的教学难度以及人们的记忆难度；第三，构词法的消失不利于新词的产生，将导致人们难以进行贴切的语言表达。李德鹏（2018b）针对吴潮（2017）提及的"成词法"影响语法系统的完整性与稳定性这一话题提出异议，认为完整与稳定的前提是正确，而当前学界对语素与词的定义本身就存在问题。

第二节　对现代汉语语素和词关系的理论反思

语素与词的关系问题一直是学界讨论的热点问题，上述学者们从各个层面对"语素是否是词"的问题各抒己见，呈现了令人耳目一新的观点、看法。本节结合上述各位学者的观点，从"语素与词的概念问题""合成词与其构成语素的关系问题""成词法提出的必要性问题"几个方面对现代汉语语素和词的关系做进一步讨论。

一、语素与词的概念问题

第一，语素与词实际上并不是同一个概念。原因如下。

李德鹏（2013）认为"能独立运用的最小的音义结合体"就是词的概念，而李显赫（2015）认为，"能独立运用的最小的音义结合体"实际上指的是学界所说的"成词语素"，我们赞同李显赫的观点，并认为李德鹏将"成词语素"的概念默认为"词"的概念这一做法不恰当。其实"成词语素"与"词"的概念间并不能轻易画等号。例如，"山水"一词中的"山"与独立运用的"山"不能对等，"山水"并不是"山"的理性义和"水"的理性义的简单相加，在"山水"一词中，"山"和"水"各自的意义进行了融合，融合之后的"山水"词义被扩大了，所以这里的"山"是构成词的语素，与作为词使用的"山"并不相同。正是因为学界考虑到"山"也具有能独立运用的特点，能够独立成词，所以我们将"山"称为"成词语素"。因此，如图1-3所示，前文提及的词是语素的逻辑推导是不合理的。

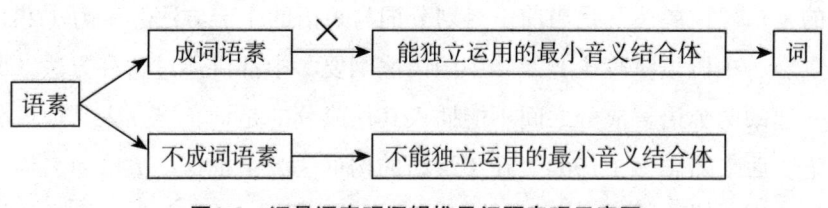

图1-3　词是语素观逻辑推导问题表现示意图

第二，对于词的定义中限定"音义结合体"的定语"能独立运用的"与"最小的"能否互换位置的问题，合理的做法是保持原位置不变。首先，李德鹏（2018a）认为"最小的"和"能独立运用的"均为形容词性词语，并不违背黄伯荣、廖序东（2017）在《现代汉语》中规定的多层定语的排列次序原则，这一点不符合实际情况。短语"能独立运用的"中的中心语是动词"运用"，整个短语充当的是动词性定语而非形容词性定语。其次，定义词时，应该先确保词作为语言单位能独立运用，再言其他。根据吴潮（2017）提到的认知语言学中的距离象似性原则，即在人的认知域中，离中心词越近的定语，与中心词联系越紧密，"能独立运用"在作为限定条件时应当放在离中心语最近的位置，词的定义应当是"最小的能独立运用的音义结合体"。

二、合成词与其构成语素的关系问题

如前所述,讨论合成词与其构成语素关系的相关研究,主要围绕"词是否是语素"与"语素是否是词"这两个论证角度展开,前者以合成词的三种构成方式为切入口——论证,后者主要论证"不成词语素是否是词"。下面沿用上述学者的论证角度对合成词与其构成语素的关系问题进行讨论。

(一)关于词就是语素

李德鹏(2013、2018a、2018b)、赵强强(2016)认为,词就是语素,他们分别论证了"复合式合成词是一个语素""附加式合成词是一个语素""重叠式合成词是一个语素"。下面对上述观点逐一分析。

1.复合式合成词

复合式合成词应该是多语素的,组成合成词的各个语素均有意义,只是"词义的透明度"不同。李德鹏(2018a)否认用"扩展法"作为区分词与短语的方法,主张用意义法划分词和短语,认为"哀叹"是一个短语。但需要注意的是,"扩展法"是当前学界划分词与短语的主流方法,王力(2015、2013)在《中国语法理论》及《中国语法纲要》中都讲述过这种方法,即结合在一起的两个语言成分之间不能插入其他成分的是词,能插入其他成分的是短语。后来陆志韦(1964)在《汉语的构词法》中把这一方法命名为"扩展法"。黄伯荣、廖序东(2017)在《现代汉语》中也主要介绍了"扩展法"这种区别词和短语的方法。对于李德鹏(2018a)提到的意义法,吕叔湘(1979)在《汉语语法分析问题》中提到,"在语法分析上,意义不能作为主要的依据,更不能作为唯一的依据"。赵强强(2016)以"国家""窗户"为例反驳李显赫(2015)"完全透明词的整体意义基本上等于部分意义之和"的观点,但事实上,像"国家""窗户"这类在两个词根组合成词后只有一个词根的意义发挥作用的词,在词义透明度的划分上属于"比较透明",它们不是完全透明词。李显赫(2015)以"白菜""油菜"的构词方式为例说明人们认知事物依托的是分解的策略,赵强强(2016)则认为合成词"白菜""油菜"形成后便不能再拆成几个语素,否则语素拆开再拼合后解释为"白色的菜"与"带油的菜",显然不合常理。实际上,合成词可以被切分成几个语素,"白菜""油菜"中的"白"和"油"代表了合成词的某些特征，例如"白"代表了"白菜"的视觉色彩，"油"代表了"油菜"具有可以被榨成油的作用和属性。

2. 附加式合成词

附加式合成词是单语素的这一观点很可能不成立。在附加式合成词"桌子"中，"桌"作为词根是整个合成词语义的主要承担者，且词缀"子"是有意义的，但不是李显赫（2015）从历时的视角认为的表示"果实"，而是具有词缀所表达的语法意义。意义可分为词汇意义和语法意义，大部分的虚词都没有实在的词汇意义，却具有语法意义。如动态助词"着""了""过"。与现代汉语中的虚词类似，"子""儿""头"之类的词缀可以表达语法意义，一般可以起到改变词性的作用，如"甜头"中，"甜"是形容词，加上词缀后整个词"甜头"成为一个名词。李德鹏（2018a）认为，合成词删去"子"后意义依旧不变的才是附加式合成词，而"包子"删去"子"后是"包"，意义改变，说明这里的"子"是实词，可能与李显赫所说的"果实"义相关。但实际上，与"包子"一样都属于食物的"饺子""粽子"在删去"子"后意义并未改变，按照李德鹏（2018a）的说法"饺子"和"粽子"中的"子"是无意义的，那为何同属于食物，"包子"中的"子"就是有意义的呢？

3. 重叠式合成词

重叠式合成词也应该是多语素词。重叠式合成词是意义由第一个语素承担、第二个语素重叠产生的双音节新词，它与由第一个语素独立构成的单音节词相比，区别主要在于语体层面和情感层面的意义差别，而非词汇语义层面的差别。以学者们讨论的词"姐姐"为例，该词的词汇意义主要来自"姐"，"姐"重叠后构成的新词"姐姐"，与单独的"姐"在语体层面和情感层面的意义不同。在语体层面上，"姐"常出现在口语中，而"姐姐"常出现在书面语中，如作文题常出现诸如《我的姐姐》之类的表达形式，若是将"姐姐"替换成"姐"就成了《我的姐》，接受度就变得很低。在情感层面上，"姐"重叠后增添了表示亲昵的情感意义。

（二）关于语素就是词

李德鹏（2013、2018a、2018b）以及赵强强（2016）同时从"定位不成词语素"和"不定位不成词语素"两个角度，论证了"语素就是词"的观点。

1. 不定位不成词语素

不定位不成词语素并不是词。"祖""语""言"只是在特殊的文言格式或成语、熟语中被作为词使用，在绝大多数情况下仍旧是一个不成词语素。李德鹏（2013）由"祖""语""言"在特定语言条件下可以作为词使用的现象，推出"古代汉语与现代汉语是同一套语法标准"的做法，值得商榷。吴潮（2017）、李显赫（2015）对"古代汉语与现代汉语是同一套语法标准"的观点也表示质疑。首先，现代汉语语法研究语境中的"语素"与"词"都属于"舶来品"。"语素"一词源于印欧语系，译自英语"morpheme"。美国描写语言学派代表人物莱昂纳德·布龙菲尔德（Leonard Bloomfield，1933）在其《语言论》一书中最早提出了"morpheme"的概念，并将其解释为"跟别的任何一个形式在语音-语义上没有任何部分相似的语言形式"，认为其是"词汇形式里最小的有意义的单位"。"词"也是源于印欧语系语言中的概念，它自马建忠（1898）在《马氏文通》中引进西方语言学的理论和方法，以拉丁语法框架为范例研究汉语语法，以"移花接木"的方式创立中国现代语言学之后，才开始被赋予汉语语法研究领域的意义。在汉语研究领域，"词"的准确概念的确立，经历了一个与"字"剥离的过程。古代汉语中单音节词占优势，一般认为一个字就是一个词，古代汉语中认为"祖""语""言"是词遵循的是"字本位"，而现代汉语中双音节词占优势，明确区分了语素与词的概念，遵循的是"词本位"，讨论现代汉语语素和词的关系，应当基于现代汉语这一共时平面展开，在现代汉语这一共时的语法分析体系下，"祖""语""言"就是语素。其次，由下文（1）到（4）中的例子表明，古代汉语中存在的宾语前置、定语后置、状语后置、主谓倒装等现象体现出古代汉语与现代汉语的语序不同，进一步佐证了古代汉语与现代汉语并非是同一套语法标准。李德鹏（2018a）还认为"祖"在"祖宗""祖师"中没有单独的意义，并不是一个语素。其实"祖"是一个语素，"祖"在单独使用时有这样的义项——"某行业或派别的创始人"，在合成词"祖宗"与"祖师"中，这一语素义表示了词义的某些内容，它的词义透明度属于"比较透明"。赵强强（2016）认为既然李显赫（2015）赞同"语素不是词"，就不应该说

"我""看""书"这三个语素构成的是一个"短语",因为短语由词构成。但事实上"我""看""书"都是成词语素,可以作为词使用,所以李显赫(2015)主张"我看书"是一个短语没有问题。

(1)古代汉语中的宾语前置现象

①忌不自信,而复问其妾。(《邹忌讽齐王纳谏》)

②然而不王者,未之有也。(《寡人之于国也》)

③三岁贯女,莫我肯顾。(《硕鼠》)

④时人莫之许也。(《隆中对》)

⑤秦人不暇自哀。(《阿房宫赋》)

(2)古代汉语中的定语后置现象

①楚人有涉江者。(《刻舟求剑》)

②荆州之民附操者。(《赤壁之战》)

③马之千里者(《马说》)

④蚓无爪牙之利,筋骨之强。(《劝学》)

⑤居庙堂之高则忧其民,处江湖之远则忧其君。(《岳阳楼记》)

(3)古代汉语中的状语后置现象

①将军战河北,臣战河南。(《鸿门宴》)

②饰以篆文山龟鸟兽之形。(《张衡传》)

③冰,水为之,而寒于水。(《劝学》)

④公与之乘,战于长勺。(《曹刿论战》)

⑤况吾与子渔樵于江渚之上。(《赤壁赋》)

(4)古代汉语中的主谓倒装现象

①甚矣,汝之不惠!(《愚公移山》)

②贤哉,回也!(《论语七则》)

③安在,公子能急人之困?(《信陵君窃符救赵》)

④宜乎,百姓之谓我爱也!(《齐桓晋文之事》)

⑤亦太甚哉,先生之言也!(《史记·鲁仲连邹阳列传》)

2.定位不成词语素

定位不成词语素应该是语素。李德鹏(2013、2018a、2018b)认为,学界所谓的词缀"子",一部分属于文言词,如"胖子"的"子"是表示"人"的意思。如前所述,讨论现代汉语语素和词之间的关系,应当在一个共时的层面进行,李德鹏(2013、2018a、2018b)用古代汉语中的概念分析现代汉语,显得不伦不类。李德鹏(2013、2018a、2018b)还认为,一部分词缀没有任何意义,如"桌子"的"子"。我们认为如果不把"子"分析为词缀,那么只能把"子"附着的语素定义为成词语素,例如"椅子"一词中若"子"非词缀,"椅"则是一个成词语素,但"椅"显然不能独立运用,可见"子"没有任何意义的观点不成立。不成词语素(词缀)虽然没有词汇意义,但有语法意义和感情色彩等附加意义。我们可以通过词缀来判定整个合成词的词性,一般认为带有词缀的合成词是名词,如形容词"甜"+词缀"头"组成的合成词"甜头",其词性就是名词。李德鹏(2013)认为,词缀"儿"没有音,不是语素。但如前所述,来自语音实验的研究结果表明,"儿"表示卷舌动作的特征就是其语音形式。语义方面,"儿"更多的是表达情感色彩义。因此,"儿"有音也有义,应该是语素。

三、关于成词法提出的必要性问题

李德鹏(2018a)认为,理解词义未必要借助构词法,可以通过理解成词过程达到目的。新词一旦诞生就是不可逆的,词义就是不能拆分的。实际上,如果按照李德鹏(2018a)的说法,就难以解释现代汉语中的逆语法化现象。所谓"逆语法化",与"语法化"相对提出,语法化可以简单理解为由高一级语法单位演变为低一级语法单位的演化过程。相应地,逆语法化可以简单理解为由低一级语法单位演变为高一级语法单位的演化过程。汉语发展的趋势是单音节复音化,古代汉语中一些原本属于"词"的语法单位在现代汉语中降级为"语素",但在新的语言现象中,出现了"语素单词化"这一逆语法化现象,如"赞许"的"赞"在传统现代汉语规范中是个不成词语素,但后来出现了"太赞了"这类将"赞"当作是词来运用的新用法。若认为词不能被拆解,就不必要地增加了解释汉语中逆语法化现象的难度。再者,正如李显赫(2015)和吴潮(2017)所说,若否定了构词法的存在,人们将不能借助现有概念来创造新词和理解新词,这不符合人们对世界进行概念化的认知过程,也给人们对词的记忆过程增加了不必要的麻烦。此外，当前学界的主流观点认为，人类语言的特性之一是具有"二层性"，即人类语言具有音系层与语法层，音系层包括音素、音位、音节、音部等不同级别的语音单位，语法层包括语素、词、短语、句子四级语法单位。若要分析语言"二层性"特点，就必须分析词的内部结构，承认构词法的存在，否则将颠覆经典的语言学理论，给语法分析带来不必要的挑战。

第三节 本章结语

本章探讨了现代汉语词汇层面有无语素和词的区分这一理论问题，主要围绕语素与词的概念问题、合成词与其构成语素的关系问题、成词法提出的必要性问题这几个角度系统呈现和分析了支持和反对现代汉语存在语素和词二分的相关研究，最终得出现代汉语中的语素和词分属不同的词汇单位层级。

值得注意的是，也有学者指出，语素与词界限本身就有一定的模糊性，很难给出完全明确的判别标准。首先，作为孤立语，汉语缺乏形态变化，语素到词的跨层转化也并不需要形态上的改变。其次，成词语素"身兼两职"，语素与词两个层级出现"交集"。汉语中，有部分最小音义结合体既可以独立运用、直接成词，也可以作为词的构成成分，和其他语素相组合而成词，学界通常将其定义为"成词语素"。杨锡彭（2003）将这类语素看作是两个语言单位层级之间的"交集"中的元素。这种"交集"的存在，也不利于我们判断一个最小的音义结合体究竟是词的构成成分还是独立的词。再次，语素和词两者都具备的"备用性"和"复呈性"特征，加强了两者的同一性。"备用性"，指语素和词都是语言系统的构成部件，供语言使用者在需要的时候选择性地抽取（徐国庆，1999）；"复呈性"，指语素和词作为结构单位，能够以同样的性质反复出现在句子的不同位置（陈练军，2019）。

虽然对语素与词进行直接的、明确的划界，是有一定难度的，但也不是完全无能为力，可以从两者的区别与联系入手。在张谊生（2013）主编的《现代汉语》，兰宾汉、邢向东（2014）主编的《现代汉语》，周芸、邓瑶、周春林（2011）主编的《现代汉语导论》，邵敬敏（2016）主编的《现代汉语通论》中，都或多或少地从语素与词的差异与辨识的角度，对两者的区分方法进行了论述。其关注点主要聚焦于运用的独立与否、表义的明确与否、语言形式的固定与否等。

其一，从用法看能否独立运用。根据定义，语素是"最小的有音有义的语言单位"，词是"语言中最小的能够独立运用的有音有义的语言单位"（黄伯荣、廖序东，2017），两者差别就在于是否能够"独立运用"。所谓"能独立运用"，指词本身具有一定的语法功能，可以单独回答问题、充当句子成分或表达一定的语法意义。如"寒冷"中的"寒"不能独立运用，"冷"在一定的语境下能够独立运用，如"今天天气好冷。""今天天气如何？——冷。"值得注意的是，邵敬敏（2016）指出，"冷"这类成词语素独立运用时，就已经是词了，不再是语素。语素永远属于构词平面，一旦可以独立运用，就进入词汇平面。

其二，从表意上看语义是否足够明确、稳定。多数语素都拥有两种以上的义项。由于这种多义性，我们看到单个语素时往往不能直接确定它所表达的是哪种意义，因此，语素义体现出模糊性。只有当该语素与其他语素构成词时，其具体义项才得以"狭义化""明确化"。例如，作为词，"神仙""神奇""神采"的意义都是十分明确的，"神"作为其中构词的语素，在上述几个词中分别表示了"古代传说和宗教中指天地万物的创造者和统治者""特别高超或出奇，令人惊异的""人的情态"三种意义；而当"神"作为语素单独存在时，它的意义则是宽泛的、模糊的、游离的。

其三，从语音上看是否具有完整、固定的语音结构形式。语素的语音并不固定，会随着不同的结合条件而发生变化。例如，语素"巴"在"结巴"一词中读为轻声，"巴掌"一词中读为阴平；语素"掌"在"巴掌"一词中读为轻声，而在"掌声"一词中又读为上声。而作为一个词的"巴掌"不管充当何种句法成分，读音都是固定的"bā zhang"。并且一般情况下，词的末尾是容许停顿的，如"楼房"是一个词，我们可以说"楼房/很高"；语素末尾不允许停顿，如"房子"一词就不能在语素"房"之后停顿，即不能说"一栋房/子"。

此外，刘钦荣（1990）试图用"组成关系"和"实现关系"的概念来揭示语素和词之间关系的本质面貌。他在《语素和词的关系新解》一文中提出："语素与单纯词间的关系是'实现关系',语素与合成词间的关系是'组成关系'"。

"组成关系"较容易理解,它指部分与整体的关系,如印欧语中"句子是由子句组成的,子句是由词组组成的,词组是由词组成的"(朱德熙,1985)。现代汉语中,语素与合成词间"组成关系"则可以表现为两个及两个以上不同的词根语素组成复合式合成词,相同的词根语素重叠组成重叠式合成词,词根语素与词缀语素组成附加式合成词。

对于"实现关系",刘钦荣(1990)将其解释为"由抽象的语法结构独立转化为具体的话语或话语的组成部分的关系"。他还指出,语素"实现"为单纯词需要附加条件,即"形体不发生任何改变而具备了完整表义和自由运用的能力"。例如,单独地看"山""水""方""圆"几个语言单位,我们既可以说它们是词,也可以说它们是语素。如果将其放置到"山被挡住了""想喝水""盒子很方""球很圆"等具体语境中,我们可以直接将其判断为单纯词。这一情况下"山""水""方""圆"的意义都是明确而完整的,并且可以以相同的意义独立运用在其他许多语言片段中,如"山很高""城外有一座山"。但是,如果在"山水""方圆"的语境里,我们就只能将"山""水""方""圆"判断为构词的语素了。这是因为"山水"并不是"山"的理性义和"水"的理性义的简单相加,在"山水"一词中,"山"和"水"各自的意义进行了融合,已经不完整了;相应地,在保持"山水"意义不变的前提下,"山"和"水"都不具备自由运用的能力了。"方圆"的情况与"山水"类似。

第二章　现代汉语词和短语的区别

上一章探讨了现代汉语中语素和词的关系问题。词汇层面，除了有语素和词这两级语言单位，还有短语这一上位语言单位。现代汉语词和短语的划分问题是词汇学研究的又一经典议题。本章首先探讨现代汉语词和短语的划分标准问题，然后在此基础上，讨论现代汉语"没有+NP"结构中的"没有"，在语言单位层面是一个词，还是一个短语。

第一节　关于现代汉语词和短语划分标准的讨论

如前所述，词和短语的区分问题一直是语言学界广泛关注的问题，研究者们都在尝试通过不同的角度确立词和短语之间的分界，而且在计算机中文信息处理的需求下，分词作为一项基础工程也受到广泛的关注（黄昌宁，1997）。树立现代汉语词与短语的划界标准，对于准确区分现代汉语词与非词、培养汉语学习者的词汇学习和拓展能力、完善语言工程和分词系统等都大有裨益。学界关于词和短语的划定标准一直意见不一（刘云，2021），随着理论技术的进步，观点不断更新，但仍未有全面且时新的分析性研究成果。系统分析目前学界关于现代汉语词跟短语的界定标准是十分必要的。综合看来，现代汉语词跟短语的划界方法主要基于四个维度的标准实现：结构标准、意义标准、语音标准和定量标准。

一、结构标准

概而观之，结构标准主要有同形替代法、转换法、插入法、语法结构分析法、语法功能法、语素鉴别法、词缀鉴别法和字组排除法。

（一）同形替代法和转换法

学界最早提出结构标准的是陆志韦，其在《北京话单音词词汇》中提出了"同形替代法"，该方法借助同类词来辨别词和短语（陆志韦，1956）。如"鸡蛋"这一语言单位中的"鸡"，可被"鸭""鹅""鸟"替换，组合成"鸭蛋""鹅蛋""鸟蛋"。因此，"鸡蛋"与"鸭蛋""鹅蛋""鸟蛋"一样，都是名词且结构相同，词义都属蛋类，它们就是词。另外有一种"转换法"与"同形替代法"类似，也是将组合中的某一成分用同类成分替换，看整体组合能否自由运用，如"猪肉""鸡肉""牛肉"这一组同义词，"X肉"中的"X"可以彼此替换，"猪肉""鸡肉""牛肉"都是词。为避免"同形替代法"将词分析为短语，邵敬敏（2009）进一步对"同形"增加三个前提：

1. 替代的成分必须与被替代的成分同词类；
2. 两个成分的语义必须相近；
3. 替代前后的结构必须相同。

（二）插入法和语法结构分析法

目前词和短语主流的区分方法是王力（1985）、吕叔湘（1979）与黄伯荣、廖序东（2017）等所主张的"插入法"。该方法根据一个组合的两项中间能否插入成分（即"扩展"）检验内部结构的紧密度。词的结合程度较高，构成词的语素之间不能插入其他成分，否则会改变词义；短语的结合程度较低，构成短语的各词之间可以插入其他成分且基本不改变原义。常见的插入成分有"得""着""的""了""不"等，如"坐直（坐得直）""开车（开着车）""红花（红的花）""吃饭（吃了饭）""看清（看不清）"等。还有一种插入特定词的方法，亦即"和"插入法。该方法先在组合项之间插入"和"，然后观察组合项的整体意义是否等于被"和"分隔后的各组成部分专一意义的混合。"专一"表示意义或功能是专有而明确的，"混合"表示可以分开，分开后各部分语义独立。能做到"专一"和"混合"的是短语，否则是词。例如，构成"环保""公民"的两个成分意义均不专一且已融合，"环"和"保"以及"公"和"民"之间不能插入"和"，"环保""公民"均是词；"快走""门外"中，在"快"和"走"以及"门"和"外"之间插入"和"之后，变为"快和走"以及"门和外"。同时，"快和走"以及"门和外"在语义上直接组合成"快走"和"门外"的语义表达。"快走"和"门外"应该是短语（杨瑞汉，2009）。

值得一提的是，上述两种方法都不能保证能够插入其他成分的就一定不是词，如"公鸡""猪肉"可以被隔开形成"公的鸡""猪的肉"等说法，但它们更像是词而非短语，这种带有文言色彩的表达形式是古代汉语的遗留，已然凝结成一个不可扩展的整体。所以我们更需注重插入成分后的实际应用性，如"丢脸""伤心"等，我们可以扩展为"丢的脸""伤的心"，但在实际生活中并不会这样扩展（程相伟，2002）。

"语法结构分析法"（马世平，2001；张斌，2004）作为插入法的变体，也经常为语言研究者所用。语法结构分析法基于插入法的运作规则，针对五种基本语法结构进行分析并设定具体的插入规则，如定中结构看能否插入结构助词"的"、状中结构看能否插入补语、联合结构看能否在中间插入并列连词、主谓结构看能否插进副词、中补结构看能否插入"得"和状语等。该法可以用来检验其他方法的鉴别能力，适用于具有典型语法结构特点的对象。实践证明，插入法与语法结构分析法相结合后的鉴别能力较强，因此插入法应当被作为区分词和短语的主要方法，但也需要参考其他标准，并注重插入后的实际应用性。

（三）语法功能法、语素鉴别法和词缀鉴别法

"语法功能法"（吕叔湘，1962、1979；邢福义，2011）检验组合单位的构成成分能否在句子中单用，能单用的是短语，不能单用的是词。如"领袖"，在句子中可以单用，充当一定的句法成分。例（1）中的"领袖"充当主语中心语。但其组成成分"领"或"袖"都不可在句子中单用，即使表达其承担的主要语义，也必须改成"领子""袖子"才能单独入句（熊文华，1997）。因此，"领袖"是一个词。事实上，语法功能法主要依据"词"和"短语"的定义来划分词和短语，主要考察组合形式及其成分能否在不同的句型中单用。该方法可能存在的缺点有：首先"单用"的界限是不明朗的；其次，"单用"也分几种情况，特别是在不同语体下情况不一。综合看来，"语法功能法"具备一定的科学性和可行性，但仍需要考虑特殊情况，可以适当限定条件以增强适用性。

（1）他是从人民群众中成长起来的伟大领袖，永远属于人民。（江泽民《在毛泽东同志诞辰一百周年纪念大会上的讲话》）

与"语法功能法"类似，"语素鉴别法"（赵元任，1979；朱德熙，1982）和"词缀鉴别法"（卞觉非，1983；熊文华，1997）运用语法功能观，分别选择语素和词缀两个不同角度来鉴别词和短语。"语素鉴别法"主要看组成成分中有无粘着语素，有粘着语素的一般都是词；"词缀鉴别法"则将带有词缀的大部分语言组合形式看作词，从而简化区分工作。与上面的"语法功能法"一样，"语素鉴别法"和"词缀鉴别法"两种方法实质都是看每个构成成分在句中是否具有独立活动的能力（即能否单用）。此类方法对含有粘着语素的词行之有效，对两个自由语素构成的组合则作用不大。由于可行范围太小，所以此类方法可作为补充手段。

（四）字组排除法

有部分研究指出，现代汉语中的词和短语都是没有明确的语音界线标记的，这也是导致现代汉语的词和短语界限模糊的一个十分重要的原因。但在现代汉语中，字和字组的界限是明晰的。王洪君（1994）的"字组排除法"就是秉持"字本位"的原则，独辟蹊径地通过确定某字组是否符合短语规则进行排除，继而确定具体的组合单位是否为词。其把"词"划定为单音节的"字"和多音节的"短语"之间的中间层级，凝固字组即为"词"，自由字组即为"短语"。该方法设计abc鉴别式[①]并且通过字组义是否等于"字义+结构义"等规则来考察组合单位是否成词和成词性高低。如动宾短语的鉴别式为+a+b+c。字组排除法不仅是对前人理论方法的继承，也是对既有成果的发展创新。但当前"字本位"的理论主张受到诸多质疑，大部分研究还是主张汉语是"词本位"的语言。因此，"字组排除法"的科学性可能有待进一步论证。

二、意义标准

从意义的角度来区别现代汉语词和短语的方法之中，首先有黎锦熙

---

① AB代表被鉴别的两字组。鉴别式a：不AB，且*很AB，且*带宾语（*代表否定）。鉴别式b：AB→A了B了，或AB→A+数量+B。鉴别式c：AB→B（被）A了，且AB→A+数量+B→数量B。

(2007)提出的"意念观念法"。这种方法依靠感觉经验来判别词,只要能用来表达"观念"的就是"词"。如描述一个物体的词"草莓"、表达一个动作的词"起床"、表达具体心理状态的词"喜欢"等。该法虽然看到了语义和认知的重要性,但单靠感觉的"经验论"并不足够客观。原因在于,经验往往都是主观的,而且个体差异性比较明显。不同的人,对多大程度上可以满足"表达一个观念"的要求,可能感受并不一样。比如,有人可能认为"黑狗"是在表达一种动物,属于一个观念,应该是词。但实际上,也有人会认为"黑"和"狗"是两个观念,前者表达颜色,后者表达物种。因此,"黑狗"是一个短语。

在"意义观念法"的基础上,学界又延伸出"意义鉴别法"(卞觉非,1983;马世平,2001;王力,1985;熊文华,1997)。"意义鉴别法"的主要理论根据是词和短语意义组成的不同。在词汇意义上,词的意义往往是各语素义相融合表示一个特定的意义。但短语中,构成成分词各自的词汇意义没有融合,而是加合之后表达某个复合概念;在语法意义上,短语的内部结构义和整体的语法意义一致,但词的内部结构义有时与整体的语法意义不同,会发生语法转指义(熊文华,1997)。比如偏正结构的"新书",其词汇意义是"新"的语义和"书"的语义的直接加合,内部结构义与整体的语法意义都是修饰与被修饰的关系。同样地,"旧书"这一语言单位,其词汇意义是构成成分"旧"和"书"各自语义的直接相加,内部结构义与整体的语法意义都是修饰与被修饰的关系。因此,同"新书"一样,"旧书"也是一个短语。值得注意的是,同为偏正结构的"黑板",其语义并不是"黑"和"板"两个部分的相加,因为其并不表达"黑色的板子"这一语义概念,而是被专门化了的意义。同时,"黑板"内部结构义不是修饰与被修饰的关系,但整体的语法意义却存在修饰与被修饰的关系。因此,从词汇意义和句法意义两个层面看,"黑板"都只可能是一个词。对于同形同构异义的组合,意义等于几个组成成分语义的简单相加时看作短语,如偏正结构的"红花",构成成分"红"和"花"各自语义的简单相加直接形成"红色的花"这一语义概念;用于表示指称一种专门的中药材时,"红花"的语义概念并不是"红色的花","红"和"花"的语义融合形成新的语义。因此,表示中药材的"红花"是一个词而非短语。

"意义鉴别法"可能存在的局限性在于,语义本身的可解释性大,组合成分的义项丰富且引申性强，汉语歧义情况多。这使得只借助于语义鉴别现代汉语的词和短语，主观因素参与较多，难以形成相对统一的标准，很可能出现"仁者见仁，智者见智"的分歧和争议。但同时应该提及的是，意义一定是区分现代汉语词和短语过程中不可或缺的考察标准，其他方法都或多或少参考了意义标准。

三、语音标准

语音标准主要从音节组成和韵律词感的角度来界定现代汉语的词跟短语。其中，"语音停顿法"（程相伟，2002；胡裕树，1981；马世平，2001；熊文华，1997）指词中间不能停顿，因为词内部音节组合非常紧密，特殊语境下的停顿除外；而短语内部可以停顿，因为短语的语音形式不稳定，语音连续性较差。也可利用汉语轻声的特点辨别词和短语，后一个音节是轻声的大部分是复合词（卞觉非，1983）。如"东西"这一组合形式，中间无停顿且"西"读轻声时为词，指某个物体；中间有停顿且无轻声时为短语，指"东"和"西"两个方位（胡裕树，1981）。若轻声音节为定位语素，整体也可能是一个短语，如："走吧""写了"。

韵律词感也是划分词和短语的依据之一。相比多音节形式，双音节更能给人以词感（吕叔湘，1963），因为韵律是"词感"的重要来源，而"词感"作为一种"韵律单位感"，主要来源于词串的"长度"（冯胜利，2001）。像"打球""吃饭""喝水"这类结构句法上并非词，但语感上往往认为它们是词，所以这类可以称作"韵律词"。但并非所有双音节形式都是韵律词，如：动宾结构的"助动词/心理动词＋普通动词"这一组合形式，包括"敢信""想吃"等；状中结构的"连接/否定/时体/范围/频次＋动词"这一组合形式，包括"不想""曾说"等。这些双音节组合结构在进入更大组合时，音步稳定性变弱，常常分裂为两个音步。如"我也/不敢/信"（王洪君，2000）。因此，上述双音节结构都是短语而非词。

"韵律词感法"充分关注了语言使用者的音节感受，但其局限性可能在于主观性和群体差异性太强（如大众语感和专家分词的差异）。语音标准虽然是界定词跟短语不可或缺的尺度，但目前对于语音标准缺乏定量的客观尺度，因此语音标准仅可作为划分现代汉语词和短语的补充手段。

四、定量标准

在主张借助定量标准区别现代汉语词和短语的方法之中,"频率定量法"(陈衡,2018;李晋霞,2013;刘云、李晋霞,2009)是指根据日常语言使用情况做"量"的统计以提供更直观的划分结果的一种方法。索绪尔曾形象地用"抄小路"来比喻经常用某一语言单位表达复合概念,会使这一语言单位变成整体存在的心理表征(索绪尔,1980),换句话说,两个成分线性相邻高频共现,语言使用者心理上会不自觉模糊二者的界限,将其看作一个整体。频率决定词感,继而影响人们认知心理的共识度。例如,一般认为"猪肉"和"牛肉"是词,"马肉""骆驼肉""牦牛肉"就不是词,这显然受频率的影响。传统频率理论认为高频率是语法化的最重要动因,但彭睿等(2011)的语料实证研究表明,一些高频率线性毗邻的语言单位无法词汇化,因此高频率并非词汇化的唯一动力,对词汇化产生直接影响的是高临界频率。总体上看,频率只能作为区分词和短语的选择性条件,尽管一些词的使用频率很低,但确实是词。比如一些专业词汇,像语言学中的"连续统"、心理学中的"格式塔"等就是如此。与之相反,一些双音节形式的短语尽管使用频率很高,但仍然不能看作是词,如数量短语"一个"以及动宾短语"吃饭"等。

仍需一提的是,近年来,在中文信息处理等新兴学科的推动下,学界逐渐开始使用计算机系统进行语言自动处理,主要通过"分词规范+词表+分词语料库"的方法,使词语在真实文本中获得可计算的定义。但面临的首要问题是词与短语的界限不清,导致分词之初就存在困难。其次是不同系统的分词规范不统一。如键盘输入系统将高频词组直接作为分词单位,校对系统将含有易错字的词或词组作为分词单位,检索系统则具有注重专业术语的切分且分词精度大等特点(袁毓林,1997)。

上述这些基于概率统计来划分现代汉语词和短语的做法,更多是为了在各自关注的领域,更高效地实现各自领域内的分词目的,但采取的分词频率标准往往大相径庭。当然,我们同时应该看到,频率定量法虽有其局限性,但能够从"量"的角度为我们提供更为直观的划分结果,若将"频率定量法"与计算机分词系统相结合，则很有可能达到快速分词的效果。中文自动分词系统的建立已是大势所趋，只不过在计算分词的过程中，应该注重统一标准的设立，以提高计算分词的准确度。

第二节 对现代汉语词和短语划分标准的理论反思

上一节分析了学界借助结构标准、意义标准、语音标准和定量标准等，划分现代汉语词和短语的各种区别方法。本节在此基础之上，先分析现代汉语词和短语划分存在困难的原因，然后就应该如何选择鉴别现代汉语词和短语的方法，提出可供参考的建议。

一、现代汉语词和短语划界困难的原因

概而观之，造成现代汉语词和短语划界困难的原因包括以下几个方面：其一，现代汉语词和短语的定义不统一；其二，现代汉语双音节结构存在一致性和差异性并存的局面；其三，现代汉语词和短语内部语义、句法融合程度存在差异。下面具体介绍上述原因。

（一）现代汉语词和短语的定义不统一

有研究指出，由于汉语的词属于一种"非自然单位"，因而没有足够的形式标志来确认词的边界。所谓的"词"，只是语素之间结合得比较紧密的单位。所谓的"短语"，只是语素组合时相对松散的状态。与此同时，现代汉语中，存在许多词和短语的"中间状态"，"中间状态"亦即语素结合不紧不松的状态，这就造成了现代汉语很难实现词和短语的划分，也很难给现代汉语的词和短语各下一个界限分明的定义（胡明扬，1999）。吕叔湘（1999）也认为，词的定义很难确定，最好通过具体事例来划界。学界较早地对词和短语进行区别性定义的是章士钊，其在《中等国文典》中提道："一字可为一词，而一词不必为一字。"章士钊同时指出，"词和短语是不同级的语法单位"（章含之、白吉庵，2000）。赵元任（1979）认为，一个（自由或黏着的）词是能够跟某一个或几个形式类结合、不受任何限制的最小形式。黎锦熙（2007）则认为，"词就是说话的时候表示思想中的一个观念的'语词'"。随着汉语语

法学的发展,词和短语的定义有了更准确的描述。黄伯荣、廖序东(2017)认为,词作为音义结合体是最小的能够独立运用的语言单位,短语是由词组成的、按一定的规则组合起来表达一定意义的、没有句调的语言单位,也叫"词组"。邵敬敏(2016)对词的定义与上述学者的观点大致相同,但其认为短语和词组有所区别:"由两个或两个以上单词构成的句法结构单位叫'短语',实词和实词按照一定句法关系组合起来的短语叫'词组'。"邓盾(2020)则将词重新定义为:词是在以语素为起点生成句子的过程中产生的,具有句法完整性的最小语言片段。

(二)现代汉语双音节结构存在一致性和差异性并存的局面

现代汉语中双音节词占优势,而词跟短语划界不清的主要症结往往在于双音节形式(吴萌,2022)。以曾引起争议的"来信"的划界问题为例,陆俭明(1988)分别从词法和句法的角度分析,认为"来信"为词。但马麦贞(1989)坚持认为"来信"是一个词组,"来"与"信"无论在什么情况下都是单个的词,"来信"只是词与词的搭配形式。之所以会出现上述争议,原因在于:现代汉语中双音节词占优势。部分学者认为,现代汉语中的大部分双音节组合形式都应该是词。但事实上,现代汉语中也存在部分双音节短语。由于不论是在结构原则还是在语义关系上,词法和句法都有很大的相通相似性,比如词和短语的内部结构基本一致,都包括联合、偏正、主谓、动宾和中补五种基本结构,这就提高了区分现代汉语双音节形式是词还是短语的难度。

(三)现代汉语词和短语内部语义、句法融合程度存在差异

在语言的发展变化过程中,许多短语凝固成了词,而有的词逐渐扩展为短语。这一过程可以详细解释为:汉语中的双音节词在古代都是两个单音节词,经过韵律单元的"固化"才成为双音节词。由于语言系统中各要素发展的不平衡性,每一个词发生"融合"的时间和速度都是不一致的,造成了共时平面上融合度从"低"到"高"的差异,即双音节、多音节的融合程度不一,因此有些双音节组合关系紧密,有些却结构松散(石毓智,2002)。

由于融合程度不一现象的存在,产生了许多上文提到的"中间状态"。这些"中间状态"难以判别是词还是短语。熊文华(1997)归纳了五种"中间状态":其一,同形同构异义的组合形式,如"眼红"(语义不同);其二,同形异构的组合形式，如"炖肉"（语法结构不同）；其三，异形同构的组合形式，如"心疼"和"腰疼"；其四，偏义结构的联合形式，如"笔墨"，作为短语的意义是笔和墨，作为词的意义只保留了"墨"的意思；其五，离合结构的组合形式。离合结构语义唯一但有习惯性的扩展形式，如"睡觉""洗澡"等。另外语言发展还涉及文字、修辞、文体、方言、共时与历时等问题，情况错综复杂，给现代汉语词和短语的划分增添了诸多困难。

二、如何看待造成现代汉语词和短语划分困难的原因

以上分别从现代汉语词和短语的定义不统一、现代汉语双音节结构存在一致性和差异性并存的局面以及现代汉语词和短语内部语义、句法融合程度存在差异三个方面，介绍了造成现代汉语词和短语划分困难的原因。下面逐条分析这些原因，并指出这些困难其实能够化解。

（一）关于现代汉语词和短语的定义不统一

前文提到不同学者对现代汉语词和短语下的定义（尤其是对现代汉语词下的定义）存在较大差异。比如，章士钊认为，一字就是一词。将现代汉语中的词和字对应。与这种对词的定义相对应，前文分析现代汉语词和短语划分标准时，有人也主张根据汉字边界来对现代汉语进行分词。但同时，黄伯荣、廖序东（2017）却认为，词作为音义结合体是最小的能够独立运用的语言单位，短语是由词组成的、按一定的规则组合起来表达一定意义的、没有句调的语言单位，也叫"词组"。邓盾（2020）则将词重新定义为：在以语素为起点生成句子的过程中产生的，具有句法完整性的最小语言片段。此种情况下，自然不能根据汉字划分现代汉语中的词。

需要指出的是，当前学界对现代汉语中的词和短语的定义，除了章士钊提出的"字对应词"的观点之外，其他定义在细节上可能存在差别，但基本上都认同现代汉语的词首先能够独立运用，然后是高于语素一级的最小意义结合体。词和语素的本质区别在于是否能够独立运用。而现代汉语中的短语是由词构成的更高一级的语言单位，与词相比，短语的各构成单位黏合程度低，可分散程度高。因此，划分现代汉语词和短语时，应该依据学界关于现代汉语词和短语的主流定义进行。

（二）关于现代汉语双音节结构存在一致性和差异性并存的局面

诚如前文所述，现代汉语中的双音节组合形式，可以是词，也可以是短语。且现代汉语词法和句法有很大的相通相似性，词和短语的内部结构基本一致，都包括联合、偏正、主谓、动宾和中补五种基本结构，这造成了区分现代汉语双音节形式是词还是短语较难的局面。但需要指出的是，虽然同为双音节形式，但现代汉语中的词和短语存在差别。比如，在语义构成方面，有些词的词义并不是语素义的简单相加，而短语的意义一般是组成部分义项的直接相加。

（三）关于现代汉语词和短语内部语义、句法融合程度存在差异

如前所述，面对现代汉语词和短语内部语义、句法融合程度存在差异这一情况，熊文华（1997）归纳了五种"中间状态"。实际上，这五种所谓中间状态，都可以做到词和短语的划分：其一，根据意义的不同，先区分出同形同构异义的组合形式，而后再对区分后的两个语言单位分别作词和短语的区分；其二，根据意义和结构的不同，先区分出同形异构的组合形式，而后再对区分后的两个语言单位分别作词和短语的区分；其三，根据意义和结构的不同，先区分出异形异构的组合形式，而后再对区分后的两个语言单位分别作词和短语的区分；其四，偏义结构作为词时，中间不能插入顿号，偶尔充当短语使用时，中间往往要插入顿号；其五，现代汉语中的离合词，数量较少，且易于辨认，可根据学界的一般做法对其进行词和短语的划分，当离合词中间不插入其他成分时，是词，中间插入其他成分时，是短语。

三、现代汉语词和短语划分标准的选择

在前文提到的现代汉语词和短语的划分方法中，结构标准下的插入法是目前最主流的鉴别方法，也是词跟短语划界较为有效的方法（邵敬敏，2009），众多经典的现代汉语教材和专著都提到该法。如邢福义版《现代汉语》（2011），胡裕树版《现代汉语》（1981），黄伯荣、廖序东版《现代汉语》（2017），北大版《现代汉语》（2012），邵敬敏《汉语语法专题研究》（2009），张斌《简明现代汉语》（2004），朱德熙《语法讲义》（1982），叶蜚声、徐通锵《语言学纲要》（2010）等。此外，插入法与语法结构分析法

相结合后的鉴别能力比较强，应当被当作区分词跟短语的主要方法，但在插入成分时还需考虑实际应用情况。

此外，经典教材或名家专著对意义标准的划分也都有所涉及，如王力的《中国现代语法》（1985）、吕叔湘的《汉语语法分析问题》（1979）、张斌的《简明现代汉语》（2004）、邢福义的《现代汉语》（2011）、北大的《现代汉语》（2012）等。词和短语都是能代表一定意义的语言成分，无论是词还是短语，意义都是其定义中不可或缺的组成部分。意义的判别能对词和短语的区分具有很大参考价值，可将结构特点和意义特点结合考察，甚至在日常生活中，我们判别词和短语时首先想到的便是意义的组成（马世平，2001；邵敬敏，2009；邢福义，2011）。在语言生态系统中，词和短语作为语言单位是形式和意义相统一的有机体，因此结构及意义标准应优先作为区分词和短语的界定方法，并以插入法、语法结构分析法和意义鉴别法为主，坚持形式同意义相结合，既通过形式发现意义，又使意义作为结构的参证。

语音标准下的"语音停顿法"不仅符合词和短语定义上的要求，实际可操作性也较强，但仅看是否有停顿是不够的，还可参照韵律词感的标准，因为"词感"更具现实意义且容易被大多数人所认同。语音标准主要来源于语感，而"词感并不匀质"（刘云、李晋霞，2009），主观性和个体差异性太大，双音节形式也并非词的绝对特点（胡裕树，1981），因此语音标准不能作为判别词跟短语的主要标准，"语音停顿法"和"韵律词感法"也仅可起到补充证明的作用。

此外，定量标准下的"频率定量法"能够从"量"的角度为我们提供更为直观的划分结果，可以作为区分词和短语的重要辅助方法，但词汇化是多种动因共同作用的结果，高频共现只是条件之一。邵敬敏（2009）在《汉语语法专题研究》中也提道："频率的高低不能证明是否具有词的资格。"因此，频率定量法作为辅助手段可以结合其他方法使用，例如与计算机分词系统相结合，可达到快速准确分词的效果。中文自动分词系统的建立已是大势所趋，但仍存在一些规范性的问题，还需要进一步修正完善。

综上所述，区分现代汉语词和短语时，应将结构标准（以插入法为主）和意义标准作为主要界定标准，辅之以语音标准和定量标准。当然，就其可行性和使用效果来看，还需要进一步的实证研究，在此也为学界深入研究和探索词跟短语的界定标准问题提供一条思路。

第三节 现代汉语"没有+NP"中"没有"的词汇单位归属问题

上面两节主要讨论了现代汉语词和短语的区分问题。本节在此基础上，讨论现代汉语"没有+NP"结构中的"没有"，在词汇单位归属上应该是一个词，还是一个短语的理论分歧。

一、现代汉语中的"没有"

现代汉语中，"没有"是除"不"以外使用频率最高的否定标记（白荃，2000），"没有"的用法主要有以下几种。

（一）"没有"+VP

动词性成分前的"没有"主要有两种用法，第一种是传统用法，即否定客观叙述的动作和行为事件的实现，相当于古代汉语的"未"。用例见例（1）。"没"和"有"同频共现，两个成分的黏合度变高，"没有"由一偏正短语固化为动词，而"没有"也在连动结构中发生功能降级，演变为另一谓词性成分的附属成分，即成为状语修饰另一动词，因此"没有+VP"中的"没有"逐渐由动词演变为否定副词（侯倩，2019）。

（1）我们已经半个月没有见面了吧？（《解放日报》1982.6.13）

第二种是新兴用法，用"没有"否定主观意愿和态度，句末常跟语气词"呀""啊""哇"。用例见例（2）。此处"没有"的作用相当于"不"，"没有+VP"组合的泛化使"没有"多了"不"的义项，否定范围变大，甚至趋于取代"不"的地位（侯倩，2019）。

（2）"我没有喜欢他哇""那时候我并没有害怕"（南星《散文两篇》）

（二）句末的"没有"

句末的"没有"主要表示否定和疑问。该用法最早可追溯至元代，在《老乞大》中可见用例，见例（3），《初刻拍案惊奇》中也有用例，见例（4）。

句末的"没有"多与"都、也"共现或常见于正反问句，表示对句中名词性成分是否存在的疑问。直至清朝，句末的"没有"开始与"了"共现，如《七侠五义》中有"问相爷退了堂了没有"的说法，表示对事件发生已然性的疑问。现代汉语可直接在动词性成分后加"没有"表示疑问，形成"你听见没有？"之类的表达。随着句末"没有"的使用频率增高，其否定含义逐渐虚化，开始向语气词发展，但否定意义并未完全消失，还未完全语法化为语气词。

（3）这马上下衢都没有。（《老乞大》）

（4）一些笑颜也没有。（《初刻拍案惊奇》）

（三）比较句中的"没有"

"没有"型比较句是明末清初开始出现的否定比较用法，现在逐渐增多，并有超过"有"型比较句之势。"没有"用在比较句中，表示"不及""不如"，构成差比。常见格式为"A没有B那么（这么）+X"，用例见例（5）。"没有"型比较句可以分成五个部分：第一部分为比较主体A（比较前项），如例（5）中的"小明"；第二部分为比较词"没有"；第三部分为比较客体B（比较后项），如例（5）中的"小红"；第四部分为比较值，表示比较客体在所比较属性上的程度，如指示代词"这么""那么""这样""那样""这般""那般"；第五部分为比较属性X，如例（5）中的"活泼"。

（5）小明没有小红那么活泼。

（四）"没有"单独做否定性答复

"没有"单独做否定性答复较早见于《初刻拍案惊奇》，用例见例（6）。该用法多出现于"没有"构成的正反问对话中，如例（7）。也可用于一般疑问句的答复，否定事件的已然发生，如例（8）。

（6）房氏道："没有。"（《初刻拍案惊奇》）

（7）问：你吃饭了没有？

答：没有。

（8）问：你去过北京吗？

答：没有。

值得注意的是，作为否定答句的"没有"近些年出现了一些新兴用法，此时的"没有"基本相当于"不是",甚至趋于取代"不是"的地位。具体用例见例(9)和例(10)。此外,"没有"单独做否定性答复还可用于客气谦虚的语境中,类似于汉语中常见的客气用词"哪里",属于汉语的礼貌用语。用例见例(11)。

(9)问:你很忙吗?

　　答:没有。

(10)问:他是你的男朋友吗?

　　答:没有,他是我发小。

(11)发起人:你很优秀。

　　回应人:没有。

(五)"没有"+NP

"没有"后接名词性成分表示否定客观存在和领有,相当于古代汉语中的"无"。"没"是动词"有"的否定标记,"有"承载"领有"和"存在"义,"没"则单纯表示否定义(石毓智、李讷,2000),如例(12)。此外,现代汉语中,"没有"也可加数量短语,表示不足,用例见例(13)。

(12)我没有力量了,我得歇一会儿。(曹桂林《北京人在纽约》)

(13)没两个小时,小家伙是不会醒来的。(薛尔康《裘皮大衣》)

以上几种用法中的"没有",学界对于前几种用法的看法比较统一,认为其在词汇单位上属于词。但对于"没有+NP"结构中"没有"的词汇单位归属问题,学界长期存在争议。一部分研究认为,现代汉语"没有+NP"结构中的"没有"是一个词。而另一部分研究则认为,现代汉语"没有+NP"结构中的"没有"是一个短语。下面简要回顾一下前人对于现代汉语"没有+NP"结构中"没有"词汇单位归属问题的讨论。

二、关于"没有+NP"结构中"没有"词汇单位归属的讨论

"没有+NP"是生活中普遍使用的否定搭配,而"没有+NP"中"没有"的定性问题一直存在诸多争议。首先大方向的分歧有"一词论"和"两词论",即"没有+NP"中的"没有"是一个词,还是两个词组成的短语。

"一词论"者认定"没有+NP"中的"没有"是一个词,且为动词(丁声

树，1961；廖定文，1987；黎锦熙，2007；吕叔湘，1980；孙汝建，2009；王力，1985；杨陆润、周一民，1995；等等）。《现代汉语词典》及目前通用的现代汉语教材都基本采用此观点。更有李人鉴（1979）、朱德熙（1982）认为，"没有"在任何情况下都是一个动词。石毓智、李讷（2000）则认为，肯定和否定是自然语言的逻辑问题，可以将"没有"看作逻辑小品词。

"两词论"者认为，"没有+NP"中的"没有"是一个短语，将其拆分为"没"和"有"两个词。如刘月华、潘文娱（1983）认为"没有+NP"中的"没有"是由两个词组成的短语，否定副词"没"用在动词"有"前否定存在或领有。骆小所（1999）在《现代汉语引论》中论述"否定副词"时特别指出名词性成分前的"没有"是两个词，分别是否定副词"没"和动词"有"。孙芬仙（2007）也认同不能一概将"没有"看作为一个词，"没有"用在名词性成分前的结构应该为"副词'没'+动词'有'+宾语"。丁声树（1961）的观点与"两词论"有共通之处，他在《现代汉语语法讲话》中提到："没有"是"有"的否定。"有"字所有的意思，都可以拿"没"字否定，即"没"跟"有"处于同一地位，内指"没有"是由两个词构成的词的组合形式，因此不能将"没有"简单地判断为一个词。刘克云（2011）则从范畴观的视角将"没有"中的"没"和"有"看作两个单独的成分，其认为，"没有+NP"结构中蕴含着一个动态事件，否定的是名词所指称事物存在的状态。因此"没"和"有"分别代表表示否定和存在的功能类别。

由已有研究来看，大部分学者认定"没有+NP"中的"没有"是一个词，且为动词，也有小部分研究认为"没有+NP"中的"没有"是由否定副词"没"和动词"有"构成的短语。目前关于"没有+NP"中的"没有"的性质探讨较少且多停留在表面，特别是持"两词论"者，即认为"没有+NP"中的"没有"为短语的学者大多只是简单陈述这一观点，或用简单的语言实例进行辅助说明，未进一步系统论证"两词论"的机理，也并未给予充足的理论和实证支撑，对所持"两词论"的观点处于默认的状态，缺乏一定的严谨性和科学性。有鉴于此，下面将从现代汉语词和短语的鉴定标准、"没有"与"不是"的比较以及"没有+NP"中"没有"的历时演变等角度，论证现代汉语"没有+NP"中的"没有"，在词汇单位上应该归属于短语。

三、对现代汉语"没有+NP"中"没有"词汇单位归属问题的再讨论

（一）基于现代汉语词和短语划分标准的再讨论

下面分别从结构标准、意义标准、语音标准和定量标准这四个方面讨论现代汉语"没有+NP"中"没有"的词汇单位归属问题。

1. 结构标准

"没"和"有"之间可以插入"怎么""大""太"扩展为"没怎么有""没太有""没大有"等，插入成分后基本不改变"没有"原义，仅降低了否定的程度，多见于口语环境。我们通过在新浪微博平台①、北京语言大学语料库（BCC）、北京大学语料库（CCL）、中国传媒大学媒体语言语料库（MLC）的检索，以便提供真实有效的语料支撑，以下分别随机选取10条"没怎么有""没太有""没大有"三种扩展形式的语料搜索结果（注：为保护用户隐私，实时微博语料不标明出处）。

（1）"没怎么有"

① "我准备休息一会儿，反正也没怎么有信号。"（对话，北京语言大学语料库）

② "喜欢太容易了，相处久了就没怎么有感觉了。"（对话，北京语言大学语料库）

③ "这个我也试过，确实没怎么有效果。"（对话，北京语言大学语料库）

④ "哎，最近有好多事想跟你说说都没怎么有机会。"（对话，北京语言大学语料库）

⑤ "印象中你没怎么有黑眼圈啊。"（对话，北京语言大学语料库）

⑥ "我的字好像从中学开始就没怎么有过变化。"（对话，北京语言大学语料库）

---

① 新浪微博（http://weibo.com）是一个全球用户都可以发表简短实时信息的社交平台，其用户多为汉语母语者，语言表达口语化色彩显著。

⑦没怎么有事情做。

⑧没怎么有希望。

⑨感觉忙忙碌碌没怎么有时间拍照了。

⑩没怎么有人追过我。

（2）"没太有"

①"可是我不太喜欢傻柱，感觉没太有主见。"（对话，北京语言大学语料库）

②"但是没太有人说我胖，因为看不出来，哈哈。"（对话，北京语言大学语料库）

③"没太有咸味，希望能调整下口味哈。"（对话，北京语言大学语料库）

④"好吧！我没太有经验，怕给它弄感冒了。"（对话，北京语言大学语料库）

⑤"我们宿舍人都是这样，所以也没太有什么矛盾。"（对话，北京语言大学语料库）

⑥黄渤：别，我今天没太有准备。（《鲁豫有约》，中国传媒大学媒体语言语料库）

⑦没太有印象了。

⑧可以，但是感觉没太有必要。

⑨我最近对口红等一系列化妆品没太有兴趣。

⑩我是一个做事没太有条理的人。

（3）"没大有"

①只是嗡嗡嗡的，没大有人听。（萧红《马伯乐》，中国传媒大学媒体语言语料库）

②"今天去市里路过茅村没大有人。"（对话，北京语言大学语料库）

③"其实我还好啦，没大有什么感觉。"（对话，北京语言大学语料库）

④"没大有过年的感觉了。"（对话，北京语言大学语料库）

⑤"我对我的初中没大有回忆。"（对话，北京语言大学语料库）

⑥主持人：那个时候好像还没大有电脑呢？（《电脑传奇》节目文稿，中国传媒大学媒体语言语料库）

⑦这样的诗句没大有，得想想。（《神弹弓》文稿同期，中国传媒大学媒体语言语料库）

⑧没大有学习的状态。

⑨今天又去了西湖，没大有太阳。

⑩怎么办，没大有动力。

可见，"没怎么有+NP""没太有+NP""没大有+NP"格式在日常生活中的使用频率较高，说明该扩展形式符合语言规律，获得了汉语使用者的认可。经检验符合插入法规则，可证明"没有+NP"中的"没有"是个短语。此外，从语法结构分析来看，"没有+NP"中的"没有"属于偏正短语中的状中结构。对于状中结构，可以看中间是否能够插入补语，可以插入补语的是短语。如"慢走""轻放"，中间可插入补语"点（儿）"，同样，"没有"中间也可插入补语"怎么""太""大"。从语法功能看，"没有+NP"中的"没有"的两个组合单位都可以自由单独使用，如"没买""有钱"，且"没"和"有"都是非粘着语素，符合短语的语法功能特点。

2. 意义标准

"没有+NP"中"没有"的词汇意义即"没"的词汇意义和"有"的词汇意义的相加，两部分的词汇意义没有融合，只是简单加合表示一个复合概念，并且没有发生语法转指，即内部的结构义与整体语法意义一致，符合短语的意义特征。

"没有"的语义特征可描写为［+否定］［+实现］（聂仁发，2001）。其中，［+实现］包括存在状态和领有状态的实现。由此推之，"没"的语义特征对应［+否定］，"有"的语义特征对应［+存在状态实现］或［+领有状态实现］。因此从语义特征分析上看，"没有"的语义特征是"没"和"有"语义特征的加合。词汇化的条件之一为语义的变化，形式和意义上不再具有直接联系。语义变化的三个表现有：（1）部分语义弱化或脱落；（2）发生隐喻或转喻的引申；（3）词类变化引起语义的变化，使用程度高的隐含义会固化，甚至可能取代原义（董秀芳，2002；沈家煊，1998）。但"没有+NP"中的"没有"并没有发生以上三种语义变化，它的语义一直比较固定且单一，即否定存在和领有，没有内涵的隐性表达。综上，依据意义标准，"没有+NP"中的"没有"也为短语。

3. 语音标准

"没有+NP"中的"没有"之间具有语音停顿，比如在"我没有钱"中可明显感知到中间的停顿感。对比"没有+VP"中的"没有"和"没有+NP"中的"没有"，前者的"有"跟后面的动词性成分贴合得并不是很紧密（目前现代汉语中还比较少见"有+VP"的用法），因此"有"与"没"组成的词感更强。而对于后者，"有+NP"的使用频率与"没有+NP"的使用频率相当，"有"的独立性更强，因此"没有+NP"中"没有"的词感偏弱。且名词性成分前的"有"不读轻声，因为它强调名词性成分的存在，因此"有"并没有语音弱化，不构成语音词化。

从认知语言学的角度也可证明"没有"中间存在语音停顿，刘克云（2011）指出，"没有+NP"结构中也蕴含着一个动态事件，否定的不是名词所指称事物本身，而是这个事物存在的状态。"没"和"有"分别表示不同的功能范畴，"没"表示否定范畴的语音实现，"有"表示存在范畴的语音实现（刘克云，2011）。从中可以看出，"没有+NP"中的"没有"具有两个各自独立的语音实现范畴，亦即"没"和"有"之间存在语音停顿。

4. 定量标准

高频率是词汇化的动因之一，两个成分线性相邻高频共现，语言使用者的心理上会不自觉模糊二者界限，将其看作一个整体。索绪尔（1980）曾在《普通语言学教程》中论述粘合结构的心理动因，形象地用"抄小道"来比喻经常用某一单位表达复合概念会使这一单位变成单纯概念的心理机制。根据国家语言文字工作委员会现代汉语语料库字词检索的统计结果，"没有"的出现次数为18 950，频率为1.983‰，可见"没"和"有"连用的频率较高。但词汇化是多种动因共同作用的结果，高频共现只是条件之一，高频共现并不是判断成词的唯一标准，一些高频率线性毗邻的语言单位也是无法词汇化的。如偏正结构"红裙""黑猫""紫花"、动宾结构"吃饭""写字""煲汤"、所字结构"所思""所想""所见"等，都是生活中常见的双音节短语，并没有因为共现频率高就凝固为词。

（二）基于"没有""不是"比较的再讨论

"没有"和"不是"是现代汉语中使用频率最高的两个否定组合（白荃，2000），结构相似，都由正反义两部分组成，都表达否定义，构形成分均可单用。"不是"主要有三种用法：一是偏正结构的短语，与"是"相对，表示否定；二是名词"不是"，指错误过失；三是语气助词，表示反诘语气。后两种用法使用频率较低，本书主要关注第一种用法的"不是"。下面我们主要从语法结构、语义、语音及结构变换规律的角度对比分析"不是"和"没有"的性质异同。

首先，从语法结构上看，"没有"和"不是"都属偏正短语中的状中结构，"没"和"不"都作为否定副词修饰后面的动词，"有"和"是"都是句子的谓语中心。"没有"和"不是"后面一般都只跟名词性成分，在句子中充当谓语。

其次，从语义上看，副词"没"和"不"的语义功能凸显度都较高，强调其否定性。"没有"和"不是"的语义指向都是后面的宾语，但二者作为谓语与宾语的语义关系不同，"没有"与宾语的关系是否定存在或领有，如在例（14）中，"没有"是对"她和周总理"与"子女"间领有关系的否定。"不是"与宾语的关系则是否定其属性，如在例（15）中，"不是"是对"大学"与"真正的社会实体"之间指示关系的否定。

再次，从语音上看，"没有"和"不是"中间都有明显的语音停顿，并且都需重读否定副词以强调其否定性，都是短语所具有的语音特征。

（14）她和周总理没有子女，但是抚养了很多烈士的子女。（《解放日报》1992.7.16）

（15）在旧体制下，大学只是教育行政部门的附庸，不是一个真正的社会实体。（《人民日报》1989.3.19）

最后，"变换是意义上有联系的语法格式之间有规则的格式对应，它能超越一个语法格式的范围，揭示有关格式之间的关系"（叶蜚声、徐通锵，1981）。语法结构之间的变换也能反映语法意义，具有相近语法意义的结构，其变换功能往往相近。例（16）到例（18）表明，现代汉语中"没有"和"不是"后跟名词性宾语时，具有相似的变换功能。

（16）有书没？是他不？

（17）有书没有？是他不是？

（18）有没有书？是不是他？

可见"没有"和"不是"可构成"有X没/是X不""有X没有/是X不是""有没有X/是不是X"的规律性变换表达，且不同变换格式的意义基本一致，反映出了"没有"和"不是"语法意义上的同质性，由此可推出，"没有"与"不是"的语法结构一致，同为状中短语。

综上所述，"没有"和"不是"在语法结构、语义特点、语音特征、结构变换规律上都十分相似，因此"没有"和"不是"应处在同一语法层级上，都属于词汇层面的短语。

（三）基于"没有+NP"中"没有"历时演变的再分析

太田辰夫（1987）较早提出了"'没有'是替代'无有'产生的用法"的观点。蒋冀骋、吴福祥（1997）认为，"没有"原本是动词"有"的否定形式，"没有"的出现可能是受到了"无有"的类化影响。香坂顺一（1997）也认为，"没有"的产生与"无有"有关联，"无有"最初是一个偏正词组，由于"没"逐渐取代"无"的地位，"没有"开始平行于"无有"，更趋于将其取代。香坂顺一（1997）同时指出，"无"是跟"有"相对的否定词，但不只跟"有"相对，更具综合性。潘悟云（2002）则认为，由于语音上的相似性，"无"的语音逐渐缩短并演变成"没"。可见，现代汉语"没有+NP"中的"没有"，演变于偏正短语"无有"。同时，前文关于现代汉语"没有+NP"中"没有"的意义分析表明，"没"和"有"具有各自独立的语义，"没有"的语义由"没"和"有"的语义直接组合得到。这表明，现代汉语"没有+NP"中的"没有"，在演变的过程中并未发生词汇化，仍旧是一个短语。

第四节　本章结语

词和短语的划分标准是现代汉语词汇研究中的经典议题之一，受到了学界的长期关注。关于现代汉语词和短语的界定，目前的划分方法主要体现在结构标准、意义标准、语音标准和定量标准这四个方面。本章首先分析了各类方法的适用性和局限性，以集各家之所长。接着介绍造成现代汉语词和短语划分困难的原因：词和短语定义不统一、双音节形式的词和短语词法和句法相通性以及词和短语内部融合程度不一。在此基础上，提出了解决上述困难的办法。提出更为完善的界定标准应该是在定型、定性、定量三大标准下，做到形式同意义的结合。现代汉语语法系统中词和短语的划分应遵守科学、实用、有效的原则，基于前文所梳理的各家方法，可以概括为"定型、定性、定量"三大标准："定型"即结构上的分析，主要基于插入法，辅之以转换法和语法功能法，并坚持进行语法结构分析；"定性"即通过意义、语音上的考量来确定是词还是短语；"定量"则需要调查大量的语言事实，通过常新的语料库分析"活的语料"，通过频率定量分析建立起更完善的计算机分词系统，使区分工作更简单高效。科学区分双音节词跟短语需要静态与动态相结合，坚持形式同意义相结合。另外要注意在判定某个组合是词还是词组时，要考虑这个组合是经常性的还是临时性的。总体上看，区分现代汉语词和短语时，应将结构标准（以插入法为主）和意义标准作为主要界定标准，辅之以语音标准和定量标准。当然，就其可行性和使用效果而言还需要进一步的实证研究。

"没有"是现代汉语中一个常见的语言使用单位。首先，"没有"可以否定动词性成分，形成"没有+VP"的表达格式。其次，"没有"可以置于句末，表达疑问的语气。再次，"没有"可以出现在比较句中，表达"不如""比不上"的意思。从次，在问答句中，"没有"可以单独使用，表示否定的回答。最后，"没有"可以否定名词性成分，形成"没有+NP"的表达格式。关于前几种用法中的"没有"，学界的看法比较统一，认为其在词汇单位上属于词。但对于"没有+NP"结构中"没有"的词汇单位归属问题，学界长期存在争议。一部分研究认为，现代汉语"没有+NP"结构中的"没有"是一个词；而另一部分研究则认为，现代汉语"没有+NP"结构中的"没有"是一个短语。

本章基于前文对现代汉语词和短语划分标准的讨论，围绕结构标准、意义标准、语音标准以及频率标准，探讨了现代汉语"没有+NP"结构中"没有"的词汇单位归属问题，并得出此处的"没有"应该是一个词的结论。

从结构标准看，现代汉语"没有+NP"结构中"没有"中间可以插入"怎么""大""太"扩展为"没怎么有""没太有""没大有"等，插入成分后基本不改变"没有"原义，仅降低了否定的程度，多见于口语环境。从意义标准看，"没有+NP"中"没有"的词汇意义即"没"的词汇意义和"有"的词汇意义的相加，两部分的词汇意义没有融合，只是简单加合表示一个复合概念，并且没有发生语法转指，即内部的结构义与整体语法意义一致，符合短语的意义特征。从语音标准看，"没有+NP"中的"没有"之间具有语音停顿，比如在"我没有钱"中可明显感知到中间的停顿感。对比"没有+VP"中的"没有"和"没有+NP"中的"没有"，前者的"有"跟后面的动词性成分贴合得并不是很紧密（目前现代汉语中还比较少见"有+VP"的用法），因此"有"与"没"组成的词感更强；而对于后者，"有"的独立性更强，因此"没有+NP"中"没有"的词感偏弱。从频率标准看，高频共现并不是判断成词的唯一标准，一些高频率线性毗邻的语言单位也是无法词汇化的。如偏正结构"红裙""黑猫""紫花"、动宾结构"吃饭""写字""煲汤"、所字结构"所思""所想""所见"等，都是生活中常见的双音节短语，并没有因为共现频率高就凝固为词。此外，现代汉语"没有+NP"结构中的"没有"，与现代汉语中另一个表达否定的短语"不是"，在句式变换等方面存在相似之处。从历时演变的角度看，现代汉语"没有+NP"结构中的"没有"，产生之初是一个短语，并且到了现代汉语阶段，并未发生由短语到词的词汇化。

第三章　现代汉语网络词汇中的类词缀

前两章主要讨论了现代汉语中语素、词以及短语的关系问题。本章在前两章的基础上，讨论现代汉语网络词汇中的类词缀现象。为了有助于读者形成系统的解读，本章第一节在前两章的基础上，对现代汉语中语素的相关概念作一系统介绍。

第一节　语素概述

语素是最小的音义结合体，而词是最小的能独立运用的音义结合体。在语言使用的过程中，语素以词或构词单位的身份出现。而构词能力也就成了划分语素的重要标准。传统语素在构词能力、表意能力、定位与否、音节数量上存在差异，这些方面的区别也成为划分语素的重要标准和依据。

首先根据语素的构词能力可以将其分为成词语素和不成词语素，能够独立成词的语素为成词语素，不能独立成词的语素为不成词语素。而成词语素又可以根据其成词的方式进行进一步划分。有的语素既能够独立成词又能够与其他语素组合成词，主要是指一些构词能力较强的基本词汇，与人对世界的最初认知有关。如"冰"，既可以独立成词，表示凝结成固体的水；也可以组成"冰箱""冰球""冰糖"，并且"冰"在组成以上三个词时不再表示凝固的水，而是与另一个语素共同凝合成新的词义。而有的成词语素只能独立成词而不能与其他语素组合成词。这类语素可以独立成词但构词能力弱，如属于实词中的副词"很""没""就"，拟声词"潺潺""喵"，叹词"啊""嗯"，虚词"了""吧""的"，以及音译外来词"幽默""巧克力"。而从汉语单音节语素多，双音节词占优势的特点来看，双音节语素或多音节语素多为构词能力较弱的第二类成词语素。

不成词语素则指不能独立成词但可以与其他语素组合成词的语素。根据定位与否可以将不成词语素划分为定位语素和不定位语素。不定位不成词语素在现代汉语中不能独立成词，但在一些古语词中还保留着成词的能力，如"屈指可数"中的"指"以及"一叶障目"中的"叶"和"目"。这些语素表意相对实在，多为表示词基本意义的词根。而定位不成词语素多由词义逐渐虚化形成，如"化"，《庄子·逍遥游》"北冥有鱼，其名为鲲……化而为鸟"中的"化"就是变化的意思；而"绿化""美化"中的"化"在变化义的基础上虚化，同时也保留了"从一种状态到另一种状态转变"的词义。定位不成词语素主要表达词的附加义，为词缀。

此外，还可以根据构成语素的音节数将语素分为单音节语素、双音节语素和多音节语素。

但综合所有划分方法，构词能力依旧是划分语素的主要标准，其他的标准都次于构词能力或受构词能力影响。构词能力较强的语素，如成词语素和不定位不成词语素，其表意相对实在、构词位置相对灵活。成词语素独立成词时就代表该词的全部意义，且不存在定位与否的问题；在与其他语素共同组成词的过程中也因为意义实在能与其他语素凝合且位置灵活，如"冰箱""干冰"中的"冰"。而不定位不成词语素表达词的基本意义且位置不固定，其表意的实在性和位置的灵活性又优于定位不成词语素，如"瓶"可组成"暖瓶""瓶子""瓶盖"，既可以被修饰限制，也可以修饰限制其他成分。因汉语单音节语素多，双音节词占优势的特点，所以大多数单音节语素相较双音节语素和多音节语素，构词能力是最强的，但音节数一定程度上只是语素构词能力强弱的外在表现。

需要特别说明的是，之所以把下文具有词缀特性的网络用语称为"网络类词缀"，是因为其与现代汉语一般的词缀不同：现代汉语中的一般词缀不能成词，但网络用语中的大部分词缀可以成词，但成词时的意义与作为类词缀的意义差别很大。下文讨论的"门"和"云"就是这种情况。

第二节 现代汉语网络词汇中的新生类词缀例析

下面分别具体讨论现代汉语网络词汇中"系""门""云"三个类词缀。需要说明的是，由于本章涉及的语料举例比较多，所以每个小节的语料序号独立排序。

一、现代汉语网络词汇中的类词缀"系"

（一）"系"的发展演变轨迹

"系"原为动词，指围一圈系起来。段玉裁在《说文解字注》中说："系者，麻一端也。系束者，围而束之。"于省吾的《甲骨文字释林》认为，"系"象用绳索以缚系人的颈部。《王力古汉语词典》指出，"系"同"係""繋"可以通用，表"束缚、捆绑"。具体用例如下。

（1）若以越国之罪为不可赦也，将焚宗庙，系妻孥。（《国语·越语》）

（2）系绊其足。（《淮南子·精神》）

"系"的语义在表"束缚、捆绑"的基础上继续发展，不同于"係""繋"，还可作世系，指代与代之间的承接，并在此基础上形成了名词用法的"系"。例如：

（3）汉朝丞相系，梁日帝王孙。（杜甫《赠比部萧郎中十兄》）

（4）家风惟孝友，世系本神仙。（蔡戡《故庐陵府君葛公挽诗》）

在现代汉语中，"系"既保留了古代汉语中表捆绑单音节动词的用法，也保留了"表示承接"义的名词"系"，同时也发展出其他的义项。如《现代汉语词典》（第七版）指出，"系"的第六个义项为"把人或东西捆住后往上提或向下送"，就是古汉语中"表捆绑"义用法的保留。在表"世系"这一义项上，"系"有"把具有承接关系的事物统一在一起"的意味，后来"系"便具有按照共同属性划分事物的意义，之后"系"逐渐演变为表示"系统"的"系"，亦即《现代汉语词典》（第七版）中的第一个义项：

系$_1$，系统：派系|水系|语系|世系|直系亲属。

在"系₁"的基础上,"系"的语义进一步虚化演变,演变为"表示教学单位的系统"这一义项,亦即《现代汉语词典》(第七版)中的第二个义项:

系₂,表示高等学校中按学科所分的教学行政单位:哲学系。

在"系₂"的基础上,"系"的意义继续虚化,演变为仅仅有归类作用的网络词汇"系",构成诸如"佛系""治愈系"等的说法。代宗艳、宗守云(2020)认为,网络词汇"X系"中的"系"来源于"中文系"的"系",但其[+客观][+类属关系]的语义特征在演变过程中减弱,被赋予新的主观色彩。

以上是网络词汇类词缀"系"发展演变的大致过程和轨迹。其实,网络词汇中"X系"的产生最早可以追溯到2014年。经日本杂志《non-no》中的"佛系男"一词,"佛系"传入我国,并成为《咬文嚼字》评定的2018年十大中文流行语之一。日文"佛系"的"系"就使用了汉字的"系",并且基于"中文系""哲学系"中的"系",在翻译时便仍使用该字。代宗艳、宗守云(2020)认为,在网络词汇"X系"结构形成的过程中,"系"的理性义不断弱化,内涵义得到引申和扩展,在句法环境中表现出强烈的依赖性,其类附缀性质与构词能力得到强化,甚至已经达到不可替换的程度。

之所以认为"系"是类词缀而不是典型词缀,最主要的原因就在于其意义的未完全虚化。如前所述,现代汉语中的典型词缀,意义虚化程度高。如"老鼠""老虎"中的"老"意义完全虚化。此外,不同于一般网络热词流行时间短、生成能力弱的特点,"X系"至今仍在中文互联网中占有一席之地。"虾系男友"就是"X系"结构构词能力的表现,同时也进一步证实了"系"的类词缀属性。不同于意义完全虚化的词缀,类词缀"系"仍保留"按共同属性进行分类"的词义特征,但其中"共同属性"的概念面临着泛化和主观化的变化。"X"在创词之初具有选择性释义的特点,即依照创造者的主观性认知为标准,将其认为具有共同特征的人或事物进行归类,统称"某系""某某系"。但很有可能,其他人并不清楚或认同上述主观分类。比如,对从未了解"虾系男友"的人来说,会觉得不明所以,可解释度比较低。原因就在于,"虾系"并不如"中文系""水系",或是"佛系"那般,存在类属释义和类推释义的可能。"虾系"仅选取了虾"去头食用"的食物属性,指"身材很好但面貌不尽如人意的"。

（二）"X系"在音节结构和语法结构方面的特点

1. 音节结构方面的特点

从音节上看，"X系"可以是"1+1"的单音节加单音节的结构。例如：

（5）《在乎你》曝卢洋洋特辑：青年版俞飞鸿演绎日系浪漫。（中国日报网，2019年3月21日）

（6）孔雀系、猫系、兔系……你是哪种职场动物？（搜狐网，2018年12月10日）

例（5）和例（6）中的"日系""猫系""兔系"就是单音节"X"加单音节"系"构成的"1+1"音节结构。

"X系"也可以是"2+1"的双音节加单音节的结构。例如：

（7）喜欢"暗黑系"的风格感觉，但却不敢轻易尝试，选择中规中矩的风格又心有不甘？（《"暗黑系"软装设计搭配 大胆配色 无惧传统》太平洋家居网，2019年8月6日）

（8）各路品牌"掘金"亚运会，"养成系"代言逐渐流行。（21世纪经济报道，2023年3月3日）

例（7）和例（8）中的"暗黑系"和"养成系"就是双音节"X"加单音节"系"构成的"2+1"音节结构。

无论是"1+1"的音节结构，还是"2+1"的音节结构，都使得"X系"结构形成较强的节奏感、韵律感。在音节结构方面，为其流行传播创造了有利条件。

2. 语法结构方面的特点

"X系"所表示的词类性质主要由其语法功能决定。"X系"既可以作为名词性词语直接修饰另一个名词，又可以作为性质形容词受到程度副词的修饰。据前人统计，"X系"按所充当的句法成分的性质可分为名词、形容词性成分两类，主要是作名词性成分。当其作为典型或兼类的名词性成分时，便保留了名词的功能及语义特点，可以充当指称性或修饰性成分，具有类属意义（代宗艳、宗守云，2020）。而当其作为性质形容词性成分时，并不如名词性成分那么典型，其作用主要是表修饰。且目前仅有较少的"X系"结构充当性

质形容词性成分,并受程度副词修饰。例如:

(9)在宝山智慧湾的"罗威治愈系音乐实验室",每年都有一场关于音乐的约定。(《听一场治愈系阳台音乐会　开启一次内心的浪漫旅程》新华网,2023年10月1日)

(10)不狂轰滥炸的《大黄蜂》有温度,变形金刚也可以很治愈系。(凤凰网,2019年1月4日)

(11)这里的春耕很"治愈系"。(新华网,2022年3月26日)

(12)日前,位于共青城市江益镇跃进村的共青城市首家森系露营基地正式开业。(《江西共青城市:露营经济别样"出圈"》江西文明网,2023年10月20日)

(13)黄觉:我就是日系小清新、"性冷淡"、很森系。(《新京报》,2019年1月8日)

"X系"是一个开放性的结构槽,其中的"X"可以是名词性、形容词性或动词性成分,呈现出各种语言表达形式(张昀,2022)。由于"X系"无论是作名词性成分还是作形容词性成分时都有按"X"属性归类的作用,因此"X"主要由名词充当。动词多表动作或性状的变化,修饰义较弱;而形容词则本身就可以直接修饰名词。因此,与部分单音节名词加"系"之后表修饰的用法不同,形容词加"系"主要是指具有这一性状的一类事物,根据属性划分归类的作用更强一些。

(三)"X系"在语义方面的特点

"X系"这一结构在语义方面表现出强烈的情感色彩上的主观性,受个人感受和表达意愿的支配(王佳,2019)。对"X系"整体结构[+主观性]的语义特征的分析,可从"系"和"X"两个角度入手。

分析网络词汇"X系"中"系"的语义特征,首先需要将其与传统语素的"系"相区分。网络新词中"X系"的"系",不同于"系列"中作为实语素的"系"。例如:

(14)学习中国车企,韩系电池企业改换赛道。(环球网,2023年10月21日)

例(14)中的"韩系"与网络词汇中的"日系"不同,新闻报道中使用

"日系""韩系"仅作为日本出口和韩国出口的相关产品的限定修饰成分,是一种范围明确的理性义。而网络词汇中的"日系""韩系",虽然最初也与日本和韩国有关,但其释义带有主观色彩,评定"日系""韩系"的标准也相对模糊,仅表示一种因人而异的风格,这里"系"的意义相对虚化。

因网络词汇"X系"中"系"的意义相对虚化,"X系"的语义内涵最终取决于实语素"X"的语义特征。"X系"结构将表指称或修饰的相对抽象概念具象化,单音节语素"X"多选用名词,并突出该事物的某种特质,如"日系"的"[+清新][+日常][+治愈]","森系"的"[+自然][+生命力]"的语义特征。因"X"具有修饰限制乃至归类的语义特征,"系"表"线性归类"的意义被削弱,且意义扩大,并不局限于一种"线性"关系。此外,"X系"语义色彩上的主观性,要求能够进入该结构的"X"需存在[+主观性]的语义特征。以名词为例,并不是所有的名词都可以进入该结构,如工具类名词"瓶",较"治愈""暗黑""森""猫"等较难引起主观的感性联想,不易进入"X系"结构。

二、现代汉语网络词汇中的类词缀"门"

(一)"门"的发展演变

"门"是一个名词,许慎在《说文解字》中说:"闻也,从二户,象形。凡门之属皆从门。莫奔切。""门"本义是指在房屋等建筑物的出入口所安装的可开关的装置。例如:

(1)五祀,门以闭藏自固也。(班固等《白虎通》)

(2)门虽设而常关。(陶渊明《归去来辞》)

"门"不仅可以指代房屋的出入口,也可作围墙、车船、水陆通道的出入口。如:

(3)王城十二门。(周公旦《周礼·司门》)

(4)王使甲坐于道及其门。(左丘明《左传·昭公二十七年》)

(5)玉门、雁门、虎门、江门(水陆通道的出入口)

门也可指称形状、作用与"门"类似的事物,或泛指门周围出现的事物。例如:

（6）灶门老婢。（欧阳修《与尹师鲁书》）

（7）门墕（门口墙边）；门台（门口的台阶）；门堂（门侧的堂室，也指家）；门戟（门前所列之戟）

随着社会生活的变化，"门"的意义和用法也发展变化，在基本义的基础上，衍生出比喻义和抽象义，可用来指称抽象概念中的"门"。例如：

（8）事君而不二兮，迷不知宠之门。（门径、诀窍，屈原《楚辞·九章》）

（9）门征（稽查、征税的关卡）

在基本义之上延伸，"门"也可指代家族，进而可指代学术、宗教组织的派别。例如：

（10）汝勿妄语，灭吾门也。（家、家族，陈寿《三国志·先主传》）

（11）孔门之徒。（学术思想或宗教的派别，玷《论衡·问孔》）

除名词的词性外，"门"亦可作动词，其意义仍与基本词义密切相关。例如：

（12）宋师败绩，公伤股，门官歼焉。（守门，左丘明《左传·僖公二十二年》）

（13）偪阳人启门，诸侯之士门焉。（攻门，左丘明《左传·襄公十年》）

除上述意义外，"门"还可作量词，用于量化炮、功课等事物。例如：

（14）一门炮

（15）两门功课

（16）三门技术

通过对"门"的词义探源可以看出，它的词性兼有名词、动词、量词三类，并且这些不同词性的义项之间存在着一定的关联。"门"的词义，在基本义之上，拓展出其他的语义和表达形式，表现出从具体到抽象的变化趋势。

1972年尼克松团队在美国总统竞选中爆出监听丑闻，该事件被称为水门事件（water gate case）。"水门"指民主党总部所在的水门大厦（Watergate Building）。在随后的报道中，媒体常直接使用"watergate"代替"watergate scandal"。后来"-gate"被当成后缀提取出来，并与其他词语自由结合构成诸如"altergate"（篡改丑闻）、"briefingate"（竞选渗透丑闻）、"batgate"（棒球丑闻）等众多表示轰动性丑闻事件的词语。自此，"-gate"进入英语构词范畴，并被直译引入到现代汉语中。

译成中文后，"门"字从"水门"这个词中逐渐分离出来，与其他词语结合出现了大量以"门"为后缀的词语。由于"门"在汉语中表示"房屋等建筑物的出入口所安装的可开关的装置"，象征着隐私和安全。打开"X门"是认知领域的源领域；了解真相则是目标域，所以"X门"具有特殊的修辞效果，能较强地引发读者的联想和关注。

同时，受到语言表达生动性和多样性原则的驱动，在报道与公众人物有关的负面消息时，无论是转述国外的事件，还是描述国内的情况，汉语也开始大量使用仿译的类后缀"门"，如"伊朗门""拉链门""尼反门""朝鲜门""白水门"等。

"X门"的词义发展表现为以下三个阶段（徐福坤，2007）。

其一，外来词阶段：表示具有爆炸性的政治丑闻。早期新闻媒体中出现的"X门"多是对应于词汇的直接翻译和借用，如"伊朗门（irangate）""拉链门（zippergate）"和"情报门（CIA gate）"等。

其二，汉语词阶段：表示具有重大影响的各类丑闻，此时不再局限于政治领域，如2006年发生在意大利足球领域的舞弊案件，由于球队的电话录音成为证据而被曝光，中国新闻媒体称之为"电话门"。

其三，词义泛化阶段：表示具有一定轰动效应的新闻事件。社会生活的发展、求新求异的认知心理都会对新词语使用范围的扩大产生影响，这促使"X门"的词汇意义在使用过程中继续泛化。如"牵手门"，这并不是一个政治事件，也不是一个公众人物丑闻，仅仅是一个具有新闻效应的社会舆论事件而已。

（二）"X门"在音节结构和语法结构方面的特点

1. 音节结构方面的特点

首先，从"X"的音节看，常见的"X"几乎都是双音节的语素或语素组，附加后缀"门"之后，构成一个"2+1"音步的三音节附缀式合成词形式。"癌变门""举报门"和"裁员门"中的"癌变""举报""裁员"等都是双音节结构，与后面的类词缀"门"组合形成了"2+1"格式的三音节附加式合成词。又比如例（17）：

（17）目前，美国政府方面尚未就此事件做出正面反应，"印度可乐门"事件的真正高潮还没有来临。（《"印度可乐门"事件将如何收场》新京报，2006年8月10日）

上例中，"可乐门"受前面定语"印度"的修饰，但自身还是一个"2+1"格式的三音节附加式合成词。

在"X门"中，专有译名充当的"X"大都是一个单纯语素，以双音节为主，也有一些是三音节的，如例（18）中的"伊拉克"就是一个三音节专有译名。

（18）观察家认为，赫顿报告明显对英国政府有利，缓解了布莱尔政府因凯利风波而面对的巨大政治压力，但布莱尔仍无法走出"伊拉克门"的阴霾。（《凯利死亡事件报告难使布莱尔走出"伊拉克门"》新华网，2004年1月29日）

2. 语法结构方面的特点

"X门"中的"X"，除了外来专有名词外，一般都是由两个语素组成的词，有名词性的，也有动词性的。构成"X"的语素之间的结构关系，以偏正式和动宾式最为普遍。例如例（19）中的"奶茶门"，"门"之前的"奶茶"为名词性成分，语素之间的结构关系为偏正关系。

（19）每次生理期肚子疼的难受的时候总是需要一杯奶茶来拯救……生理期永远信奉奶茶门。（新浪微博，2023年3月15日）

虽然"X门"中，绝大多数"X"的语素组都是名词性或动词性的，但也有"X"的语素组是形容词性的情况。这很可能是因为几乎所有的"X"，都是用来直接或间接指称事件的，而形容词大多用于表示性质或状态，很少指称事件。在名词性"X门"当中，与某事件相关的人名地名，常被直接用来充当"X"，如例（20）中的"科尔"就是一个人名。

（20）众所周知，切尔西为了得到阿什利·科尔付出了不小代价，曾经的"科尔门"事件让蓝军上下都受到了足总的处罚。（《穆里尼奥发出最后通牒 绝不会为科尔再涨1英镑》重庆晚报，2006年8月12日）

最后，作为一种形成中的临时的词汇单位，一般情况下，"X门"都须带上引号才能使用。但近年来一些"X门"可以不加引号直接使用了，尤其在一些表述更为简洁的标题中。但值得注意的是，一篇新闻，讲述同一事件时，正文中还用引号，为追求简洁性在标题中就不用了。例如：

（21）虽然沃尔玛企业员工工会数量在增加，但就此认为这场旷日持久的"工会门"事件已完美谢幕还为时尚早，真正的博弈也许才刚刚开始。（《沃尔玛工会门事件前途未卜 晋江店运行遇尴尬》中华工商时报，2006年8月14日）

由于"门"本身是个体词性词汇单位，所以"X门"总体上是体词性的，通常以同位语、定语和主语的形式出现，也可充当定语。其中，最典型的分布就是充当"事件"的同位语。不过，随着"门"的表义功用的成熟和语义感染的完成，近年来，"事件"正在逐渐退化为一个羡余成分。而且，为了实现简捷表达的需要，常常在正文中用"X门事件"的表达形式，标题则略去"事件"。除了"事件"外，"X门"还常接"丑闻""麻烦""问题""危机""后遗症"等同位语。

具体使用时，更常见的是通过隐喻机制将"X门"比作"风波""风暴""漩涡""泥潭""沼泽""陷阱"等。不过与"事件、丑闻"这类词不同的是，这些词大多充当定语"X门"的中心语，如例（22）中，"交付门"充当"泥潭"的定语。

（22）尽管空客目前深深陷入"交付门"的泥潭中，但也有人对它勇于说实话的态度表示赞赏。有媒体称"在遭到困难的时候选择实话实说，这就是空客公司给人的最大启示"。（《A380难产害两总裁辞职》环球时报，2006年7月4日）

在充当同位语或定语的同时，"X门"还可以充当"身陷""陷""掉""卷入""遭到""碰到""困于""涉嫌"等含有 [+掉进] [+遭受] 语义特征的词语的宾语，如例（23）中，"质量门"做动词"频陷"的宾语。

（23）今年来沪的一些进口商品却难以借春节旺季火一把，因为前一阵洋品牌频陷"质量门"，精明的消费者不再把高价洋品牌和高档次、高质量轻

易画上等号。(《洋品牌频陷"质量门"让人难放心》新民晚报,2007年2月17日)

(三)"X门"在语义方面的特点

"X门"在语义方面具有[+喻意][+负面][+社会轰动性]等语义特征,这既是该结构语义色彩方面的特点,同时也是其作为固定结构一直被使用的原因。

首先,"X门"带有[+喻意][+负面]的语义特征,"X门"表达的整体意义从"X"和"门"无法直接推出,不是两者语义的简单相加。最初的"水门"是借用地点喻政治事件,因直译的原因开创了"X门"结构。所以,在汉语中,较早出现的"水门"一词就不能通过"水"和"门"语义的简单相加直接推知。"X门"传入我国之后,延续了喻指负面社会性事件的用法,主要用于描述和表现一些与公共人物和相关机构有关的困窘处境。与常规表达相比,"X门"结构表达事件负面性语义的方式更加委婉,是使用隐含性的表达方式来表达贬义的一种手段(游玉祥,2011)。"X门"表达的事件,往往会随着社会舆论的发酵产生社会轰动性,从而具有一定的[+社会轰动性]的语义特征,如例(24)中的"泄密门"之后有"沸沸扬扬"的追述表达,例(25)中"棱镜门"之后有"引发全球……"的追述表达。

(24)近一段时间,美国"泄密门"事件沸沸扬扬。(《漫评美国"泄密门"之一:来自盟友的"背刺"》人民网—国际频道,2023年5月15日)

(25)"棱镜门"事件引发全球对美国大规模监听活动的强烈谴责,但美国并未悔改,十年来仍不断曝出各种监听他国的丑闻,其中不少受害国家还是美国的盟友。(《"棱镜门"十周年:美国"监听瘾"越来越重》新华网,2023年6月5日)

需要注意的是,由于"X门"结构诞生之初的新闻标题属性,其在被沿用的很长的一段时间内,都是通过表现负面性的新闻来达到批判或者曝光社会性事件的目的。但是随着时代的发展,"X门"[+负面]的语义特征在一定程度上减弱,而[+喻意]的语义特征则一直保留。因此,"X门"也可用于对其他非负面性事件的报道,从而起到简洁有新意的效果,报道的对象不局限于公众人物或相关机构的丑闻。此种情况下,"X门"[+社会轰动性]的语义特征一定程度上也在减弱（徐福坤，2007）。

三、现代汉语网络词汇中的类词缀"云"

（一）"云"的发展演变

《说文解字》对"云"的解释为"山川气也"。王筠《说文解字释例》引甲骨文作参证，认为"云"是象形字，并将许慎所说的"山川气"进一步解释为"其本生于地，其象著于天"。据《王力古汉语字典》，"雲"是"云"的古字，属雨部，表示"在空中悬浮的由水滴、冰晶聚集形成的物体"。例如：

（1）天油然作云，沛然下雨。（孟子及其门人《孟子·梁惠王（上）》）

（2）乘云气，御飞龙，而游乎四海之外。（庄子及其门人《庄子·内篇》）

和水汽相关的"雲"的用法延续至今，《现代汉语词典》（第七版）中，"云"的第二个义项就继承了与水汽相关的"雲"的意思。作为语言单位，在古代汉语中，"云"作为单音节词而存在；而在单音节语素为主、双音节词占优势的现代汉语中，"云"也可以作为构词语素出现。

现代汉语中，充当一般语素时，"云"存在以下两种类型。首先，在少量从文言文中继承下来的古语词中，云保留着动词用法，如"云雨"；助词用法，如"云云"。而在其他大多数以"云"为构词语素的词汇中，云或作为名词表指称，如"云气""云层"；或解释为"像云一样"表修饰，如"云梯""云集"。可以看到，作为一般语素的"云"，其意义实在，是对"雲"意义的继承和引申。《现代汉语词典》（第七版）中还收录了一个以"云"为构词语素但又异于以上两种用法的词，即"云计算"一词，并将其解释为"一种基于互联网的计算方式"。该用法很可能是中文语境下网络词汇"X云"中类词缀"云"的源头。

进一步溯源，"云X"是来自英语"cloud compting"的意译词。2006年8月，谷歌首席执行官正式提出"cloud computing"的概念。2008年初，其被译介为"云计算"。随后，以"云X"为结构的新词数量逐步增加。首先是在网络技术领域，"云备份""云储存""云盘""云客户端"等技术术语相继出现。其次，随着"云X"结构在社交媒体上的广泛运用，其越来越渗透到大众生活的方方面面，产生了如"云吸猫""云追星""云玩家""云仓储"等网络新词。这些词都带有［+互联网］［+虚拟］等语义属性，并没有突破"云计算"的语义范畴，但是却使该结构逐渐发展成熟，成为人们日常生活造词、用词的重要组成部分，展现出强大的能产性和生命力（谭羽朒，2021；张丽萍、刘振平，2020）。

如今，网络成为交际和沟通的重要手段，这与"云X"的语义特征不谋而合。"云监工""云赏花""云课堂""云聚会""云蹦迪""云办公"等新的网络词汇大量产生，这些词汇一经产生就被大众广泛接受和传播。至此，"云X"真正成为人们日常用语中的高频词汇。

（二）"云X"在音节结构和语法结构方面的特点

1. 音节结构方面的特点

因"云X"结构多由"云"加现代汉语中的已有词组成，而现代汉语的双音节词占优势。所以，从音节结构来看，"X"主要是双音节的，同时存在单音节、多音节的情况。这主要是因为"云"对"X"内容的限制较小，其既可以是表示指称的名词性成分，也可以是表行为或状态的动词性成分。例如：

（3）天翼云盘是中国电信推出的面向个人、家庭的云存储产品服务，从诞生之初就把安全作为首要产品目标。（《安全云盘实至名归，天翼云盘踔厉守护数字资产安全》天翼科技快讯，2023年9月22日）

（4）亚马逊云科技：十年深耕中国市场 助力经济高质量发展。（中国网，2023年9月25日）

（5）"思源工程"联合民建贵州省委捐赠2 500所"思源 云图书馆"。（人民政协网，2022年7月15日）

（6）据了解，为开展好第九个国家宪法日和今年"宪法宣传周"宣传活动，我省推出法治讲座"云课堂"活动，在"宪法宣传周"期间将举办七场主题法治讲座直播活动。（《法治"云课堂"开讲》江西日报，2022年12月5日）

（7）今年8月，赛轮集团联合青岛科技大学数据科学学院，发布全球首个橡胶轮胎行业大语言模型——橡链云聊-EcoRubberChat。（《山东化工产业加速数实融合》大众日报，2023年10月18日）

（8）2月6日下午，国际奥委会主席巴赫"现身"2022北京新闻中心云聚展区，向媒体记者"云拜年"。（《巴赫向2022北京新闻中心记者"云拜年"》人民网，2022年2月7日）

从以上例子也可以看出，"X"音节类型和词性丰富，"云X"结构的生成能力强。

2.语法结构方面的特点

从词性来看，"X"可以是名词性成分、动词性成分和形容词性成分，但以名词与名词短语、动词与动词短语为主。当"X"由名词或名词性短语充当时，"云X"也是名词性成分，整个结构为定中结构，"云"对"X"的属性进行修饰和限制。例如：

（9）拉萨市城关区文化和旅游局（综合文化服务中心）将举办2023"高原之巅，云端健身"高原体适能运动会。（《这场"云端"运动会 开始报名》中国西藏新闻网，2023年10月20日）

（10）8月11日下午，莆田市委书记付朝阳通过云会议平台，视频连线疫情应急处置前方指挥部及"一办九组"有关负责同志，听取疫情防控工作汇报，点对点指导下一步防控重点工作。（《付朝阳林旭阳通过云会议平台指挥调度疫情防控工作》湄洲日报，2022年8月13日）

（11）夯实中小企业数字化发展"底座"，光大银行推出"薪悦通"云服务平台。（新华网，2023年9月13日）

当"X"由动词或动词性短语充当时，"云X"是谓词性成分，整个结构为状中结构，"云"对"X"这个行为或状态进行修饰和限制。例如：

（12）据介绍，本届直播嘉年华以"云购全球·共享好物"为主题，于12月29日至31日在海南国际会展中心2号馆缤纷呈现。（《云购全球共享好物2021年海南省电商直播嘉年华开幕》人民网，2021年12月30日）

（13）在"最有利于未成年人原则"的引导下，徐州市检察院还建成"阳光e检通"办案系统、司法救助系统、公益诉讼指挥云平台等多个信息系统，全流程涵盖"云办案、云监管、云帮教"，"云上"全方位守护未成年人。（《云办案 云监管 云帮教》检察日报，2023年4月20日）

（14）6月16日，珲春市"全民消费季"主题消费系列活动首波"云逛街""宅消费"珲春百万跨境商品直播活动正式启动。(《"云逛街""宅消费" 珲春开展百万跨境商品直播活动》新华网，2023年6月19日)

当"X"由形容词性成分充当时，"云X"是谓词性成分，整个结构为状中结构，"云"对"X"的性质、状态进行修饰。例如：

（15）根据"一核三星"产业布局发展需要，配合"QOL16"云健康项目的研发，打造云健康产业整合平台、云健康产业支撑和发展平台、云健康智库大数据服务平台、云健康资源搭建和共享平台、金天国际全球贸易销售总部和结算中心。(《落户国家级新区，金天国际撬动千亿级生命健康产业集群杠杆》中新经纬，2019年7月15日)

（16）首份中国互联网云安全专利技术分析报告出炉：腾讯申请量第一。(经济日报，2020年9月3日)

（17）大模型引领文本生产新方式，腾讯云智能推出"文案创作"。(中国经济网，2023年8月18日)

3. "云X"在语义方面的特点

"云X"具有［+流动性］［+规模大］［+集合性］［+虚拟性］［+共享性］［+交互性］等语义特征（石思，2018；张昀，2022）。前三个语义特征抓住了"云"和"互联网"的相似性，通过隐喻，实现从源域到目标域的映射，亦即从自然现象到人类科技的映射，增进了普通民众对"云X"事物的理解和认识（鲜珊，2021）。例如：

（18）航空事故原因线索怎么查，"云同步"未来能否取代黑匣子？(环球时报，2022年3月29日)

（19）"北京冬奥精神云分享"活动7月19日在香港科技大学举行。多位参加了北京冬奥会、冬残奥会的运动员、教练员、工作者和志愿者代表在会上发言。(《香港举行"北京冬奥精神云分享"活动》新华社，2022年7月22日)

［+流动性］即事物并不局限于一时一地，如"云"般四散不定。例（18）和例（19）中的"同步""分享"，若在非"云X"结构中会受到时地的限制，需要将"同步""分享"的双方集中于统一时空下，如例（20）和例（21）：

（20）2024年北京高考报名将于周三启动。北京教育考试院提醒：高考报名时，将同步采集7类照顾考生信息。（《北京高考报名周三开始 同步采集7类照顾考生信息》北京晚报，2023年10月23日）

（21）10月22日，孙甘露最新长篇小说《千里江山图》分享会在南京举行。（《〈千里江山图〉分享会在南京举行》南京先锋书店，2023年10月24日）

［+规模大］抓取了"云"覆盖面积广的特点，线上的事务或是活动的处理往往更便捷高效，且受天气场地等因素影响较少，能够容纳更多参与者。所以相较于线下活动，例（22）中的"云课堂"，规模人数可以以千人次甚至上万人次计算，而例（23）中的"云艺考"也可以非常高效平稳地保障全省考生的顺利参考，这些都是在互联网技术没有现在发达的数十年前无法实现的。

（22）山东高青县打造老年"云课堂"。（大众日报，2023年10月17日）

（23）四川移动在2023年四川省音乐类专业统考中，落地"云艺考平台"考评分离模式应用，高效平稳地保障了2.5余万人次考生顺利参考。（《四川移动落地"云艺考平台" 开启"数智艺考"新时代》新华网四川，2023年10月9日）

（24）微信云储存收费标准太高？国产手机自带云备份或更实在。（硬核科技，2021年9月6日）

（25）CCSA：中国公有云数据库市场规模首次过半。（凤凰网科技，2023年7月4日）

［+集合性］主要是运用"云"的漫无边际性表现了互联网技术"网罗面大"和"储存量大"的特性。无论是"云盘"还是例（24）和例（25）中的"云储存""云备份""云数据库"，都可作为海量数据的集合，供人们随时取用。

"云X"结构的后三个语义特征［+虚拟性］［+共享性］［+交互性］则与互联网密切相关。例如：

（26）天猫双11全球快递"云监工"来了，超11天连续直播花式送货上门。（新华网，2022年10月31日）

（27）"五一"小长假结束了，热爱户外的人们只能遗憾地暂时和露营活动告别，而"宅男""宅女"们的度假模式可不分工作日或节假日，毕竟他们的度假地不是哪块漂亮的草坪，而是一方小小手机里的"云夜店"。(《"云蹦迪"前景不乐观 网友玩得火热还是蹦个寂寞》2022年5月9日)

（28）"虚拟夜店"在当时还是个颇为新鲜的直播形式，相比于主播主导的传统互动模式，在这里观众们才是主角，每个人都有机会在舞池中心成为三分钟或三秒钟的明星。(《曾火爆一时的"云夜店"，现在发展到了什么地步》游研社，2022年11月12日)

例（26）中的"云监工"，并不是真的有某个人或某些人时时刻刻地监督天猫快递的运营情况，仅表示能够通过网络随时随地了解其情况的网友们拥有对企业运营情况的知情权。并且"云"+"监工"也弱化了"监工"一词的专业性，"云监工"并不是一份工作，而是互联网上虚拟的一种买方监督形态。"云监工"拉近了企业与消费者之间的距离，从而体现了企业服务消费者、服务社会的态度。例（27）中的"云夜店""云蹦迪"也并不是指在实地"夜店"进行"蹦迪"这一真实的活动，只是利用网络技术，为无论身处何地的年轻人提供一个可以尽情释放压力的舞台。且例（28）表明，"云夜店"就是"虚拟夜店"的别称。上例中的"云X"，借助互联网这一虚拟平台，以隐喻的方式表达一些年轻人关注的事物和概念，达到新异表达的效果。

由于互联网具有引流的目的性，与"云X"相关的活动一般情况下都尽可能地降低受众的进入门槛，从而获得关注与流量。由此，"云X"带上了［+共享性］的语义特征。如例（29）和例（30）中的"云赏花"和"云展览"都具有网民共享的特点。而［+共享性］与［+规模大］存在呼应关系：［+共享性］使更多民众可以参与到"云X"活动中来，观看人数较线下成倍增多，规模也就更大。

（29）百年梨园暂时未对公众开放，为了满足赏花需求，景区组织工作人员在梨园内进行直播，邀请人们"云赏花"。(新华网，2022年04月08日)

（30）近日，记者从陕西省市场监管局获悉：日前，该局以"发展有机产业助力乡村振兴"为主题，举办了全省有机认证产品"云展览"活动。(《陕西举行有机认证产品云展览活动》陕西日报，2023年10月24日)

最后，"云X"还具有［+交互性］的语义特征。《现代汉语词典》（第七版）中对动词"交互"的释义为"相互联系交流"，而"交互性"即通过互联网实现人与人、人与机器之间的联系。"云X"早期主要运用于科技领域，"云计算""云储存"等都通过技术手段，实现了人机之间的良好交互。同时，随着人工智能技术的发展，传统需要人人交互的项目也逐渐可以实现人机交互，如例（31）中的"云配送"，并不是供货商与消费者之间点对点的配送，而是利用电商平台实现线上配送，且配送员实际上正逐渐被智能配送车代替，配送者和收货人之间的交互行为实际上为人机交互。人人交互的方式也因为技术手段的进步更加方便快捷，商家和消费者之间、银行和客户之间不需要实地完成支付和收款这一交互行为，只需要通过线上支付的手段即可完成。如例（32）中的"云闪付"，体现的是商家和消费者之间在网上实现的一种收支关系。

（31）2021爱尚重庆·网上年货节围绕年货、年夜饭及扶贫助农产品，将云购物、云配送、云团年等五大"云"主题，18个专题活动线上串联，为消费者采购年货提供便利。（上游新闻，2021年1月20日）

（32）在信用卡账单查询和还款方面，"云闪付"App支持"信用卡还款0手续费"的银行已经突破150家。客户只需要登录云闪付一键绑定名下的各家银行信用卡，就可以随时查看账单，还款实时到账。（《一站式管理多张银行卡 银联"云闪付"受关注》中国银联云南分公司，2023年9月15日）

第三节 现代汉语新生类词缀产生的原因和特点

一、现代汉语网络词汇类词缀产生的原因

（一）客观原因

改革开放以来，中国社会经历了翻天覆地的变化。大量外来科学技术、文化思想传入我国，新事物和新观念的产生，催生了语言中新词汇、新构词单位的出现。网络词汇中的新生类词缀，有的在本土产生，经历了一个相对完整且漫长的演化路径，如"被自愿"的"被"。而本文介绍的"系""门""云"，其发展路径相对较短，是受外来文化和语言表达的影响而产生的，是不同文化间交流互鉴的证明。客观原因在网络词汇新生类词缀的产生过程中是基础性的成因。需要注意的是，科学技术，尤其是互联网技术的

发展在网络词汇类词缀产生的过程中也发挥着不可忽视的作用。网络是社会语言现象的传声筒和放大器，新生网络词汇或类词缀的产生经过网络的传播，逐渐变得流行甚至成为日常社会用语的一部分。

（二）主观原因

作为语言使用主体的人，其在网络词汇新生类词缀发展过程中的作用同样不可忽视，求新求异和从众的心理使得人们在新生类词缀发展过程中起到了推动强化的作用。一方面，人们渴望使用新异的词来标榜自身，以求得不同于其他人的个性化、差异化特征。另一方面，渴望获得共鸣的心理使得个人在相应的语言社群中大量重复使用新兴网络用语，以求得一种身份的认同。在这样一种看似矛盾实则合理的心理下，新生网络词汇类词缀在某一语言社群中被大量使用，通过进一步创新来增强生命力。而随着亚文化群体影响力的扩大，新生类词缀也会"破圈"，实现在更大的语言环境中的发展，甚至跨越某一言语社团为全民所使用。这类网络词汇类词缀就会在相对漫长的语言使用过程中逐渐固定下来，成为日常用语的一部分，不再新颖，但更加系统规范。

（三）语言自身的原因

语言自身的经济原则等特点，使得相同表意条件下，结构更加简单的类词缀结构在发展演变的过程中逐渐固定下来，用来表现某一类语义。如"云X"结构中的类词缀"云"，具有［+共享性］与［+规模大］的语义特征，这使得"云赏花""云展览"等表达无须其他表示"大规模""共享性"的修饰成分，实现了语言使用的经济性和简洁性。

二、现代汉语网络词汇类词缀的特点

（一）语法结构方面的特点

现代汉语网络词汇类词缀在语法结构方面，具有以下特点。

1. 位置固定

网络词汇新生类词缀结构方面的演化路径就是位置趋于固定。在第一节介绍传统语素时我们提到，词根语素在构词时位置灵活自由，既可以出现在其他语素之前，也可以位于其他语素之后。而类词缀语素是介于词根和词缀之间而更接近词缀的一类语素，它在类词缀化过程中的重要表现就是位置比较固定。

纵观前文所举例子，"X系"在产生之初就是"X"在前而类词缀"系"在后的结构，之后产生的所有用例也都保持了这一结构特点；而"门"在"X门"词族中的位置也是较为固定的，始终附着在具有实际意义的语素之后，位于合成词语的后项，成为一个黏着的不自由语素。这种位置上的不自由性，是类后缀重要的语法特征之一。而虽然与"云"相关的表达有"云X"和"X云"两种结构，但以"X云"为结构的词语数量较少，且结构上多为双音节词作定语修饰"云"（伦昕煜、孙建伟，2019），词语数量和音节结构的丰富性都比不上"云X"。因此，"云X"中类词缀"云"的位置也是相对固定的。

2. 语法功能类化性

类化性是指类词缀可以决定所构成词语的语法性质。以"X门"中的后类词缀"门"为例，无论"X"由名词性成分、动词性成分还是形容词性成分充当，"X门"结构整体都类化成一个名词性词语。无论"X"是何种词性，"X门"都变成了名词性质。这表明"门"在构成新词时，起到了标志词性的作用。因此，网络词汇后类词缀"门"具有功能类化的作用，具备成为类词缀的必要条件。至于网络词汇中的前类词缀，以"云X"中的"云"为例，"云"既可以修饰名词性成分，也可以修饰动词性成分，所以"云X"既可以组成定中结构，也可以组成状中结构，都是"云"修饰"X"的偏正结构。虽然"云X"结构不像"X门"结构都类化成一个名词性词语，但是其形成的语法结构都在偏正结构的范围内，一定程度上仍可看作是语法功能的类化性表现。

上述分析也表明，网络词汇的前类词缀和后类词缀构词过程中的类化作用存在差异。后类词缀如果是名词，无论构词时构成主谓结构还是偏正结构，整个词都是名词性词语。至于前类词缀，如果是名词性成分，则会面临多种情况。若构成的新词为主谓结构，可能因为谓词性质的不同被划分为名词性成分或谓词性成分；若构成的新词为偏正结构，则可能因为中心语词性的不同而被划分为名词性成分或谓词性成分。

(二) 意义方面的特点

现代汉语网络词汇类词缀，在意义方面主要表现出意义虚化不完全的特点。类词缀在意义方面的演化路径是朝着意义逐渐虚化的方向发展。但需要注意的是，之所以是"类词缀"而不是"词缀"，就在于其意义尚未完全虚化，仍保留一定的词汇义，但不如词根的意义实在，且与另外的词根组合时会发生意义的融合。类词缀拥有的是一种附加在词根之上的相对虚化的词汇义。

"系""门""云"本来都是具有独立意义的成词实语素，或独立成词，或与另外的语素一起组成实词，具有相对实在的词汇意义。而在近年来出现的"X系""X门""云X"等网络词汇中，类词缀"系""门""云"词义虚化，但仍未完全丧失意义，还不是真词缀。例如：

（1）山东三院项目：人与自然和谐相处的治愈系中医院。（山城日报，2023年10月26日）

（2）《我的莫格利男孩》：狼系男友养成记。（澎湃新闻，2019年8月30日）

（3）这场"田间课堂"在"云党建"平台同步直播，农户可以在线上与专家实时交流粮食生产问题。（《湖南常德："云党建"里的田间课堂》农民日报，2023年10月20日）

例（1）和例（2）表明，"系"具有一定的类属性，对所修饰事物"X"进行分类。这里的"系"，虽然不如"中文系"中的"系"意义实在，但也表达一定的语义。在短语"治愈系中医院"中，"治愈"是"医院"的属性特征，"系"与"治愈"组合后对医院进行属性归类。在这一点上，"系"还具有"同属一类"的语义表达。例（3）中，"云党建"指运用互联网技术进行线上的党建活动，这里的"云"表达了"借助互联网"的语义成分。

类词缀"门"的情况相对特殊。"门"是由"gate"直译而来的，不同于从日语"佛系"和从英语"cloud computing"中意译而来的"系"和"云"。"水门"一词产生之初，"门"在此类"X门"结构中的意义就几乎完全虚化。但因为"X门"还可能在同一语言环境中形成一语双关的情况，即"X门"既带有［+喻意］［+负面］［+社会轰动性］等语义特征，同时又可以表示一扇门的"门"。实词虚化变成词缀是一个相对漫长的过程，新时期以来形成的诸多类词缀虽然经历了几个月甚至更长时间的发展历程，但并未完全固定下来，还存在演化的可能。因此，"门"作为类词缀，在有些时候还是具有表意作用的，语义并未完全虚化。

（三）语用方面的特点

网络类词缀在语用方面，主要起到将所表现事物与其他事物区分开来，从而达到说话者求新求异的心理预期以及吸引听话人注意的作用。以"X系"为例，在语用功能方面上可根据被修饰的对象是人还是物分为两类：被修饰的对象为物时，"X系"可以体现出说话人希望将该事物区别于其他事物或者突出其某方面的特征以吸引听话者的心理，例如：

（4）以高级糅合的冬日色彩，聚焦摩登风范，加持自我个性，打造全新云系羽绒与盐系羽绒系列。（《绒系青年尽释个性自我，MLB品牌聚焦冬日摩登映像》凤凰网时尚频道，2023年10月18日）

（5）《我的治愈系游戏》获银河奖最佳原创图书奖。（封面新闻，2023年10月19日）

例（4）中"云系"并不是指羽绒服的用料为云或者类似云的材质，而是选取了云的"低饱和色调"和"线条简约"等特点，突出羽绒服的质感，从而吸引消费者。

例（5）中，"治愈系"在追求表达简洁的同时，突出了游戏"治愈"的特点，并且相较于"治愈游戏""治愈的游戏"，"治愈系"有归类和表现主观情感的作用，可以勾起受众对同类型"治愈系"事物的联想，从而增加对该游戏的好奇与好感。

当"X系"修饰人时，既可以表现说话者想强调该人物与其他人的区别特征以吸引听者的心理，也可表现说话人对"X系"所修饰人物的标签化认知，例如：

（6）天生"妈系"又如何？（1905电影网，2021年4月8日）

例（6）中，"妈系"用来形容经常饰演母亲角色的女演员，表达者在用"妈系"时有意或无意地表现出一种标签化的意识。对事物或人归类是认识事物或人属性的一种方式，"X系"也很好地用简单的几个字概括出人或事物的突出属性，能够产生给人眼前一亮的效果。

而"X门"和"云X"结构也存在以上的语用特点，这与其产生的原因相关。社会发展日新月异，新事物的产生促使人使用新的词语结构进行表情达意。个性化抒发与网络技术的发展也使得人们渴望使用新异的词语来表现自我，引起共鸣。在此背景下，网络词汇类词缀应运而生，为人们在某一类用语表达上提供了便利。某些网络词汇类词缀经过发展固化，从众多网络类词缀中脱颖而出，成为日常话语的重要组成部分。

第四节　本章结语

随着互联网技术的发展，网络词汇成为现代汉语中一种重要的新词汇样式。在网络词汇产生的过程中，出现了众多类词缀。本章结合网络语言中的具体类词缀现象，考察了现代汉语网络语言中类词缀的发展演变过程，以及其在语法结构、音节结构和意义等层面的特点。网络词汇"X系"中"系"这一新生类词缀，原本为动词，指围一圈系起来，后逐渐虚化为表示具有归类作用的类词缀。音节方面，网络词汇类词缀"系"之前的成分可以是单音节的，也可以是双音节的。句法方面，由网络词汇类词缀"系"构成的"X系"可以是名词性成分，也可以是形容词性成分。语义方面，网络词汇类词缀"系"常常表达强烈的主观态度或倾向。网络词汇"X门"中"门"这一新生类词缀，原本为名词，指在房屋等建筑物的出入口所安装的可开关的装置，后逐渐虚化为具有事件归类作用的类词缀。音节方面，网络词汇类词缀"门"之前的成分大多数情况下是双音节的。句法方面，由网络词汇类词缀"门"构成的"X门"可以是名词性成分，也可以是形容词性成分。语义方面，网络词汇类词缀"门"常常带有［+比喻意］［+负面］［+社会轰动性］的特点。网络词汇"云X"中"云"这一新生类词缀，原本为名词，指在空中悬浮的由水滴、冰晶聚集形成的物体，后逐渐虚化为具有手段归类作用的类词缀。音节方面，网络词汇类词缀"云"之后的成分大多数情况下是双音节的，同时存在单音节和多音节的情况。句法方面，由网络词汇类词缀"云"构成的"云X"可以是名词性成分，也可以是谓词性成分。语义方面，网络词汇类词缀"云"常常带有［+流动性］［+规模大］［+集合性］［+虚拟性］［+共享性］［+交互性］等语义特征。综合看来，现代汉语网络词汇类词缀产生的原因包括客观原因、主观原因和语言自身原因。此外，语法结构方面，现代汉语网络词汇中的类词缀表现出位置固定和语法功能类化的特点；意义方面，现代汉语网络词汇中的类词缀表现出意义虚化不完全的特点；语用方面，现代汉语网络词汇中的类词缀主要起到将所表现的人或事物与其他人或事物区分开来从而实现说话者求新求异的心理预期以及吸引听话人注意的作用。

第四章　现代汉语词汇的音义对应关系

前三章立足词汇层面，讨论了现代汉语语素和词的区分、现代汉语词和短语的区分以及现代汉语网络词汇中新兴类词缀的演变等问题。同时，我们在前面也提到，语言是音义结合的符号系统，当语言符号从音系层过渡到词汇层和句法层时，语言由单一的语音形式带上了意义内容，亦即语言的语音形式和意义内容形成了对应关系。在这一过程中，语音形式和语义内容是如何对应的，引起了学界的广泛关注（潘文国，2001）。学界关注的焦点主要在于语言的语音形式与意义内容之间的对应关系是任意的，还是有理据可循的。换句话说，语言的音义对应关系，表现出的是社会约定俗成导致的任意性，还是由客观理据规律约束的象似性。回到现代汉语研究方面，汉语词汇的任意性与象似性问题则更深刻（吴城煜，2008）。因汉语历时演变的情况复杂，分析汉语词汇的任意性与象似性能够帮助还原汉语词汇的原始样貌，解决汉语词汇演化的共生规律等重要问题。因此，现代汉语词汇的语音形式与意义内容之间的对应关系是任意的还是象似的，是汉语词汇研究领域的又一经典议题。

本章聚焦现代汉语词汇的语音形式与意义内容的对应关系，围绕任意性和象似性展开讨论。有关现代汉语词汇音义对应关系的讨论，大多以普通语言学领域提及的语言符号的任意性和象似性为考察的支撑点。因此，本章在分析现代汉语词汇音义对应关系之前，先对语言符号的任意性和象似性的相关情况作一系统分析。在此基础上，立足多个角度，分析现代汉语词汇音义对应关系的研究现状。最后，从现代汉语实际出发，结合有关语言符号任意性和象似性的思考，提出要从辩证的角度看待现代汉语词汇语音形式和意义内容的对应关系问题。

第一节　关于语言符号的任意性与象似性

学界关于语言符号音义结合的任意性与象似性的讨论由来已久（胡壮麟，2009）。语音形式是语言的形式表达，意义内容则关涉语言使用的核心，因此，对语言音义结合的象似性与任意性的讨论，与对语言符号本质的讨论密切相关（沈家煊，1993）。关于语言音义结合的方式是任意的还是象似的，学界也长期存在分歧。其中，主张语言音义结合任意性的代表索绪尔（Saussure，1980）认为，语言符号的音响形象与概念之间并无自然而内在的联系；而支持语言音义结合象似性的代表海曼（Haiman，1985）则指出，符号的能指与所指的客观事物之间的联系是有依据的。因此，有关语言符号任意性和象似性讨论的最初焦点在于，建构音义符号时是否带上了自然限制的烙印（王寅，2002a）。前人的研究多是站在一家观点之上，支持或反对任意性和象似性的一方，对任意性与象似性的解读很可能不够全面（梁梓霞，2020）。因此，需要在厘清语言符号任意性和象似性的基础上，对语言符号的任意性和象似性研究情况作系统回顾。

一、语言符号任意性与象似性的概念

语言符号的任意性（arbitrariness）指语言符号与其所代表的概念之间的联系是基于社会约定的。在大部分语言中，符号与所代表的概念之间并没有明确的、天然的联系。例如，英文中的"dog"这个词并不具备狗的任何特征，它只是一个约定俗成的符号，用于表示特定的动物。语言符号的任意性要求语言使用者依据规约来理解和运用语言，这也使得不同语言之间的符号系统存在差别，塑造了具体语言之间的差异性。

语言符号的象似性（iconicity）指语言符号与其所代表的概念之间的联系是有认知理据的。语言中的符号存在一定的象似性，这种象似性具体表现在形状、语音、意义等方面。例如，某些英语词汇的发音和本身表达的意义相似，如"buzz"（嗡嗡声）和"whisper"（低声细语），它们的语音形式反映了其所代表的概念特征。语言符号的象似性解释了不同语言中具有较高相似度成

分的原因，有助于探索普通语言学中人类语言的广泛特征。

二、关于语言符号任意性与象似性的讨论

下面分别从国外研究和国内研究两个视角，系统回顾学界有关语言符号任意性和象似性的讨论。

（一）国外研究

语言符号中语音和意义结合的任意性与象似性问题在国外研究中长期存在分歧，下面分别从语文学时期、语言学萌芽时期与当代语言学时期作系统回顾。①

1. 语文学时期

在西方，有关语言符号的任意性与象似性的争论源自古希腊。在古希腊的哲学传统中存在着"名实之争"。其中赫拉克利特（Heraclitus）和德谟克利特（Democritus）是该争论的重要代表人物。赫拉克利特主张通过关注事物的本质来认识世界，主张当下所述的象似性；而德谟克利特则认为，我们应该按照事物遵循的法则来理解和解释其意义，主张当下所述的任意性。柏拉图（Plato）在《克拉底鲁篇》借克拉底鲁（Cratylus）与赫谟根尼（Hermogenes）之口，对任意性与象似性都进行了批判，提出"命名的法则"应坚持任意性与象似性相结合的原则，但象似性的作用大于任意性。亚里士多德（Aristotle）则持相反的意见，坚持"实体为世界的根本原因"。这里的"实体"即人的主观世界。因此，亚里士多德力主语言符号的象似性。此后的哲学讨论则沿着前人的这些观点形成了不同的观点阵营。其中，伊壁鸠鲁派（Epicureanism）和斯多葛派（Stoicism）都认为，语言本身是根据事物的本质而产生的，并且各个民族的语言大多来自自身民族的天性，具体民族的语言还会受到环境特征的影响而形成独特的个性；但也有人指出，词的意义需要社会的共同认知来规约，否则无法进入现实的交际之中。

---

① 国外语言学史的分期问题，可参考王寅（2000）《语言符号象似性研究简史——认知语言学讨论之一》，孙炜、严学军（2005）《也谈语言符号的任意性和理据性》，梁梓霞（2020）《语言符号的任意性与理据性之辨析》等文献。

2. 语言学萌芽时期

语言学萌芽时期主要指18、19世纪，包含了历史比较语言学和结构主义语言学初期的研究成果。这一时期，语言符号具有任意性这一观点逐渐占据主流地位。

18世纪，语言符号的任意性占据了当时的学术主流位置，以英国经济学家亚当·史密斯（Adam Smith）、苏格兰哲学家杜加尔德·斯图瓦尔特（Dugald Stewart）为代表。他们认为，语言符号的形成最初是经过社会共识和约定而确定的。亚当·史密斯认为，语言符号本身与其指代对象之间不存在内在关联，两者的联系是通过社会共识和约定而形成的；杜加尔德·斯图瓦尔特在他的哲学研究中强调了语言和思维之间的关系，认为语言是一种用于表达思维和交流信息的工具，其中的符号的象征性和任意性在表达和理解中起到重要作用，但任意性对语言符号的选择和使用起到关键作用。19世纪是语言科学萌芽的时代。"任意性"这一术语最早由普通语言学的奠基人威廉·冯·洪堡特（Wilhelm von Humboldt）提出。他反思了语言、人与外在事物之间的关系，强调语言的任意性，即语言符号与其所指代的含义之间并没有自然内在的联系，二者的关联由社会共识所建立。

结构主义语言学创始人索绪尔认为，"语言符号连接的不是事物和名称，而是概念与音响形象"。其主张语言是社会的产物，探讨了语言与社会、文化之间的关系。他还认为，语言不仅仅是表达思想和交流信息的工具，更是反映和塑造社会结构、认知模式和文化价值观的重要因素之一。受到索绪尔思想的启发，埃米尔·本维尼斯特（Emile Benveniste）进一步试图寻找所有语言的内部规律。他强调语言的双重性，即语言既是表达个体意义和情感的工具，也是集体社会共同参与和认可的规范体系。

这一时期，"任意性"的支持者指出，语言符号音义结合的任意性在同一语言、不同语言中都有相应的具体体现。同一语言中，同一概念用不同的语音形式表达，不同概念用同一语音形式表达；不同语言中，同一概念用不同语音形式表达，不同概念用相近语音形式表达。语言的任意性体现了语言的多样性和变化性，同时也需要我们在交流中灵活应对，根据实际交际情况中的语境和对方的理解，来选择适当的语音形式表达相应的意义内容。

首先，同一语言中，同一概念用不同的语音形式表达是一种常见现象。在汉语中，同一个概念可以有多种不同的发音方式，这是由于汉语具有不同的方言、口音、语体而造成的。如"爸爸"这个概念，在不同地区的汉语方言中可以有不同的发音。比如，在北京话中，"爸爸"的发音为"bàba"，而在上海话中，"爸爸"的发音为"bǎba"。"妈妈"这个概念，在不同地区的汉语方言中也可以有不同的发音。比如，在广东话中，"妈妈"的发音为"māma"，而在四川话中，"妈妈"的发音为"máma"。"衣服"这个概念，在不同的语体中也可以有不同的发音。比如，在正式的书面语中，"衣服"发音为"yīfu"，但在有些方言口音中，"衣"的发音可能读作第二声。

其次，同一语言中，不同概念也常常使用同一语音形式表达。如英语中的"bank"这个词，它既可以表示"银行"（financial institution），也可以表示"河岸"（shore of a river）。这两个概念在意义上完全不同，但它们的发音却相同。另一个例子是英语中的"fair"这个词，它可以表示"公平的"（just），也可以表示"展览会"（exhibition）。这两个概念在意义上也完全不同，但它们的发音同样相同。还有，英语中的"rose"，它可以表示"玫瑰花"（flower），也可以表示句法概念中的"上升"（past tense of the verb rise）。这两个概念在意义上也截然不同，但它们的发音却是相同的。

再次，不同语言中，同一概念常用不同的语音形式表达。表示问候时，英语用"hello"，法语用"bonjour"，西班牙语用"hola"，德语用"guten tag"，日语用"こんにちは"；表示感谢时，英语用"thank you"，法语用"merci"，西班牙语用"gracias"，德语用"danke"，日语用"ありがとうございます"；表示常用颜色时，英语用"red""blue""green"，法语用"rouge""bleu""vert"，西班牙语用"rojo""azul""verde"，德语用"rot""blau""grün"，日语用"あか""あお""みどり"。

最后，不同语言中，不同概念用相近语音形式表达也是常见现象。这是因为不同语言之间可能存在语音相似性，即某些语音形式在不同语言中具有相似的发音特征。这种相似性可能是巧合，也可能是因为语言间的历史联系和共同来源。例如，英语中的"mother"分别对应于法语中的"mère"以及德语中的"mutter"，这些词的语音形式在发音上有一定的相似性，尽管它们表示的概念并不完全相同。这种相似性反映了语言间的共同特征和联系。

3. 当代语言学时期

当代语言学时期，随着语言功能主义和认知科学的发展，学界对语言符号的本质有了更深刻的认识，发现自然语言中语音和意义的联系有迹可循。这一时期，语言符号的任意性受到象似性的严重挑战。但仍有部分学者沿袭了前人的观点，坚持语言符号的音义结合是任意的。这其中，"任意性"支持者的代表，转换生成语言学的开创者乔姆斯基继承并发展了索绪尔的观点，认为语言的语音形式与意义内容之间的关系并非由自然限定。基于此，他还强调了句法上的普遍规则，提出象似性更多体现在句法这种语言本质之上，而语音与意义的关联更多基于非自然因素的影响。

在这之后，更多学者开始对结构主义语言学、转换生成语言学中的任意性观点进行反思。"象似性"这一术语肇始于美国逻辑学家皮尔斯（Pierce）的"象征"（symbol）概念。象似性指的是符号与其所指代的对象之间存在某种视觉或听觉上的相似性，通过这种相似性来传达意义。其后，海曼（Haimen, 1985）出版了《自然句法》和《句法象似性》，对语言符号象似性作了系统性研究，并区分出了成分象似与关系象似两大类。前者指语言符号与人的认知经验有象似性关联，换言之就是形式与意义相对应；后者指语言成分与人类经验结构成分之间相对应。布龙菲尔德（Bloomfield）和斯洛宾（Slobin）等学者也对语言的象似性进行了深入研究，探索不同语言之间的相似性和差异性，深化了对语言结构和语言意义之间关系的理解。

这一时期，研究者们从拟声词和拟态词、重音、重叠等角度说明语言符号的象似性。

首先，拟声词和拟态词是语言中的一类特殊词汇，它们通过模仿语音和动作来表达特定的意义。这种象似性使得我们能够通过听到的语音形式直观地理解其所指的意义。拟声词和拟态词的语音形式与其所指的意义之间存在着明显的象似性。这种象似性使得我们能够通过语音来直接感知和理解人和事物的特征或行为。

其次，语言的重音标记也是语言中的一种象似性体现。重音的位置和强度可以影响词语的意义和句子的语法结构。在许多语言中，重音的位置可以改变词语的意义。例如，在英语中，"record"作为名词时重音在第一个音节，表示唱片；而作为动词时重音在第二个音节，表示录制。另外，语法结构中的重音也可以突出句子中的重要信息，帮助听者理解句子的意义。例如，在英语句子"The cat is on the table"中，重音通常会放在重要的信息"cat"和"table"上，以突出它们在句子中的重要性。

最后，语音的重叠现象也体现了语言符号的象似性。在词内重叠中，相同的语素或音节在一个词中出现多次，可以增强词语的表达力和语气，或起到其他效果。例如，在词内重叠中，相似或相同的音素或音节在相邻的词之间重复出现。这种重叠可以增强句子的韵律和节奏感。比如，在英语句子"I scream, you scream, we all scream for ice cream"中，"scream"一词在相邻的三句话中重复出现，营造了一种韵律感和重复的效果，使句子表达更有力度，也使句子更加生动有趣。

（二）国内研究

我国关于语言符号语音形式和意义内容对应关系的任意性与象似性的讨论也有很长的历史，现从哲学讨论时期、被动接受西方语言学理论时期、主动反思任意性与象似性问题时期作系统回顾。

1. 哲学讨论时期

在我国古代，关于语言符号音义结合任意性与象似性的讨论，最初也是在哲学范畴内进行的，具体借由"名实之争"来阐发。老子《道德经》开篇有"道可道，非常道。名可名，非常名。无名，天地之始"的论述，首次抛出关于客观实在与名称是否有联系的问题。其后，不同的哲学家有着不同的观点和主张。

支持象似性的哲学家认为，语言符号的语音形式与意义内容之间的对应关系应有据可循。孔子主张"正名"，他提出"名"和"实"需相符，并强调了形式的重要性，区分出"名"的正确与不正确，唯有正确的形式才能还原事物的原本面貌。相反，杨朱主张"无名"，支持名称与事物之间对应关系的任意性，认为"名"只是人为赋予事物的标签，与事物的本质无关。他强调应超越"名"的重要性来认识事物，认为人们应该注重事物本身的实际情况，而不是被"名"所束缚。在《荀子》中，荀子则主张"名"对"实"的指称并非因内在必然的关系而实现，而是源于社会的自由选择。荀子认为，名字是人们通过社会约定而赋予事物的标签，名称和事物之间没有固定的自然联系。他认为，通过社会的自由选择，人们可以根据需要给事物起名，并通过名字来指称事物，而不必依赖于事物本身的实际情况。

2. 被动接受西方语言学理论时期

到近现代，索绪尔的语言学理论被介绍至我国。当时，学界多数学者对语言符号音义结合的任意性观点基本是接受的（顾海峰，2006）。最初马建忠（1898）引入西方语言学理论时，沿用了结构主义对于语言符号音义结合具有任意性的观点，即语言的形成和发展是社会约定俗成的结果，音义之间的结合没有必然的逻辑关系，而是由社会共同认可和接受的。索振羽（1995）沿袭了索绪尔的语言符号观，他认为语言符号不仅包括能指，还包括所指。能指是指语音形式，所指是指语义内容，而语言符号是音义相结合的产物。同时他认同索绪尔的任意性原则，即能指和所指之间没有自然的或逻辑的必然联系，二者之间的联系是人为规定的。他也反驳了一些学者对索绪尔任意性原则的质疑，认为这些学者误解了索绪尔的观点，把语言符号的范围扩大了。王德春（2001）也持有类似的观点，他认为语言符号的语音形式与客体之间是任意联系的，即使在语言发展过程中出现了一些理据，这些理据也是人为规定的，不具有本质性。

3. 主动反思任意性与象似性问题时期

国内最早引入语言符号象征性的是许国璋（1988）。许国璋曾在《语言符号的任意性问题——语言哲学探索之一》一文中对任意性提出了质疑。他认为，语言符号的任意性并非完全无约束，而是受到一定的规定和约定的限制。他进一步探讨了语言符号的象似性，指出语言符号音义结合的多样性和灵活性。自此有众多学者从不同角度对象似性进行了阐述。如王寅（2009）反思了象似性对任意性的批判。他认为，尽管语言符号具有任意性，但在实际运用中，人们更倾向于选择那些与事物特征相似的符号进行命名和指称。他强调了象似性在语言符号使用中的重要性，提出了象似性对任意性的限制和补充。延俊荣（2000）则从语音形式与语义语用的联系这一视角论证语言符号象似性的合理性。他通过具体的例子，探讨了语音形式与语义语用之间的象似性，强调了语音特征在语言符号中的重要性，并对任意性原则提出了一定的质疑和补充。

还有一部分学者认为,语言符号音义对应关系的任意性和象似性存在一定的辩证关系。李葆嘉(1994)《论索绪尔符号任意性原则的失误与复归》一文,从荀子的约定俗成观体现的社会性与个体性,索绪尔的绝对任意性与相对任意性,以及语言符号的词源、字源、命名等三个角度,对索绪尔的任意性原则进行了一定程度的质疑。他认为,语言符号的任意性并非完全自由,而是受到社会文化和个体认知的影响,同时也受到词源、字源、命名等方面的限制。沈家煊(1993)则直接指出,语言的象似性是相对于任意性而言的,它是指语言符号的能指和所指之间存在着自然而内在的联系,两者的结合是可以论证的。上述学者均认为,语言符号的象似性和任意性之间应当是相互结合的,将二者割裂并不能有效揭示语言符号的本质。

第二节　关于现代汉语词汇音义对应关系的讨论

一、现代汉语词汇音义对应关系的任意性

考察汉语词汇音义对应关系任意性的研究,多从结构主义语言学视角进行论证分析。结构主义语言学是一种以语言的内部结构为研究对象的语言学流派,早期结构主义语言学的观点主要基于索绪尔的语言学理论而形成和阐释。语言符号音义结合的任意性在索绪尔的《普通语言学教程》中有过系统阐述。索绪尔认为,语言符号是由能指和所指构成的,而它们之间的关系是没有必然性的,也就是说,能指是一种物质存在,所指是一种心理概念,它们之间没有自然的对应关系。他认为语言是一种音义结合的符号系统,而音义之间的联系是任意的,即没有必然的、自然的、逻辑的或心理的因果关系(吴城煜,2008),这就是语言符号的任意性。他解释说,这里的任意性是指能指是无理据的,即它和所指之间没有任何自然的联系。能指和所指只是因为它们之间有一种约定俗成的符号关系,所以能够实现语音与意义的对应与结合。

结构主义语言学认为,语言的本质属性是社会属性(张一兵,2004)。根本上,语言产生的基础是人类社会的需要。从唯物史观的角度出发,语言功能并不是在人类诞生之初就先天具有的,而是因人类社会发展的需求而产生

的。一方面，社会发展为语言产生提供了生理条件，发育成熟的大脑和功能完备的发音器官是语言产生的基础；另一方面，社会发展的实际情况亟需高效便捷的沟通方式。在社会实践的经验中，人们已积累的认知基础与其不断接受的新感知经验相融合，储存于人的心理世界中，逐渐内化为自身的一部分，并构成交流和沟通的内容基础。因此，从社会生产与社会发展的角度来说，客观社会生活中所映射的对象是语言实际表述内容的本源（李洪儒，2010）。

音义结合的过程也是由社会因素决定的。随着社会交际的发展，人的思维水平不断提升，交流的内容与范围也逐渐扩大，原生的音义结合符号在高频次的重复使用下得到了广泛传播。当人们在非现实却相关的交际环境中开始自我表述或进行交流时，具象的语言符号开始形成并发挥作用。例如，当跑步的场景在人们的社会场景中多次出现时，他们的内部世界会形成一个与"跑"相关的意象。当在运动时，他们会想到"跑"这个意象，并在交流中使用与"跑"相关的语音。这意味着当人们听到某个特定的语音时，他们会立即将其与自己内部世界中与之相关的意识内容联系起来。这样，音和义就在人类的概念中相结合了起来，形成了一种音义结合的固有形式。

与此同时，语言的社会属性决定了其音义结合具有任意性与强制性。任意性基于语言交际过程中涉及的交流双方。比如，当小王看到桌上的苹果并感到饥饿时，他会产生一种物理上的刺激，从而引发语言上的行动，说出类似"我饿了"之类的表达。而这时，小明接收到了来自小王的语言刺激，并将其转化为具体的行动，比如将苹果递给小王。显然，小王说他饿了不是为了说"饿"这个词语义上表达的状态，而是在表达他想要吃苹果的意愿。这个例子说明，在交际过程中，语言表达（包括汉语表达）的具体含义是由交际双方共同决定。具体的语言符号（比如上例中的"饿"）与其当下所代表的实际对象（比如上例中的"苹果"）之间并没有直接的联系，两者之间的关系是通过社会互动和交流双方共享的言外之意建立起来的。

二、现代汉语词汇音义对应关系的象似性

除了主张现代汉语词汇音义对应关系具有任意性之外，也有研究主张现代汉语词汇的音义对应关系具有象似性。这部分研究首先基于认知语言学视角进行论述。与此同时，研究现代汉语，需要从汉语实际的角度出发（陆俭明，2022）。而语文学研究贯穿语言学的历史脉络，尤其在汉语学界占据至关重要的地位。至今，语文学的发展对当今的语言学研究都具有基础性、前瞻性的贡献（刘淼，2005）。如训诂学是研究古文献中词义的手段，对词义溯源方面有重大贡献（王彦坤，2005）。汉语演变的复杂化，使得汉语的语音、字形、意义在长期演变过程中相互渗透和融合。因此，分析现代汉语词汇音义结合的生发问题，常常需结合传统语文学的眼光。前人考察现代汉语词汇音义对应关系象似性的研究，除了立足认知语言学视角之外，还会立足历时角度，从文字、汉语词汇演变以及声训等几个方面，分析现代汉语词汇的象似性（范厉杨，2022）。

（一）基于认知语言学的现代汉语词汇象似性解读

认知语言学是在反思结构主义语言学、形式主义语言学的基础上产生并发展的，因此带有强烈的"反叛"色彩（文旭，2002）。在研究语言与认知之间关系的过程中，它强调语言的使用和理解是基于认知过程的。认知语言学家们将语言视为一种认知工具，它不仅仅是一种符号系统，还反映了人类思维和认知的方式。语言本质上是基于人的认知的，而认知都是源于体验的，即人往往依据感觉与知觉构建客观世界，在主体与客体互动中感知世界（宋德生，2004）。当我们使用语言来描述和表达事物时，我们往往会借助于我们的体验和认知。通过我们对客观世界的感知和体验，我们能够将这些经验转化为语言的象似性。兰考夫（Lakoff）曾于1987年完成著作《女人、火和危险事物》，其中概述了他对语言认知的相关理论，并于1980年与约翰逊（Johnson）合作出版了《我们赖以生存的隐喻》。其又经过数年的沉思和总结，出版了《体验哲学》，对西方唯理主义进行了尖锐的批判，结合过往的经验主义、客观主义、天赋主义等，提出"语言的体验性"这一重要判断（王寅，2002b），而"语言的体验性"这一假设，主要体现在三方面：心智的体验性、认知的无意识性与思维的隐喻性。

语言符号的象似性是基于认知体验得出的，人的符号世界构建是通过感知、思考和与世界的互动实现的。在这个过程中，人们将对外部世界的经验映射到语言符号上，形成了符号与其所指之间的象似性关系。语言符号的象似性是指语言中的符号（包括音、形和结构）与其所指之间存在一种映照性相似的现象。这种相似性可以在不同层面上观察到，并且对于语言的理解和表达具有重要的影响。在现代汉语词汇的象似性讨论中，现代汉语词汇的语音和词形（其实是汉字字形）引起了较多讨论。

语音方面的象似性是指发音与其所指之间存在自然的相似关系。在各种语言中，拟声词是最常见的例子。拟声词通过模仿自然界中的语音来表达特定的意义。例如现代汉语词汇中，"布谷布谷"表示布谷鸟的叫声。这种语音与意义之间的象似性使得人们能够通过听到的语音来联想到相应的事物或动作。此外，还有一些其他的语音象似性现象，如音节重复、音韵相似等，它们在语言中起到增强记忆和提高理解效果的作用。

因此，语音是我们通过听觉感知和发音经验所产生的音响形式。在语言中，特定的语音形式与特定的意义相关联。这种关联是基于我们对语音和意义之间的认知体验而形成的。而意义是我们对事物、概念和经验的理解和表达。在语言中，意义通过语音符号来传递和表达。我们通过语音符号的组合和使用来构建和传达特定的意义，这种意义的构建和传达也是基于我们对语音形式和概念之间关系的认知体验而形成的。认知哲学强调语音和意义之间的密切关系，认为语音形式和意义是通过我们的认知体验和思维过程相互联系的。我们通过感知、思考和世界互动，来建立语音和意义之间的象似性关系。这种象似性关系使得我们能够通过语音符号来理解和表达特定的意义。

（二）现代汉语词汇象似性的重要佐证：文字

词形方面的象似性是指书写形式与意义之间存在一定程度的相关性。汉字是一个典型的例子，它们的形状和结构往往与所指事物的特征或形态有关。比如，"川"字的形状就像是奔流不止的河流，"山"字的形状像是沉静的大山。这种词形象似性有助于人们在阅读和书写过程中更好地理解和记忆汉语词汇。除具有表意功能的象形文字之外，汉语中还有许多拟声词，其通过模拟声音来表示事物的特征或动作。有人认为，这些象形文字和拟声词的存在表明了汉字具有较强的象似性。它们通过直接描绘事物的外形或模拟事物的语音来与具体概念产生联系，并反映了语言结构与人的经验结构之间的自然联系。

首先，汉字以"象形"为主要特征，即汉字的形体主要是根据事物的外形和特征来创造的。在甲骨文时代，汉字中的象形文字"月"像一弯明月，"龟"字像一只乌龟的侧面形状，这些汉字都直接描绘了人们认知下的事物的外在特征。随着时间的推移，这些象形文字逐渐演化成为现代汉语的字体。虽然现在的文字均经过了形体演变，但究其源头，这些字的形状和它们所表示的概念之间却存在一种直观的象似性。但是，这样的象形文字在汉语中并不多见，因为汉语的模仿能力是有限的。汉语中更多的是由偏旁部首组成的字，它们可以表达一些抽象的概念，比如"扌"字旁可以表示和手部动作有关的概念，"艹"字头可以表示和花草树木有关的事物。由这些偏旁部首构成的汉字，其形体和意义之间也有一定的象似性。因为它们的偏旁部首都有一定的含义。这和索绪尔提出的任意性原则是不一致的。索绪尔认为，语言符号是由能指和所指组成的，而能指和所指之间没有必然的联系，只是习惯上的约定。但是，文字是能指的另一种特殊形式，针对语音和意义之间关系的讨论可以扩展至形式与意义的讨论，而汉字的象似性恰好说明了现代汉语词汇形式与意义之间的对应关系是有理据可循的。

其次，在最基础的象形字之外，汉字的象似性还体现在部件间的联系上。汉字不仅能够独立表达事物自身的概念，也能够通过组合表达复合而成的意义内容，这种造字法叫作"会意"。"会意"通过将两个或多个部件组合在一起，以表示一个新的概念或抽象的意义。例如，"尘"是由"小"和"土"组合而成的，表示颗粒微小的泥土；"森"是由三个"木"叠合而成的，表示树木众多；"歪"是由"不"和"正"组合而成的，表示方位不正的意思；"男"是由"田"和"力"组合而成的，表示在田间劳作之人的性别归属。这些会意字均体现了汉字的象似性，它们不仅反映了事物之间的联系和规律，也反映了人们对事物的评价和态度。

再次，汉字的象似构造还直接体现在汉字的音形结合上。汉字在"象形"与"会意"的基础上，用形旁与声旁再构成新字的构字方式被称为"形声"。"形声"造字，是将一个部件作为声旁，表示字音，另一个部件作为义旁，表示字义。例如，"材"字，由"木"作为义旁，表示该字意义上与木材有关，"才"作为声旁，表示该字语音上与"才"的发音相近；"铜"字，由"钅"作为义旁，表示该字的意义内容与金属有关，"同"作为声旁，表示该字的发音与"同"的发音相近。因此，形声字的声旁主音，形旁主意，在部件构造上直接体现了语言符号音义结合之间的联系。

最后，汉字形义结合的象似性还体现在汉字的文化内涵上。因为汉字经过数千年的演化历史，已超越自身单纯的语言符号属性，从而泛化为一种文化符号，承载了中华民族悠久而灿烂的文化传统和历史记忆。汉字的字形和字义背后有着深刻而丰富的文化内涵。它们反映了中华民族对自然、社会、人生、道德、美学等方面的认识和价值观。例如，"仁"由"人"和"二"组合而成，表示人与人之间的关系和道德；"义"由"我"和"羊"组合而成（从甲骨文看），表示人们愿意用羊来换取正义；"礼"由"示"和"豊"组合而成（从繁体形式看），表示用祭祀的方式来表达敬意。这些汉字的字形和字义之间的关系，体现了汉字承载的丰富的文化内涵。

（三）词汇演变过程中现代汉语词汇象似性的解读

立足词汇演变过程的视角，可以从原生词、派生词与句段词等不同平面，分析汉语词汇音义结合的任意性和象似性。原生词，即为词汇生发过程中最初始的一类词，代表了先民对客观事物的最初认识；派生词，指在原生词基础上通过其他方式延伸得来的一类词；句段词则是在前两类词的基础上，用意合的方式，不断加工组合生成的新词，类同于"合成词"。

原生词中音义结合的关系体现了任意性与象似性的统一。任意性体现在原生词的能指与所指之间没有必然的联系。例如，"爱"这个词就是一个原生词，它表示一种感情或态度，但它的发音与这种感情或态度之间没有必然的联系。不同的语言可以用不同的语音来表示这种感情或态度。但原生词也不是完全任意的，有些原生词具有一定的象似性，即它们与所指之间有一定的自然联系。例如，"火"这个词就是一个原生词，它表示一种物质或现象，但它与这种物质或现象之间有一定的联系或相似性，它模仿了火焰的形状和语音。这种象似性可以归为音象似或形象似。

派生词通常具有较高的象似性，即它们与所指之间有一定的联系或象似性。例如，"恋"这个词就是一个派生词，由"巒"与"心"派生而成，它表示一种特殊的爱情，它与"心"这个原生词之间有一定的联系或象似性，在音形上较之"心"有一定的变化，在义项上也有一定的扩展。这种象似性可以归为音义同源或音义象似。王艾录和司富珍（2002）的《语言理据研究》运用了"自组织"系统的理论，将语言符号的象似性定义为在语言演变过程中推动和激活语言变化和发展的动力，它促使自然语言形成了具有高度组织性的对应结构。根据语词的历时演变过程，他们将语词分为三种类型：原生词的单纯符号、派生词的单纯符号以及句段词的合成符号。在语言层级符号的累叠生成过程中，需要认知经验的参与。因此在从原生词到派生词，继而再到句段词的演变过程中，必然存在象似性的痕迹。

同时，古代训诂学研究语词理据的方法也得到了关注。有人还特别指出原生词的理据研究应采用直接考证法，即从呼喊、模声等自然发音着手，以所指的特征去说明能指被自然联系中的"象似"成分确定的原因。例如，"火"是火焰的模声，"鸭"是鸭叫的模声。而对于派生词的理据研究，有人则建议采用间接考证方法，即依据"音近义通"的原则，抓住派生词的造词模式，说明同一义类中原生词和派生词的对应关系，即能探索音义结合的对应可能。现代的训诂学著作常将词义演变的象似性作为研究对象，孙雍长（1997）在《训诂原理》中探讨汉语中的声义同源现象时提出，人类语言中普遍存在声义同源现象。他认为，索绪尔的"能指"和"所指"对应了中国古代名辩之学的"名"和"实"这两大基本概念，也就是春秋战国时期墨子所说的"所以谓名"与"所谓实"。他一方面根据荀子和公孙龙对"名"和"实"关系的论述，说明了语言的语音形式和它所代表的实际对象之间，也就是"名"和"实"之间，没有必然的联系。同时他又强调音义结合的任意性只是事实的一面。在某些情况下，音义结合是可以证明的，是有规律的。他认为传统语言学中"声训""右文说"和"音近义通说"的内在核心都是主张声义同源存在一定的规律。这也反映了传统语言学的研究对象可以作为现代语言理论平面的新兴解释依据。

（四）现代汉语词汇象似性在声训中的具体体现

声训是训诂学家通过语音分析词义的方法，亦即用语音相同或相近的字来解释词义，推求词义的来源，以说明其命名原由的一种方法。因此声训的方法能直接联系语音和意义，对探求语言符号音义结合的象似性具有积极的参考意义。通过声训，可以为分析现代汉语词汇的音义对应关系寻找历时层面的证据。声训与汉语词汇音义结合的象似性的关系主要体现在以下几个方面。

首先,声训是古人对语言中音义关系的初步探求,它反映了古人对语源和词源的一种认识和猜测。古人在使用声训时,已经注意到某些词义相关的词组,它们在语音上有联系。例如,《尔雅·释训》说:"鬼之言归也。"这里用"归"来解释"鬼"的意义,就是基于"鬼"和"归"的发音相近,以及"鬼"和"归"在古代文化中有一定的关联。《说文解字》说:"山,宣也。宣气散生万物。"这里用"宣"来解释"山"的意义,同样是基于"山"和"宣"的发音相近。

其次,声训反映了古代汉语中存在着一些同源词或同族词,即围绕某一中心概念(语源)孳生的一组词。这些词在意义上有一定的相近性或相关性,在形式上有一定的共性或相似性。例如,"戋""浅""钱"等从"戋"的字都有"浅小"之义。"杨""扬""汤""阳"(陽)等从"昜"的字都有"散播"之义;又如,水缺为"决",玉缺为"玦",门缺为"阙"。这些词在古代汉语中可能是由于词义引申、变音、方言分化等原因产生的。

最后,声训反映了古代汉语中存在着一些声旁表义或"右文说"现象,即形声字中的声符不仅表音,而且表义,或者说形声字中右边部分既是声符又是义符。例如,"狗"和"驹",都有相同的表义声符"句",表示牲畜;又如,"长""张""胀""帐""涨""掌"都有相同的表义声符"长",表示张开张大。

第三节　对现代汉语词汇音义对应关系的理论反思

根据前文所述,主张现代汉语词汇音义对应关系具有任意性的研究,主要从结构主义语言学的视角展开论述。主张现代汉语词汇音义对应关系具有象似性的研究,主要从认知语言学提倡的语言体验性以及汉语语文学的角度对现代汉语词汇音义结合的理据展开论述。为了更好地认识现代汉语词汇音义的对应关系,本节在前两节的基础上,反思前人的论证理据。

一、关于结构主义语言学任意性的反思

如前文所述,主张现代汉语词汇语音形式与意义内容对应关系表现出任

意性的研究，都是基于结构主义对于任意性的解读而展开的，强调语言符号的社会属性。然而，结构主义语言学视角下的语言符号任意性解读存有商榷的空间。

（一）语言符号的社会属性也体现了一定的象似性

语言符号的社会属性会体现一定的象似性。了解和理解语言的社会属性有助于我们更好地理解语音和意义之间的关系，并且对于跨文化交流和语言学习具有重要意义（王寅，1999）。

从社会规范和共识上来看，语言的社会规范和共识对于语音和意义之间的象似性起着重要作用。社会规范和共识是指在特定社会和文化中对于声音形式和意义之间关系的共同认知和约定。例如，在某些语言中，特定的声音形式被认为与特定的意义相关联，这种共识使得特定的声音形式与特定的意义之间具有象似性。

从方言和口音上来看，不同地区和社群中的方言和口音也体现了语音和意义之间的象似性。方言和口音是指在特定地理区域或社会群体中使用的特定语音特征和发音方式。尽管方言和口音可能导致声音形式的差异，但它们通常仍然保持着某种程度的象似性，使得同一语言中不同方言或口音之间仍然可以相互理解。

从社会变体和语言变化上来看，语言的社会属性还涉及社会变体和语言变化。社会变体是指在不同社会群体中使用的特定语言形式和词汇。例如，在不同社会群体中，特定的词汇或表达方式可能具有不同的意义或语用效果。这种社会变体和语言变化使得声音形式和意义之间的象似性在不同社会和文化环境中产生差异。

（二）语言的物理属性反映了象似性

语言的物理属性指的是语言作为一种自然现象所具有的语音机制（杨讷人，2005），包括了音色、音高、音长、音强等方面。物理属性体现了语音最表层，也最为直观的存在方式，在其与语言意义相联系时，体现了一定的象似性。音节重音上，在许多语言中，特定音节的重音位置可以影响词语的意义。音节结构上，不同语言中的音节结构也可以体现语音形式与意义之间的象似性。在某些语言中，特定的音节结构可以表示特定的意义类别。比如，在汉语中，许多以阴平结尾的单音节词通常表示动作或状态，而以去声结尾的单音节词通常表示人或物体。语音变化规律上，在某些语言中，特定的语音变化规律可以传达特定的意义或语法关系。例如，在西班牙语中，动词的过去时形式通常通过改变词尾的元音来表示。这种语音变化规律与动词时态之间的关系展示了语音形式与意义之间的象似性（王珏，2014）。

（三）语言的生理属性反映了象似性

语言的生理属性指的是人类发音器官和听觉系统在语言中的作用（李永宏等，2008），决定了人类语音的产出和感知能力。通过生理属性，人类能够产生和感知特定的语音，这些语音与特定的意义之间可能存在一定程度的象似性。发音器官的运动能体现语言的象似性。不同语言使用者发音器官的运动方式可以影响语音的产生和形成。虽然不同语言中的发音器官的运动方式可能存在差异，但有时候它们之间存在一定的相似性。例如，许多语言中的辅音音素都涉及舌头、唇、牙齿等发音器官的运动。这种相似性使得不同语言中的某些语音在发音上具有一定的共性。例如，在许多语言中，舌头的位置和运动对于发音是至关重要的。比如，英语中的［d］音和法语中的［d］音在发音时都涉及舌头接触上齿龈这种发音运动方式。这种相似的发音器官运动方式使得这两个语言中的［d］音在发音上具有一定的共性。

听觉系统的感知也表现了语言的象似性。听觉系统可以分辨不同语音的频率、强度和持续时间等特征。这些特征在使用语言的过程中起着重要的作用。不同语言中的音高、音强和音长等特征可以传达不同的意义和语法信息。因此，听觉系统的感知能力为语言的象似性提供了基础。例如，在许多语言中，高音调通常被认为表示疑问或强调，而低音调通常表示陈述句。这种语音特征与其所指的意义之间存在一定的象似性（王珏，2014）。此外，人类听觉系统对于语音频率和强度的感知能力也影响了语音的区分和识别。语音习得的研究也反映了生理属性对音义结合理解的限制，人类发音器官和听觉系统的生理属性会对语音习得和语言学习产生影响。婴儿在语音习得过程中会受到生理属性的限制，只能产生和感知特定范围内的语音。这些限制可能导致不同语言中的语音系统存在差异，从而影响了语言的象似性。

二、关于现代汉语词汇音义对应关系象似性的反思

前文提到，主张现代汉语词汇音义对应关系具有象似性的研究，主要从认知语言学提倡的语言体验性以及汉语语文学的角度对现代汉语词汇音义结合的象似性展开论述。其中，汉语语文学的视角又具体包括汉字的象似性、汉语词汇的演变过程以及声训等方面。实际上，上述理据的合理性可能值得思考。

（一）语言的体验性和语言的社会属性存在互动关系

认知语言学强调语言的体验性，主张语言使用者通过体验将语言符号的语音形式和意义内容对应起来，以此来论证语言符号的去社会属性和象似性。但实际上，语言的体验性与社会属性之间存在着互动关系。个体的语言体验会受到语言社会属性的影响，同时通过语言的共享和理解来塑造社会关系。

首先，个体的语言体验受到社会属性的影响。这具体表现在个体的语言体验受到其所处的社会环境、文化背景和社会角色的影响。例如，不同社会对于表示礼貌和尊重的语言的使用规范可能存在差异。在某些文化中，使用敬语和客套话是表示尊重的方式，而在其他文化中可能更偏向直接和简洁的表达方式。

其次，语言通过塑造社会关系从而影响语言体验。语言在社会中被用于建立和维持社会关系。个体通过使用特定的语言风格、词汇选择和语气来表达自己的身份、地位和社会角色。例如，在商业场合中，使用专业术语和正式语言风格可以展示自己的专业能力和权威性，从而彰显自己在组织中的地位。

再次，社会群体中存在语言的共享。语言的共享是指个体通过语言来与他人进行交流和分享自己的体验的过程。通过共享语言，个体可以传达自己的思想、情感和需求。朋友之间的对话、家庭成员之间的交流以及同事之间的沟通都是通过语言的共享来实现的。举例来说，假设在一个文化中，对于婚礼的祝福常常使用一种特定的祝福语，这种祝福语传达着对新婚夫妇幸福和美满生活的祝愿。这种祝福语就体现了社会属性对个体语言体验的影响。因为个体在参与婚礼时会受到社会共识和约定的影响，选择使用这种特定的祝福语来表达自己的祝愿。同时，这种祝福语也体现了语言理解的共享性。因为参与婚礼的人们都能理解这个祝福语的意义，并通过共享这个语言表达来实现彼此之间的交流。

最后，语言的理解基于社会中的多重关系体验。语言的理解是指个体通

过语言来理解他人的体验和表达意图的过程。通过理解他人的语言，个体可以建立起共同的理解和共识。例如，在一次团队会议中，团队成员通过理解彼此的意见和观点，共同制定出一个决策方案。

（二）语言和文字不能一概而论，汉字的象似性不等于汉语词汇的象似性

语言是第一性的，文字是第二性的（石定果，1997）。尽管文字基于语言而产生，但二者存在明显的差异。这主要表现在以下方面。

从传播媒介上看，语言是一种口头传播的媒介，通过声音和语调来传递信息。它依赖于说话者的口腔和听话者的听觉系统。文字则是一种书面传播的媒介，通过符号、字母或字符的书写形式来传递信息。它依赖于书写者和阅读者的视觉系统。

从表达效率上看，语言可以实现实时的交流和互动。当人们使用语言进行对话时，信息可以被立即传达和理解。而文字则需要时间来书写、阅读和理解。文字传达信息的速度相对较慢，不同于语言的即时性。

从上下文依赖程度上看，语言在交流过程中通常依赖于上下文来理解和解释意义。说话者和听话者可以通过语境、语气和语法结构等来推断和理解信息的含义。文字也可以依赖上下文来理解，但相对于语言来说更加依赖于文字本身的表达，因为文字无法直接传达口头交流中的语气和语调。

从交互状态上看，语言是一种交互性的表达方式，可以进行实时的对话和互动。说话者和听话者可以通过回应、提问和修正等动态行为来进行交流。文字则相对较为静态，无法实现即时的交互。虽然文字可以通过书信、电子邮件等方式进行书面交流，但它通常不具备口头交流中的实时性和互动性。

最为重要的一点，任意性和象似性关注的是语言符号的语音形式和意义内容之间的关系，但汉字是依靠字形与语义产生联系的。而字形和语音形式在本质上是两个不同的概念。此外，通过原生词、派生词以及句段词等汉语词汇演变现象，分析现代汉语词汇音义对应关系的象似性，关注点实际上也是汉语词汇的形体构造与意义内容之间的对应关系，而非语音形式与意义内容之间的对应关系。

（三）声训存在的合理性有待商榷

自声训提出以来，其合理性就备受争议。

首先，声训往往是出于主观臆测，尤其是关于事物命名的解说不可尽信（张洁，2014）。声训把事物的"名"和"实"的关系当作必然存在的现象，亦即认为一个东西叫什么和这个东西是什么存在着必然联系。事实上，名和实、音和义之间的关系有时是约定俗成的，没有固定不变的规律。例如，《释名》说："女，如也。妇人外成如人。故三从之义，少如父命，嫁如夫命，老如子言。"这里用"如"来解释"女"的意义，就是基于"女"和"如"的发音相近，以及"女"和"如"的字形相似。但这种解释显然是牵强附会的，而且带有封建思想的色彩。

其次，声训不能涵盖所有的词汇，只能局限于一部分词汇。古代汉语中有许多词汇在意义上没有相关性，在发音上没有相似性，声训无法对其进行解释。例如，"苹果""梨""桃"等水果的名称，声训无法说明它们的得名之由。古代汉语中还有许多借字或假借字，即用一个字来代替另一个字或表示另一个意义，声训也无法对其进行解释。例如，"鱼"，本义是水生动物，借用为动词"欲"，表示"希望""愿望"；"鹿"，本义是一种动物，借用为动词"逐"，表示"追赶""争夺"。

最后，声训不能适应语言的变化和发展，只能反映一定时期和地域的语言现象。语言是随着社会的变化而不断变化的，同一个词在不同的时代或地域可能有不同的发音或意义。声训只能根据某一时期或某一地区的语音系统来进行解释，不能适用于其他时期或地区的语音系统。例如，"鬼"，在先秦时期发音为"kuī"，与"归"发音相近；但在汉代以后发音为"guǐ"，与"归"发音不同。声训就不能用"归"来解释"鬼"的意义了。

第四节 本章结语

本章探讨了现代汉语词汇语音和意义结合的任意性与象似性问题，首先观照了语言符号的任意性与象似性的历史争论，呈现了国内外学界关于任意性和象似性的看法。在厘清该问题的历时发展脉络后，进一步系统呈现和分析了不同理论视野下现代汉语词汇语音形式和意义内容对应关系的研究。支持现代汉语词汇音义对应关系具有任意性的研究，多是基于结构主义对于任意性的解读而展开的，强调语言符号的社会属性。然而，结构主义语言学视角下的语言符号任意性解读存有商榷的空间。主张现代汉语词汇音义对应关系具有象似性的研究，主要从认知语言学提倡的语言体验性以及汉语语文学的角度对现代汉语词汇音义结合的理据展开论述。其中，汉语语文学的视角又具体包括汉字的象似性、汉语词汇的演变过程以及声训等方面。上述理据的合理性也值得进一步思考。

事实上，只从语言符号的任意性或象似性的单一角度看待语言符号语音形式和意义内容结合的问题都是片面的（沈家煊，1993）。任意性观点离不开语言的社会属性，即社会约定俗成是音义结合的决定性因素。但社会属性并非语言符号的唯一属性，语言还有生理属性、物理属性等其他属性；并且在社会层面上，语言也能体现一定的象似性；在不同的社会环境中，人类语言也存在普遍共性。象似性观点聚焦于汉字造字法、词汇演变、汉语声训以及语言的体验性角度，对现代汉语词汇语音和意义结合的方式展开论述，但汉字造字法和汉语词汇演变反映的更多的是汉字和汉语词汇形体构造与意义内容之间的关系，而非汉语词汇的语音形式与意义内容之间的关系。同时，自声训产生以来，其合理性就备受质疑。此外，语言的体验性和社会属性之间实际上也存在互动关系。

综上所述，无论是对语言符号任意性与象似性问题的分析，还是对现代汉语词汇语音形式与意义内容之间对应关系的分析，都应立足辩证的视角进行。西蒙（Simone，1994）曾指出，语言由社会构建，但又必须与社会现实象似。从任意性出发，人们可以通过社会共识和约定来建立声音形式与意义之间的联系，这为语言的交流和理解提供了一种共同的基础；从象似性出发，声音形式能够在一定程度上反映或模拟自身表示的意义，从而增强了语言的表达力和交际功能。此外，语言符号的任意性与象似性也受到社会现实的影响。语言是由社会构建的，它反映了社会、文化和历史等方面的现实情况。因此，语言符号必须与社会现实象似，以便身处社会中的语言使用者能够准确地表达和传递信息。理解和分析现代汉语词汇音义对应关系的任意性与象似性的辩证关系，有助于我们更好地理解现代汉语的本质和功能，为进一步探究现代汉语词汇语音形式和意义内容相关问题提供解题思路。

第五章　现代汉语动词的及物性

前面四章立足词汇层面，观照了与现代汉语语素、词以及短语三级语言单位相关的经典议题。词汇研究之外，句法研究是语言学研究的又一重要领域。本书从第五章开始，聚焦现代汉语动词的及物性、现代汉语不及物动词语义–句法映射机制层面的划分，以及现代汉语"NP+X的"结构的语义–句法映射机制三个热点问题，讨论现代汉语在句法层面的一些特点。考虑到上述三个现代汉语句法问题的内在逻辑性，本章先讨论现代汉语动词的及物性问题。

动词的分类一直是学界的热点议题（陆俭明，2022）。吕叔湘（1979）则指出，将动词分成及物动词和不及物动词是很有用的分类。学理上，深入分析现代汉语动词及物性，有助于厘清动词本身的词汇信息与句法功能特征；教学上，明确现代汉语动词的及物性特点，有助于在汉语教学中分辨动词的使用方法，便于初学者理解现代汉语动词的特点以及句子的结构。应用上，由于动词是一个句子的核心（王鑫、杨亦鸣，2018），人工智能视域下的汉语句子加工模型的构建需要对现代汉语动词及物性进行分析。

关于汉语动词及物性的探讨自马建忠（1898）创立汉语语法系统时开始出现，后来有黎锦熙（1924）、王力（1985）、赵元任（1982）、朱德熙（1981）等学者参与讨论。今人学者陈昌来（2017）和沈家煊（2018）等也对现代汉语动词及物性作过专门论述。在显性标记显著的语言中，动词可根据其及物性特征不同分为及物动词与不及物动词（乔姆斯基，1986）。如英语中的及物动词可以直接带宾语，不及物动词则不可以，其只能后接介宾短语。现代汉语缺少类似英语中的显性标记，动词与宾语的组合情况复杂。如沈家煊（2018）认为，现代汉语所有的动词都可以带宾语，在一定情形下又都可以不带宾语。高名凯（1986）则认为，由于现代汉语词性显性标记的缺失，词类划分很难实现，动词及物与不及物特征也难以从词本身的形式上分辨。时至今日，关于现代汉语动词是否存在及物动词和不及物动词的区别，仍然存在较大争议。

及物性定义是解决现代汉语动词及物性是否存在二分的关键，与现代汉语动词及物性分类密切相关（王惠静，2017）。前人的研究较少关注及物性的初始定义和语言学领域对及物性的解释分析，多是凭借自身的语感来创立对应的理论体系（陆俭明，1991）。探讨现代汉语动词有无及物动词和不及物动词的二分这一理论分歧，实证研究的参与是很有必要的（王鑫、杭明丽、梁丹丹，2020）。有鉴于此，本章先呈现学界关于现代汉语动词及物性的相关讨论，然后分别观照及物性概念的初始定义，以及语言学领域对及物性定义的解释。在此基础上，界定"及物性""不及物性""及物动词"和"不及物动词"等及物性相关概念，进而分析现代汉语动词有无及物性二分相关研究的利弊得失。在此基础上，开展行为学实验研究，从反应时和正确率两个维度，观察和比较现代汉语及物动词和不及物动词加工难度的异同，为相关理论设想提供语言加工认知心理表征层面的实证参考。

第一节　关于汉语动词及物性的讨论

下面分别从支持和反对现代汉语动词存在及物动词和不及物动词二分的两个视角，系统呈现有关现代汉语动词及物性的讨论。

一、支持汉语动词存在及物动词和不及物动词二分的讨论

支持汉语动词存在及物动词和不及物动词二分的学者，对现代汉语动词及物性的认识是逐步深入的，但在动词及物性区分的根本依据上仍存在分歧：一是认为动词及物性区别的根本在于语义，二是认为动词及物性区分的根本在于句法，三是认为动词及物性区别的根本在于语义和句法双重表现。而在语义和句法双重表现的视角中，又有更侧重语义的、更侧重句法的以及二者并重的。

（一）语义为本视角

所谓"语义为本",是指从语义角度对动词的及物性进行定义和界定。在汉语语法建立的初期,由于对语法本质的认识还不够充分,研究者多认为动词及物性区别的根本在于动词的语义。最早对动词及物性进行定义的是马建忠（1898）,根据动词及物性的不同,他分别定义了"内动字"和"外动字"。

内动字：凡动字之行仍存乎发者之内者,曰内动字。

外动字：凡动字之行发而止乎外者,曰外动字。

在上述定义中,从自身发出且不影响外物的内动字实际上就是指不及物动词,从自身出发而停留于外物的外动词实际上就是及物动词。同时,与动词涉及的名词相对应,马建忠（1898）提出了"起词"和"止词"的概念。

起词：凡以言所为语之事物者,言其行之所自发者,曰起词。

止词：凡名代之字,后乎外动而为其行所及者,受其行之所施者,曰止词。

在上述定义之中,"起词"和"止词"分别为动作的发出者和涉及者。"起词"是施事,"止词"是施事涉及的对象（就是受事）,及物动词是联系施事和受事的动词。在马建忠（1898）列举的动词中,典型的"内动字"有"行""止""坐""起"等,典型的"外动字"有"见""慕"等。

黎锦熙（1924）讨论汉语动词及物性时,沿袭了马建忠（1898）的框架,用"凝集自身"和"涉及它物"来分别定义"外动词"（及物动词）和"内动词"（不及物动词）。他根据动词的语义将动词进行了下位分类,外动词分为处分事物、经验方法、交接物品、交涉人事、认定名称、变更事物、情意作用、表示关系等小类；内动词分为通常动作、关系他物、自身变化、情意作用、表示存现等小类。值得注意的是,黎锦熙（1924）还指出,有且只有"外动词"（及物动词）能进入被动句。

（二）句法为本视角

由于语义具有模糊性,人们对于词义的感知往往会带上主观性的烙印。因此,仅仅依据语义来区分动词的及物性难免过于主观,难以拿出较为统一的判定标准。与之对应,依据句法特点区分动词的及物性要相对客观一些,至少容易制定相对统一的标准。因此,部分学者尝试从句法角度对动词的及物性进行界定和划分。王力（1985）首先从句法为本的视角分析汉语动词的及物性，认为动词后面必须带目的位者的是及物动词，动词后面可以不带目的位者的是不及物动词。"目的位"是指及物动词之后出现的"品"，亦即动词之后的句法成分，往往指名词，也包括谓词、数词。在他所举的用例中，及物动词有典型的动作动词"吃"，也有心理动词"惜"。王力（1985）还把"到""在"这类语义分析视角下认为是"内动词"（不及物动词）的动词也划分到了及物动词中；在王力的分类中，不及物动词用例中有典型的状态类动词"死"和动作类动词"跑"。他还具体讨论了及物动词和不及物动词相互转化的问题。其认为不及物动词带宾语之后，在语义上发生了变化，如"他传令退兵"中，动词"退"可做不及物动词，但当它语义上带有使役用法时，便成了及物动词。又如"我笑了"中的"笑"，与"我笑他"中的"笑"，一个是不及物动词，一个是及物动词。

胡附、文炼（1956）认为，及物动词可以带宾语；不及物动词有单用的性质，除了特殊情况外，一般不能带宾语，尤其不能带受事宾语。李临定（1990）认为，及物动词和不及物动词的区别就是能不能带宾语（不论哪一类型的宾语）。陆俭明（1991）指出，凡是能直接带宾语的都是及物动词，不能直接带宾语的都是不及物动词。此处的宾语包括了以下四类：名词性宾语，如"买书"中的"书"；动词性宾语，如"勇于创造"中的"创造"；形容词性宾语，如"以为很便宜"中的"很便宜"、"喜欢清静"中的"清净"；小句宾语，如"听说他回来"中的"他回来"、"希望他来"中的"他来"。

受配价语法的影响，开始有学者讨论并对比不及物动词宾语和价成分之间的关系，并引入了"基础句"的概念。他们主张判断动词究竟能不能直接带宾语，需要删去句子中所有的补足语和自由说明语。王俊毅（2001）区分出几类兼有及物动词和不及物动词用法的词：

①存现句中的动词：

及物动词用法：王冠上镶嵌着宝石。

不及物动词用法：一颗宝石镶嵌在王冠上。

②与多个个体发生联系的动词：

及物动词用法：我联合他们。

不及物动词用法：我跟他们联合。
③身体行为动作：
及物动词用法：他睁着眼睛。
不及物动词用法：眼睛睁着。
④兼有自主义和非自主义的动词：
及物动词用法：我发面。
不及物动词用法：面发起来了。
⑤兼有动作和状态义的动词
及物动词用法：我在贴春联。
不及物动词用法：春联贴在门上。

需要指出的是，虽然王俊毅（2001）划分现代汉语及物动词和不及物动词时，根据的是动词之后是否带宾语这一先决条件，但实际上在分析具有及物动词和不及物动词两种用法的动词时，语义的因素也参与了进来。

（三）语义句法结合视角

无论是语义为本的视角，还是句法为本的视角，都无法全面解决现代汉语动词及物性范围不清的问题。词类的科学划分必须结合语义和句法两个视角。主张结合句法和语义视角划分汉语动词及物性的学者，对句法和语义的参照各有侧重，有人认为语义发挥的作用更大，有人则认为句法发挥的作用更大，还有人认为句法和语义的作用基本相当。

1. 侧重语义

更侧重语义作用的学者，多受前人语义为本视角的影响。吕叔湘（1947）对马建忠的理论进行了再解释。他认识到"外动词原则上要有止词，没有止词的时候是省略；内动词原则上就不要止词"，明确了从语义入手的同时还要在句法方面有所限制。他还提出，同一个词在不同句子中可分别充当"起词"和"止词"，如"血流飘杵"中的"血"是"起词"，"流血"中的"血"是"止词"。事实上，上述分析表明，吕叔湘（1947）对"起词"和"止词"的划分，不只是依据事件的开始与结束这一语义层面的差别，还依据句法层面上"起——动——止"的句法成分组合排列次序，亦即在侧重根据语义因素分析汉语动词及物性差别的同时，也关注句法表现在划分汉语动词及物性时的作用。

针对前人所提到的及物动词和不及物动词范围重合的问题，侧重语义的学者们承认"很多动词是兼属及物动词和不及物动词两类用法的动词"。但他们同时指出，及物动词和不及物动词的兼属用法，不足以说明现代汉语动词不存在及物动词和不及物动词的二分。赵元任（1976）则指出，现代汉语中，及物动词和不及物动词的区别在于及物动词可以带各种宾语，不及物动词只能带自身宾语。自身宾语是通过语义来区分的。自身宾语可以表示动作的次数，如"打两下"中的"两下"；自身宾语也可以表示时间的长短，如"住了三年"中的"三年"；自身宾语还可以表示幅度或数量，如"长了三寸"中的"三寸"；动作的路程或目的地也是自身宾语，如"走路"中的"路"，"飞太平洋"中的"太平洋"。

2. 侧重句法

或许是受赵元任启发，学界开始从动宾关系的角度讨论现代汉语动词的及物性与不及物性。汉语动词的及物性常因为动词带或不带宾语而不易分辨，语法学家们开始就汉语"带不带宾语""带什么宾语"的问题展开讨论。朱德熙（1982）提出，及物动词带的是"真宾语"，不及物动词带的是"准宾语"。准宾语除了赵元任（1976）列举的几种自身宾语之外，还包括了存现宾语，如："来了个客人"。与赵元任（1976）一样，朱德熙（1982）也认为带处所名词的动词应该归为不及物动词，但他认为，"去学校"中的宾语表示动词作用的直接目的，"飞北京"整个短语除了表示动作的目的地之外，还明确了整个事件实现的方式是"飞"。

值得注意的是，前人曾将施受关系的构成列为及物动词的特征，刘月华（1983）更是把是否带有受事宾语作为区分动词及物性的根本。其认为，区分现代汉语及物动词与不及物动词，应该依据动词能不能带受事宾语进行，能带受事宾语的动词为及物动词，反之则为不及物动词。其列举的及物动词有"看""下""姓"等，不及物动词有"休息""睡"等。但刘月华（1983）所指的受事宾语，实际上包括了动作的目的、工具、对象、方式等，还有使动动词的宾语，如"下蛋"可以理解为"使蛋下"，动词"下"具有使役的特点。一些表示关联对象的词，如"姓""叫""等于"等，也属于及物动词。

3. 句法语义并重

随着现代语言学理论的发展，尤其是生成语言学与认知语言学的介入，部分研究者指出，现代汉语动词在及物性层面存在二分是语法事实，但对于现代汉语动词及物性的划分应该更细致。受生成语法理论影响的代表学者之一有徐杰（2001），他曾提出将现代汉语动词仅仅分为及物动词和不及物动词的做法比较粗疏。其结合动词带的论元数量和论元与动词间的语义关系，把现代汉语动词分为"不及物动词""单及物动词""潜及物动词""双及物动词"四类。不及物动词最多带一个施事名词词组，如"笑"；潜及物动词最多带一个受事名词词组，如"死"；单及物动词最多可以带一个名词词组作宾语，该宾语的语义角色是受事，如"他打小明"中的"小明"；双及物动词最多带两个名词词组作宾语，这两个宾语一个是与事，一个是受事，如"送他蛋糕"中的"他"和"蛋糕"。需要指出的是，这里的"潜及物动词"和"不及物动词"都是传统分法所认为的不及物动词，"单及物单词"和"双及物动词"则为及物动词。

受认知语言学影响的代表学者则有王文丽、陈昌来（2017），他们根据克罗夫特（Croft，2004）简单事件的理想认知模型提出，及物句的原型范畴是事件句，而事件句的核心是动作动词。同时，王文丽、陈昌来（2017）将非事件句中的动词划归为"假及物动词"，将单论元的状态句中的动词划归为"单及物动词"，将双论元致使句中的动词划归为"及物动词"，将兼有"单及物动词"和"及物动词"用法的动词叫作"作格动词"。作格动词的用例如下：

（1）地上的火灭了。

（2）消防员灭了地上的火。

上面两个句子，前者是单论元句，为状态句；后者是双论元句，是致使句。与此同时，王文丽、陈昌来（2017）不认为现代汉语中存在徐杰（2001）所说的"潜及物动词"。其认为，在"他七岁时死了父亲"这种表达中，"死"是只能带非受事成分的不及物动词，后面的"父亲"不是"死"的宾语，是构式强制使原先的主语变成了宾语。陈昌来、胡建锋（2003）认为，典型的及物动词可以带受事宾语，汉语及物动词应带两个论元，一个论元是典型的施事，另一个论元是典型的受事，两者之间构成施受关系。

二、反对汉语动词存在及物动词和不及物动词二分的讨论

反对汉语动词存在及物动词和不及物动词二分的研究，所持论据主要有以下几个方面：其一，汉语动词无形态变化；其二，汉语动词可带宾语，也可不带宾语；其三，汉语及物性存在于构式之中。下面分而述之。

（一）汉语动词无形态变化

汉语动词无形态变化是公认的事实，早期对词类划分的标准展开讨论时，有学者认为汉语词类划分应以形态为标准，代表为高名凯（1986）。他基于汉语动词无形态变化，提出汉语动词不存在及物动词和不及物动词的二分。从根本上，他认为词类是语法意义的分类，而语法意义无法直接体现，要借助形态这一显性标记。高名凯（1986）进一步指出，词类存在的事实无可争辩，词多数有固定的职位。但词类存在却不意味着词就可以分类，因为划分词类的标准是词的语法意义、句法功能和形态区别，三者缺一不可。而形态是前两者的直接表现形式。过去人们提出的读破、词头和词尾、"着""了"、重叠等所谓形态手段，都只能作为区分汉语部分词的依据，仍有许多词不能依据这些标准进行分类。

（二）汉语动词基本上都可以带宾语，也都可以不带宾语

上述论据是争论现代汉语动词有无及物动词和不及物动词二分的主要交锋点。现代汉语中的及物动词，在一些情况下可以不带宾语。相应地，现代汉语中的不及物动词，在一些时候也能带宾语。高名凯（1986）较早以动词"进"为例说明。汉语中既存在"我进城"的说法，也存在"我进到城"的说法。他认为，前一句中的"进"后带宾语，是及物动词用法。后一句中的"进"则后带补语，变成了不及物动词用法。陆志伟（1957）认为，现代汉语动词不好区分及物性的原因在于，现代汉语谓词前后的主宾语关系复杂。语义关系上，"主动"与"受动"不易区分，如"太太扶着丫头"和"丫头扶着太太"，两种说法都合乎句法，但不易分清句中"太太"和"丫头"谁是施事，谁是受事。此外，现代汉语词汇意义上只关涉自身的动词有时也能带宾语，如"他的腿折了"，有对应"他折了腿了"的说法。

面对现代汉语及物动词和不及物动词存在重合地带的困境，一些学者尝

试提出全新的分类模式。他们认为，现代汉语的动词应该分为三类：其一，必须带宾语的连宾动词，如"比"；其二，不能带宾语的缺宾动词，如"合作"；其三，可带也可不带宾语的动词，如"吃"（黄盛璋，1956）。也有研究者通过数理逻辑的角度，引入"模糊集合"的概念，在及物动词和不及物动词的中间地带加入"双性动词"的类别（温颖，1987）。

但是，以上理论并未得到广泛认可。直到当代，沈家煊（2018）也认为，现代汉语动词没有严格的及物和不及物特性的对立，现代汉语中的动词都可以带宾语，只是所带宾语的性质有差异。他指出，若及物动词被定义为"可以带宾语"，那么现代汉语中诸如"来一趟"的说法，可以理解为不及物动词带动量宾语。此外，现代汉语中的及物动词未必"必须带宾语"，比如在对话中，可以将"他伸出两个手指"省略为"他伸出"。

（三）及物性存在于构式之中

"及物性存在于构式之中"这一观点，是基于认知语言学中的构式语法理论提出的。戈德堡（Goldberg，1995）的构式语法认为，所有语法分析层面都涉及构式，构式是习得的形式与语义或话语功能的匹配，包括词素、单词、习语、部分填充或完全填充的词语。参照哈珀和汤普森（Hopper&Tompson，1980）将及物性界定为句子的属性而非单个动词的属性的观点，我国部分学者也认为，句子的构式能够影响及物性。吴义诚、李艳芷（2014）提出，宾语出现与否，并非完全由动词决定，也由存在的构式决定，他们借用了戈德堡（1995）的观点，认为宾语不仅为"动词宾语"，也可为"构式宾语"。受克罗夫特（Croft，2004）的启发，学者们还尝试从语义上将句子分为及物性、不及物性和无及物性三类，这三类句子在及物性语义上分别对应致使性、自发性和状态性。王志军（2007）认为，致使性句子表达力的传递与相互作用，自发性则只涉及事物变化本身，状态性则表示静态事物所述情态。上述定义是将视野放大至句子层面，讨论事件的语义类型。张建理、徐银（2011）还将及物构式分为动结构式、致使结果构式和动因构式等。

第二节　对现代汉语动词及物性的理论反思

如前所述，及物性定义是解决现代汉语动词及物性是否存在二分的关键，与现代汉语动词及物性分类密切相关（王惠静，2017）。本节先分别观照及物性概念的初始定义，以及语言学领域对及物性定义的解释。在此基础上，界定"及物性""不及物性""及物动词"和"不及物动词"等及物性相关概念，进而分析现代汉语动词有无及物性二分相关研究的利弊得失。

一、对动词及物性定义的再分析

（一）对及物性原始定义和语言学领域及物性定义的分析

最早提出"及物性"概念的是亚里士多德，他在逻辑学中提出"transitivity"（后被译为汉语中的"及物性"）这一概念，用以表述任意三个客体之间的两两关系。在上述及物性的原始定义中，亚里士多德强调了"两两关系"，说明了及物性特征关涉的具体对象应该为两个。最先将及物性这一概念引入语言学领域的是第欧尼修（Dionysius Thrax）[①]，他的《希腊语语法》是第一部语法专著（刘润清，2002），认为及物动词在语义上表示把一种行为传递至客体。在上述定义中，动词的作用得到凸显，强调动词本身的词汇信息在及物性特征表达中所起到的关键作用。这也说明及物性进入语言学领域之初，就被视为动词固有的词汇特征。同时，既然存在表示接受行为动作的客体，必然也有表示动作发出的主体，即强调了动词与两个对象之间的关系。因此，及物性进入语言学领域之初，就强调两方面的特点：形式上涉及动词的两个论元，这两个论元在语义上分别是及物动词的主体和客体，与及物动词直接发生语义关系。

到了现代，不同语言学词典中对动词及物性的界定，沿袭了第欧尼修将及物性视作动词固有特征的做法，也沿袭了其同时关注形式和语义两方面内容的做法。如戴维（David，2000）在《现代语言学词典》中指出：及物性是小

[①] 转引自刘润清（2002）。

句/句子的语法分析使用的一个范畴，特别指动词与结构中依附成分的关系。又如布斯曼（Hadumod Bussmann，2003）在《语言学词典》中指出：及物性是动词的配价特征，这类动词可以支配一个直接宾语，如"lesen"（读）、"sehen"（看）、"suchen"（寻找）等。上述两本语言学词典，前者指出，在及物结构中，动词关涉的对象依附动词而存在，即主张及物性是动词本身的特性，是动词固有的词汇特征；后者则指出，及物动词要带有直接宾语，直接宾语与动词直接发生语义关系。

通过对及物性原始定义和语言学领域及物性定义的分析可以看出，动词及物性被视为动词固有的特性。动词及物性的定义标准应该包括句法和语义两个方面，句法方面，及物动词应该至少带有两个论元（关涉对象）；语义方面，及物动词与其论元之间存在直接的语义关联。相应地，不及物动词在句法方面，只带有一个论元；在语义方面，只与唯一的论元存在直接的语义关联。

（二）基于上述分析对及物性相关概念进行界定

基于以上分析，我们结合句法和语义两个维度分别对及物性、不及物性、及物动词以及不及物动词给出以下定义。

及物性：及物性是动词本身的属性，指动词在句子中和至少两个论元（考虑到除了常见的单及物结构之外，还有少量的双及物结构）发生直接语义关系的能力。

不及物性：不及物性与及物性相对。不及物性是动词本身的属性，指动词在句子中只能和唯一一个论元发生直接语义关系的能力。

及物动词：及物动词是指必须带有两个或两个以上论元的动词。及物动词的所有论元均与对应动词发生直接语义关系。对及物动词还可从句法和语义两个层面同时界定：句法上，及物动词需要有两个或两个以上的论元与动词联系；语义上，及物动词与两个及以上的论元均发生直接而非间接的语义关系，不借助其他隐现信息（隐现语义和句法成分）或语境（口语中的对话环境或书面语中的上下文环境）等附加条件建立动词和论元的语义关联。

不及物动词：不及物动词指仅和一个论元发生直接语义关系的动词。对不及物动词也可从句法和语义两个层面同时界定：句法上，不及物动词的必要论元在数量上为一；语义上，不及物动词只与唯一论元发生直接而非间接的语义关系，不借助其他隐现信息（隐现语义和句法成分）或语境（口语中的对话环境或书面语中的上下文环境）等附加条件建立动词和论元的语义关联。

综上所述，在讨论动词及物性时，以下方面值得注意。其一，动词的及物性表达的是动词词汇信息固有的常态句法语义特征。正是在这个层面上，金立鑫、于秀金（2022）指出，词类的划分（包括动词及物性的划分）是对动词不同典型特征的划分。其二，在动词的具体使用中，因对话、上下文、背景知识等对论元的省略，不影响动词本身的及物性。原因在于，具体对话、上下文以及背景知识都是外在的附加条件，不是动词固有的典型常态化特征。其三，构式压制以及特殊句式等情况，应视作特殊结构中动词的非典型用法，反映不了动词本身信息的投射，也就无法客观反映或决定动词的及物性特征。正是在这个层面上，徐盛桓（2003）指出，非无意识（即借助附加条件有意识地运用）状态下的特殊结构，并不能反映动词词汇信息中的及物性特征，只是动词的临时性用法。来自神经语言学的实验证据也表明，汉语构式不影响动词固有的及物性特征（于亮等，2017）。

二、对前人研究的反思

下面参考前文对及物性相关概念的反思，对前人相关研究作理论反思。

（一）对支持现代汉语动词存在及物性区分相关研究的再分析

首先，只根据语义划分及物动词和不及物动词的做法有待商榷。从前文及物性概念的溯源分析以及语言学领域对及物性的分析来看，区分及物动词和不及物动词，要着眼于语义和句法（形式）两个角度。与此同时，由于语义区别的标准很多时候具有主观性，单纯的语义标准也不利于对动词及物性作出相对统一的划分。

其次，只根据句法标准划分及物动词和不及物动词的做法同样有待商榷。只考虑形式，不考虑语义很容易将准宾语误判为真宾语。比如前文提到的"飞两小时"的结构，语表形式为"动词+名词短语"，与一般的动宾结构的语表形式雷同。但语义上，名词短语"两小时"是补充说明动词"飞"的，并不是动词涉及的对象，实际上做的是动词的补语。又如，前文提到的"飞上海"的说法，其语表形式也与一般的动宾结构的语表形式雷同。但该结构中却包含了一个隐现的介词"到"或者"往",表达的是"飞到(往)上海"的意思。

最后,主张用语义和句法双重标准来区分现代汉语及物动词和不及物动词的部分研究也存在待商榷之处。将及物动词的范围圈定在表行为动作义、及物动词宾语为受事宾语的做法大大缩减了现代汉语及物动词的范围。比如,在"小明有一本语法书"这一表达中,动词"有"侧重于表达状态,但动词前后的名词性成分"小明"和"一本语法书"都与动词存在直接的语义关联,应该将此处的"有"视为直接带宾语的及物动词。又如"老师在徐州了"的说法中,动词"在"也侧重表达状态,与前后两个名词性成分也存在直接的语义关联。因此,这里的"在"也应该被视为及物动词。但是,上例中的宾语"一本语法书"和"徐州"分别承担涉及对象和地点的语义角色,并不是典型的受事宾语。这一点在句法上也有依据可循。王文丽、陈昌来(2017)指出,受事宾语可以出现在"被"字句和"把"字句之中。如"小王打了小李"这一说法中,"小李"为受事宾语,其可以出现在"被"字句和"把"字句之中,分别形成"小李被小王打了"和"小王把小李打了"的说法。但"小明有一本语法书",没有"一本语法书被小明有了""小明把一本语法书有了"的变式,"老师在徐州了"也没有"徐州被老师在了""老师把徐州在了"的变式。陈昌来、胡建锋(2003)和王文丽、陈昌来(2017)讨论汉语动词及物性时,也只是说典型的及物动词结构能表达施受关系,而没有将侧重表达状态义的动词排除在及物动词之外。

(二)对反对现代汉语动词存在及物性区分相关研究的再分析

首先,以形态作为唯一手段区分语法意义是不可取的,因为形态只是区分语法意义的方式之一,还可从语法功能等角度对动词进行分类(朱德熙,1982)。因此,不能因为现代汉语缺少显性形态标记,就否认现代汉语动词存在及物动词和不及物动词的二分。

其次,现代汉语动词都可以带宾语这种观点也未必成立。原因在于,现代汉语的不及物动词带宾语和及物动词带宾语两种结构在语义上的差别很大。及物动词带宾语语义自足,语义表达由动词和宾语的语义直接组合实现。但不及物动词带宾语结构语义上不自足,往往需要借助隐现的语义或句法成分才能表达完整的意思。如"飞上海"的说法，往往需要借助介词"到"或"往"转变成为"飞到（往）上海"，语义才能表达完整，也更易接受（郭继懋，1999）。再者，现代汉语动词都可以不带宾语的说法值得推敲，因为沈家煊（2018）在文章中指出，现代汉语宾语可以在对话中省略。因此，现代汉语及物动词不带宾语结构，本质上是语用层面的省略现象。而借助语境省略的用法不是及物动词本身的常态化特征，而是具体语境下的特殊用法。又如，现代汉语口语中"你吃了吗"这种表达，虽然不借助于具体语境可以表达"你吃饭了吗"的意思，但其语义自足的实现，是人们根据认知经验补充出动词"吃"最高频的宾语"饭"才完成的。因此，类似"你吃了吗"这种表达，应该被当成及物结构来处理（莫莉，2021）。

最后，构式语法强调构式作用的观点，偏离了及物性相关概念的提出是为动词及物性分类服务的初衷。而且现代汉语不及物动词进入存现句和领主属宾句构式中，与及物动词进入这两种构式有明显不同。其一，能够进入领主属宾句的现代汉语不及物动词语义上往往表达状态，语义上表达动作的不及物动词一般无法进入领主属宾句，如"王冕死了父亲"可以说，但"王冕哭了父亲"却不可以说。但及物动词前后两个论元存在领属关系时，语义受到的限制较少。如可以说"王冕照顾父亲"（"照顾"侧重表达行为动作），也可以说"王冕讨厌父亲"（"讨厌"侧重表达心理状态）。此外，领主属宾句的语义事件表达的是被领属名词产生了不及物动词表达的某种状态，同时被领属名词具有的这种状态对句首的领有名词产生了影响（李劲荣，2023）。如领主属宾句"王冕死了父亲"中，与不及物动词"死"发生直接语义关系的论元只有被领属名词"父亲"，表达"父亲死了"这一基本事件。句首的领属名词"王冕"则与动词后的"父亲"直接发生领属的语义关系，在上述领属语义关系的基础上，整个句子表达"王冕受到父亲死了这件事情的影响"这一语义事件。但及物动词前后两个论元存在领属关系时，这两个论元与及物动词均存在直接的语义关系。如"王冕照顾父亲"的说法中，"王冕"是"照顾"这一行为的主体，"父亲"是"照顾"这一行为的客体。其二，现代汉语及物动词和不及物动词进入存现句时也存在明显差异。现代汉语及物动词存现句可以补出隐现的主语，如"墙上挂了一幅画"的说法，存在"墙上父亲挂了一幅画"的变式,但不及物动词存现句"屋里躺了一个老人",却没有诸如"屋里父亲躺了一个老人"的变式。有无变式的差异恰恰表明,动词能够带有几个论元,本质上是由动词固有的词汇信息决定的(王鑫、杨亦鸣,2018)。这与前文关于动词及物性相关概念的分析是一致的。

总体看来,结合前文对及物性概念的溯源分析以及对语言学领域及物性相关概念的界定分析,无论是支持现代汉语动词存在及物性区分的研究,还是反对现代汉语存在及物性区分的研究,都存在需要进一步考量的地方。但有一点可以明确:现代汉语动词存在及物动词和不及物动词的二分。

三、现代汉语及物性划分中的同音同形异义词和兼类词现象

在划分现代汉语及物动词和不及物动词时,还需要注意动词的同音同形异义词和兼类词现象。

(一)同音同形异义词

此处的"同音同形异义词"指读音和字形相同、词义不同、及物性不同的一组动词,其本质上一个属于不及物动词,一个属于及物动词,应当作区别处理(邵敬敏,2016)。例如:

(1) A:他笑$_1$了一笑$_1$。(茅盾《子夜》)

　　B:不管他笑$_2$我没有。(老舍《杀狗》)

(2) A:他忽而跃$_1$起。(鲁迅《死火》)

　　B:十年苦读终于跃$_2$龙门。(吕叔湘《汉语语法问题分析》)

对于诸如例(1)的用法,王力先生提出"变态"的概念加以分析。"他笑了一笑"是单指主体发出的一种动作状态,"他笑我"中的"笑"实为嘲笑,二者语义有明显的差别。例(2)中的"跃"前人也曾进行了讨论(吕叔湘,1979)。"跃起"中,"跃"单指主体发出的一种动作状态,但"跃龙门"的说法涉及"跃"这一动作的直接对象"龙门"。此处的两个"跃"也存在及物动词和不及物动词特征的明显不同。因此,在区分现代汉语动词及物性时,应该将"笑"与"跃"视作"笑$_1$""笑$_2$"、"跃$_1$""跃$_2$",将其分别列为独立的不及物动词和及物动词。

（二）兼类动词

这里的"兼类动词"指读音和字形相同、词义相近、及物性不同的一组动词，其本质上一个属于不及物动词，一个属于及物动词，也应当作区别处理。例如：

（3）A：我们要学会为人民服务$_1$。（周立波《暴风骤雨》）

B：倡导学生在实践中以报效祖国，服务$_2$人民为宗旨。（《人民日报》，2000）

（4）A：梦想的生活，终于到$_1$了。（茅盾《蚀》）

B：她到$_2$了旅馆里。（张爱玲《倾城之恋》）

袁邦照（2005）指出，由于经济原则、社会分层、语言结构概念变化等原因，使得动词的及物性因为自身原因和外在原因产生了相互转化，产生了及物动词和不及物动词两种词类用法。例（3）中的"服务"一词是不及物动词分化出及物动词的典型代表。20世纪80年代后，"服务$_1$"一词就从由介词"为"介引逐渐分化出能直接带宾语的"服务$_2$"（陆俭明，1991）。因此，例（3）中"服务"的两种用法区别明显，前者需要介词介引，后者不需要。前者是不及物动词，后者是及物动词。例（4）中的"到$_1$"强调"出现"这一状态义，是不及物动词，"到$_2$"则带有介词"到"引宾的句法特点，是一个带地点宾语的及物动词。

四、基于汉语水平考试（Hanyu Shuiping Kaoshi，HSK）词性表的现代汉语动词及物性分类

依据前文分析，现代汉语动词存在及物动词和不及物动词的二分。为了形成对现代汉语动词及物性分类更为直观的认识，结合前文提出的划分现代汉语动词及物性的语义和句法标准，本部分根据北京语言大学汉语语料库（BLCU Corpus Center，BCC）提供的"汉语水平考试词性词表"提取出3 345个现代汉语常用动词，将之分类，制成现代汉语动词及物性分类表。分类结果如表5-1所示。还需要说明的一点是，汉语水平考试词性表根据《国际汉语能力标准》制定。该表将现代汉语中的词划分为甲级、乙级、丙级和丁级四个等级。从甲级到丁级，词的学习难度逐级上升，同时词的口语化程度逐级下降。

对现代汉语动词及物性进行分类和统计的过程中，以词的字形和读音为参考，删去部分字形和读音均相同的词，以方便对兼类词的统计。与此同时，为了提高统计结果的科学性和效度，删去更多情况下可视为语素的语言单位，比如"触""伴""计"等。删去后汉语动词的统计范围变为3 345个动词。

表5-1 基于汉语水平考试词性表的现代汉语动词及物性分类概况表

动词及物性类别	分类	例词	特征
及物动词	抽象及物动词	克服	不表示具体动作
	动作及物动词	打	表示具体动作
	使役动词	让	有使役意义
	心理及物动词	认为	表心理活动，常带小句、谓词性宾语
	趋向及物动词	上	常接表示广义地点的宾语
	能愿动词	能	动词性弱，不常作谓语中心
	"有""是"类	有	动词性弱，联系成分复杂
不及物动词	抽象不及物动词	进步	不表示具体动作
	动作不及物动词	跳	表示具体动作
	心理不及物动词	痛心	表示心理活动
	趋向不及物动词	上去	表示动作的趋向性

如表5-1所示，根据前面提出的及物性相关概念的定义，将汉语水平考试词性表中的动词首先划分为及物动词与不及物动词两类，再根据句法和语义相结合的分类标准，将及物动词划分为抽象及物动词、动作及物动词、使役动词、心理及物动词、趋向及物动词、能愿动词、"有""是"类七小类，将不及物动词划分为抽象不及物动词、动作不及物动词、心理不及物动词、趋向不及物动词四小类。

上述分类方式能较好地将现代汉语动词归类至二分的基础框架，并且对及物性高低不同的动词进行了区分。上述分类方法是对现代汉语及物动词和不及物动词分类的初步尝试，分类的主体为现代汉语常用动词。为了进一步挖掘现代汉语动词及物性的特点，基于上面提出的分类标准，我们对汉语水平考试词性表中的动词进行了量化统计，对各级词汇中的及物动词、不及物动词进行了系统统计。同时，对同属及物动词和不及物动词的两用动词进行了统计①，试解释具有特殊用法的动词对现代汉语动词及物性分类的影响较小。分析的具体结果如表5-2所示。

表5-2 基于汉语水平考试词性表的现代汉语动词及物性分类量化统计表

词汇等级	总数	及物动词	不及物动词	兼类动词
甲级词汇	458 100%	352 76.86%	129 28.17%	23 5.02%
乙级词汇	797 100%	648 81.30%	158 19.82%	9 1.13%
丙级词汇	816 100%	578 70.83%	238 29.17%	0 0.00%
丁级词汇	1 374 100%	904 65.79%	472 34.35%	2 0.15%
总计	3 345 100%	2 482 72.05%	997 28.94%	34 0.99%

表5-2的统计结果显示：其一，汉语水平考试词性表中，现代汉语及物动词占比为72.05%，不及物动词占比为28.94%。上述数据表明，现代汉语动词中及物动词占多数，不及物动词的数量也相对可观。其二，汉语水平考试词性表中，现代汉语兼属及物动词和不及物动词的兼类动词数量较少，占比仅为0.99%。这表明，现代汉语大部分动词在及物性特征方面还是存在及物性和不及物性的差异的。因此，划分现代汉语动词的及物性，实际上是很有必要的。

第三节 现代汉语动词及物性的实证研究

第二节的相关研究表明，从理论层面分析，现代汉语动词存在及物动词和不及物动词的二分。同时，相关理论分析在本质上还是自省式的设想。心理

---

① 动词的及物性等级存在高低之分。在此我们根据语义将及物动词进行下位分类，同时进行了量化统计。由于词义本身具有模糊性，"抽象及物动词"与"动作及物动词"之间存在重叠地带，因此未将其纳入统计范围。但需要明确的是，在汉语中及物动词与不及物动词之间的界线是相对分明的。

语言学和神经语言学认为，语言加工具有心理认知基础和神经认知基础。探讨语言学理论时，可以从语言加工的心理认知表征和神经认知表征出发，通过考察相关语言现象和结构加工的心理机制和神经机制，为理论分析提供实证参考（王鑫等，2020；张达球、郭宏杰，2021）。有鉴于此，本节借助心理语言学的行为学实验，考察和比较汉语母语者加工现代汉语及物动词和不及物动词时的心理认知情况，从实证研究的视角，为探讨现代汉语动词在及物性层面是否存在二分，提供来自语言加工认知心理表征和机制的参考。

一、前人有关动词加工复杂性的实证研究

国外一些行为学研究表明，动词可以进一步分为及物动词和不及物动词［约翰 I. 萨伊德（John I. Saeed），2000；萨拉·凯利等（Sarah Caley et al.），2017］，国内相关研究（周统权，2007；任会启、梁丹丹，2014）也以汉语为研究对象，对论元数量在动词加工中的影响进行了探究。但目前国内相关研究涉及的语料并未区分非宾格动词和非作格动词。而有的研究［珀尔马特（Perlmutter），1978］认为不及物动词内部可以分为两类：非宾格动词（状态不及物动词）和非作格动词（动作不及物动词）。句法上，非宾格动词句法特征复杂，可能会涉及论元的句法移位。语义上，非宾格动词往往表达一种抽象的状态，而典型的及物动词都是动作行为，更加具象。有相关的研究表明这种抽象的状态语义要比具象的动作语义加工起来更难（于善志、卢姗，2021），且论元移位的因素可能会使得非宾格动词比及物动词更难加工（王鑫、封世文、杨亦鸣，2020）。虽然现代汉语不及物动词论元映射是否涉及移位存有争议，但是为了避开这个有争议的点，本实验只选用不存在论元移位可能且在语义上具象性比较高的非作格动词与及物动词进行对比研究。

二、现代汉语及物动词和不及物动词加工心理认知机制比较

（一）被试情况

本研究共招募62名以汉语为母语的在校大学生和研究生。男性32名，女性30名，年龄在18~27周岁。所有被试均通过爱丁堡利手测试判为右利手，视力正常或矫正后正常，均无脑外伤和神经系统病史或遗传病史。所有被试均

自愿参加本次实验。实验前告知被试行为学实验注意事项，并对其进行相关培训。实验结束后给予被试适当的报酬。

（二）实验材料

实验材料主要包括以下三种：及物动词构成的动补结构、不及物动词构成的动补结构以及填充语料。不及物动词均为不存在论元移位可能性的非作格动词。本实验中构成及物动词动补结构和不及物动词动补结构的动词各33个，单音节14个，双音节19个。每个补语使用两次，分别出现在及物动词的动补结构和不及物动词的动补结构中。为了避免词频因素影响，动词词频根据蔡清和布莱斯贝尔特（Cai&Brysbaert，2010）关于汉语词频的统计结果进行匹配。为避免动词笔画数、音节数以及补语音节数的影响，两组动词的笔画数、音节数也进行了匹配，并统一选用三音节补语。实验中的及物动词和不及物动词的笔画数和词频均不存在显著性差异。具体统计结果见表5-3和图5-1。

表5-3　两类动词笔画数和词频统计表

动词类型	笔画数	词频
及物动词	14.55 ± 4.80	2.88 ± 0.38
不及物动词	14.41 ± 4.00	2.87 ± 0.48

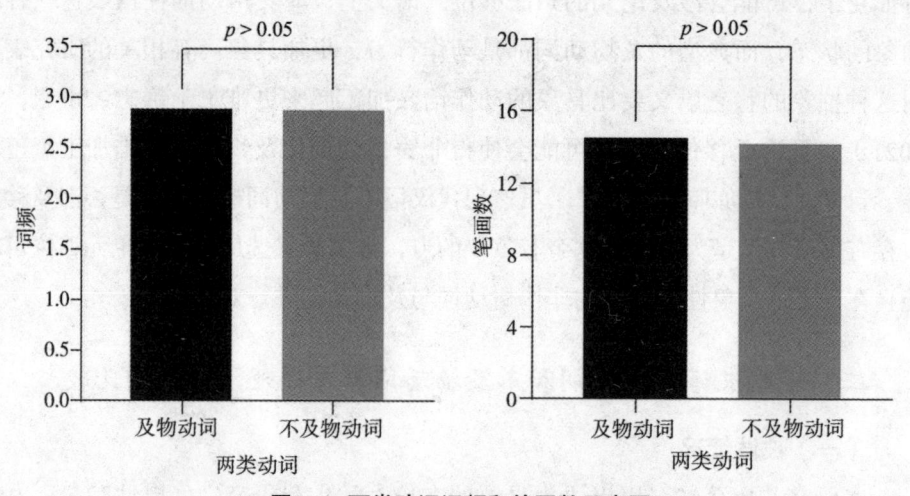

图5-1　两类动词词频和笔画数示意图

同时，为了避免被试对语料进行预测从而影响实验目的，实验语料还包括与两类动补结构数量相等的66个填充语料，这些填充语料皆为语义不合理的结构，包括动补结构、主谓结构和动宾结构。实验语料举例如表5-4所示。

表5-4 语料概况表

结构类型	语义合理性	语料举例
及物动词动补结构	合理	骑两小时
不及物动词动补结构	合理	飞两小时
填充语料	不合理	开地球

实验前对及物动词动补结构和不及物动词动补结构乱序后进行了测评。依据5度量表（"5"为完全可以接受，"4"为比较能接受，"3"为不确定，"2"为比较不能接受，"1"为完全不能接受），59名不参与正式实验的在校大学生或研究生对实验中两种结构的合理性作了打分评估，66个目标句的可接受度平均值均高于4.3。统计结果如图5-2所示。

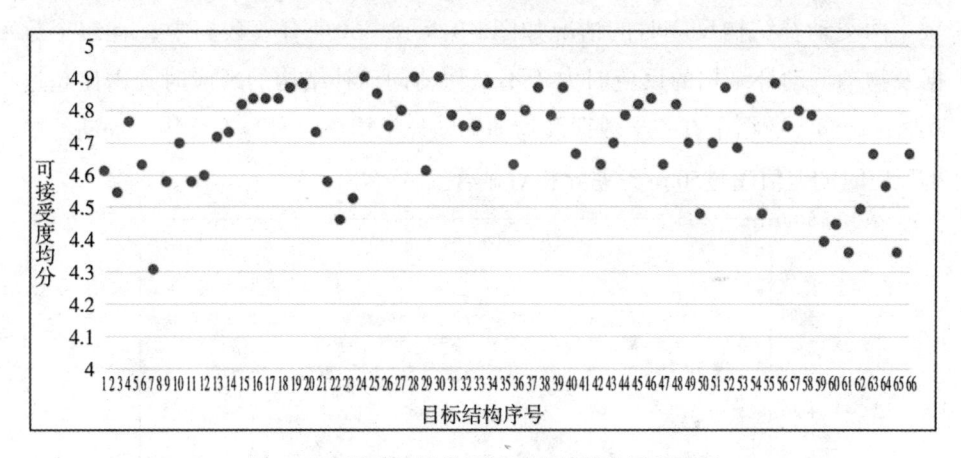

图5-2 两种动补结构可接受度统计结果示意图

（三）实验程序

实验采用视觉通道向被试呈现实验语料，每个短语结构将在屏幕中央完整呈现。正式实验程序如下：屏幕中央呈现固定的"+"，以提醒被试刺激即将出现。"+"的呈现时间为450ms，350ms之后出现刺激。每屏呈现时间为3 000ms。试次到试次之间的间隔是从1 500ms到2 500ms之间随机的，两个相邻随机间隔之间的时间差为200ms。要求被试尽快准确地对问题作出"正确"或"错误"的按键反应，需要进行正确和错误判断反应的问题各半。反应左右手和刺激序列呈现顺序在被试中进行交叉平衡。

用Eprime软件编辑实验语料，屏幕底色为黑色，字体为宋体，颜色为白色，字号为55号，实验共分为3个序列，每个序列中包含44个试次。每个试次为一个短语，每个短语按照类型的不同随机呈现。在安静且相对封闭的室内进行实验，被试需将手指放在按键上，双眼直视计算机屏幕中央，视距大约100cm。被试在实验过程中需尽量放松，减少眨眼频率，避免身体的晃动。在正式实验开始前，有一组练习让被试熟悉实验流程及做好准备。

（四）实验数据处理和分析

有两个被试的正确率没有达到80%，但由于除他们之外的绝大多数被试正确率都在90%以上，所以将其剔除。因此在本实验中，有效数据是60个。之后去除保留数据中反应时和正确率均为0的语料，再对及物动词动补结构和不及物动词动补结构的反应时和正确率求平均值，结果如下。

两类动补结构反应时的情况如图5-3所示。60个有效数据中，有54个数据及物动词动补结构的反应时大于不及物动词动补结构的反应时，占比超过80%；这54个数据中有一半数据及物动词动补结构反应时与不及物动词动补结构反应时的差值超过50ms，差异相对显著。

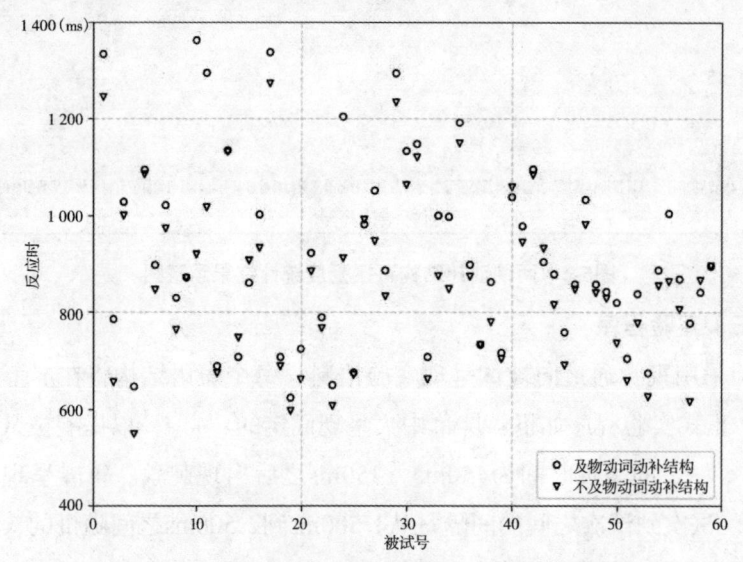

图5-3　两类动补结构反应时统计结果示意图

两类动补结构正确率的情况如图5-4所示。60个有效数据中，有25个数据及物动词动补结构的正确率低于不及物动词动补结构，有29个数据的及物动词动补结构正确率等于不及物动词动补结构，6个数据及物动词动补结构正确率高于不及物动词动补结构。

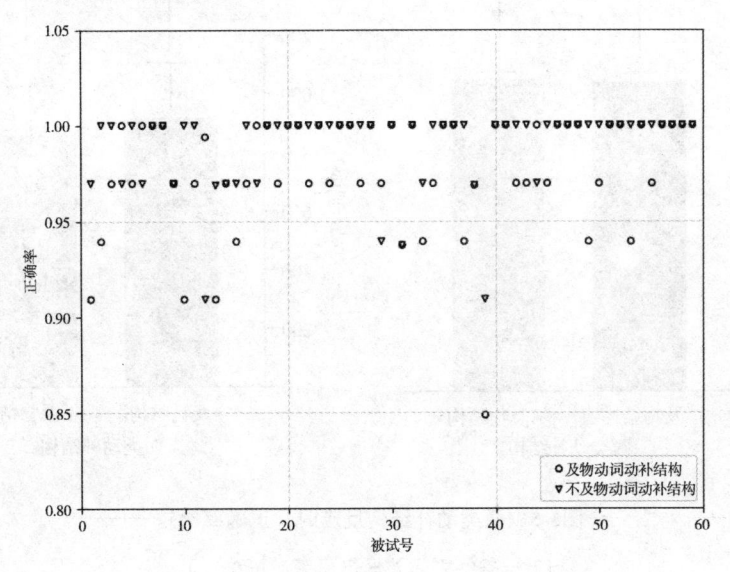

图5-4　两类动补结构正确率统计结果示意图

（五）实验结果分析

实验结果如表5-5所示，及物动词动补结构的平均反应时为0.92s，平均正确率为97.61%；不及物动词动补结构的平均反应时为0.86s，平均正确率为98.93%。与不及物动词动补结构相比，及物动词动补结构的平均反应时更长，平均正确率更低。

配对样本t检验分析结果如图5-5所示，汉语及物动词动补结构与不及物动词动补结构的反应时存在极显著差异，$t(59)=5.675$，$p<0.01$，前一种结构的反应时显著高于后一种结构。汉语及物动词动补结构与不及物动词动补结构的正确率存在极显著差异，$t(59)=-3.489$，$p<0.01$，前一种结构的正确率显著低于后一种结构。

表5-5　两类动补结构的反应时和正确率统计表

动补结构类型	反应时（ms）	正确率
及物动词动补结构	920 ± 20	97.61% ± 3.11%
不及物动词动补结构	860 ± 20	98.93% ± 2.16%

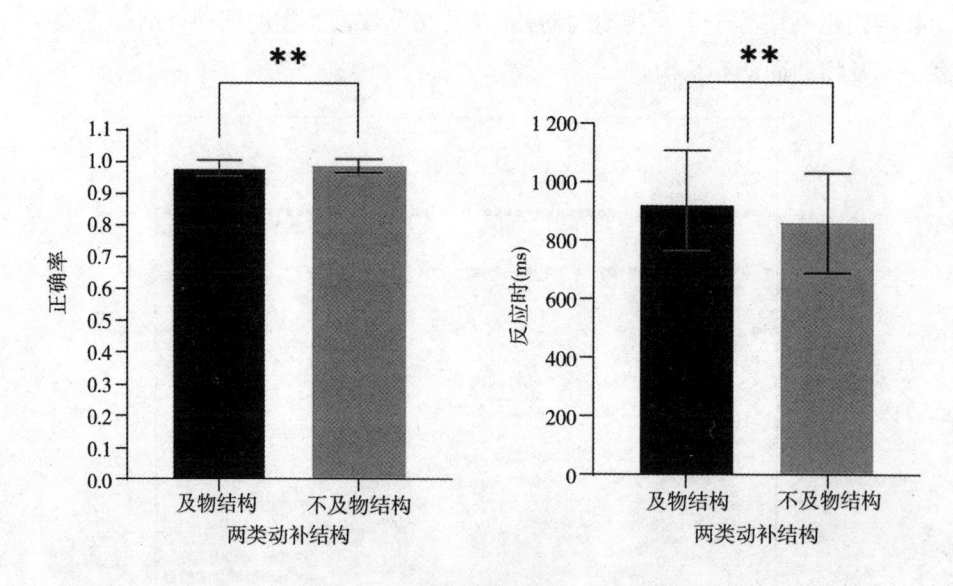

图5-5 两类动补结构反应时、正确率比较

（**=条件之间差异极显著，$p<0.01$）

本节实验的主要目的是，通过比较现代汉语及物动词动补结构与不及物动词动补结构，观察单个动词的加工过程是否存在及物动词比不及物动词加工更困难的情况，从而进一步说明及物动词比不及物动词储存的词汇信息更复杂，最终为现代汉语动词是否存在及物动词和不及物动词的二分这一理论分歧提供实证参考。为了提高结论的可信度，实验选取论元没有可能存在句法移位且语义具象性比较高的非作格动词（动作不及物动词）与及物动词比较，避免因论元移位或状态语义造成加工难度增加的情况，从而保证了及物动词结构和不及物动词结构仅在可携带的论元数量上存在差异。因此，将现代汉语及物动词动补结构和非作格动词动补结构相比较，可以为考察现代汉语是否存在及物动词和不及物动词的二分提供相对直接的证据。基于上述实验设想，本实验对两种动补结构的反应时和正确率做了配对样本 t 检验，实验结果发现，与及物动词动补结构相比，非作格动词动补结构反应时更短，正确率更高。这表明，被试在加工及物动词动补结构时消耗的认知资源更多，加工更困难。由此表明，现代汉语动词存在及物动词和不及物动词的二分。

第四节　本章结语

　　动词的及物性划分是重要的语言学议题。现代汉语动词有无及物性差别一直存在分歧。从及物性溯源分析和语言学领域对及物性相关概念的分析看，及物性是动词本身的属性，指动词在句子中和至少两个论元发生直接语义关系的能力。不及物性与及物性相对提出，不及物性也是动词本身的固有属性，指动词在句子中只能和唯一一个论元发生直接语义关系的能力。相应地，及物动词是指必须带有两个或两个以上论元的动词，及物动词的所有论元均与对应动词发生直接语义关系。不及物动词指仅和一个论元发生直接语义关系的动词。由于及物性反映的是动词的典型常规句法语义特征，讨论现代汉语动词有无及物动词和不及物动词二分时，应区分哪些现象是动词的典型常规用法，哪些现象是借助于语境或隐现成分等附加条件实现的临时性用法。划分现代汉语及物动词和不及物动词应该从句法和语义两个层面着手，同时充分观照动词的同音同形异义词和兼类词现象。

　　汉语水平考试词性词表中3 345个现代汉语常用动词的分类统计结果表明：首先，现代汉语及物动词占比为72.05%，不及物动词占比为28.94%。上述数据表明，现代汉语动词中及物动词占多数，不及物动词的数量也相对可观。其次，现代汉语兼属及物动词和不及物动词的兼类动词数量较少，占比仅为0.99%。这表明，现代汉语大部分动词在及物性特征方面还是存在及物性和不及物性的差异的。因此，划分现代汉语动词的及物性，实际上是很有必要的。

　　实证研究方面，选取没有可能存在句法移位的非作格动词（动作不及物动词）动补结构与及物动词动补结构作比较，避免因论元移位或状态语义造成加工难度增加的情况，从而保证及物动词动补结构和不及物动词动补结构仅在可携带的论元数量上存在差异。配对样本t检验结果发现，与及物动词动补结果相比，非作格动词动补结构反应时更短，正确率更高。这表明，被试在加工现代汉语及物动词时消耗的认知资源更多，加工更困难。由此表明，现代汉语单个动词存在及物动词和不及物动词的二分。

第六章　现代汉语不及物动词的
　　　　语义–句法映射机制

第五章主要探讨了现代汉语动词及物性的划分问题。形式句法认为，不及物动词在语义–句法映射机制层面也存在二分。但现代汉语不及物动词在语义–句法映射机制层面是否存在二分，理论研究长期存在分歧。有鉴于此，本章主要探讨现代汉语不及物动词语义–句法映射机制的分类问题。考虑到探讨不及物动词语义–句法映射机制的研究，主要围绕非宾格假说（波尔马特，1978）展开，下面先介绍非宾格假说，再探讨现代汉语不及物动词语义–句法映射机制的分类问题。

第一节　非宾格假说介绍及国外相关研究概况

一、非宾格假说介绍

很多情况下，自然语言中同一语表形式中，语言单位之间的句法关系大相径庭，表达的意义也不尽相同，处于同一语表形式相同句法位置上的语言成分的性质往往也存在差异。自然语言中的深层逻辑语义关系与其表层句法结构中句法成分的线性序列，呈现出复杂的对应关系。同时，很多情况下，处于语表形式相同句法位置上的语言成分的语义表达和句法特点往往也存在差异。

波尔马特（1978）发现，荷兰语和英语等语言中不及物动词在语义表达上存在差异。其中，一部分不及物动词在语义方面主要表达无意愿控制和非自主的状态、变化或存在①，表现出终结性（telicity）。而另外一部分不及物动词在语义方面则主要表达意愿控制和自主性的施事性动作，表现出非终结性（atelic）。波尔马特（1978）将类似"exist"这种在语义方面表现出［-意愿控制］的终结性不及物动词称为非宾格动词，将类似"play"这种在语义方面表现出［+意愿控制］施事性动作的非终结性不及物动词称为非作格动词。由于非宾格动词在语义方面主要表达无意愿控制和非自主的状态，而非作格动词在语义方面主要表达意愿控制和自主的动作，所以尽管非宾格动词和非作格动词构成的主动式，其表层句法结构的线性序列均为NP-V，但该语表形式中名词主语和不及物动词的语义关系却存在两种情况：前一种情况是名词主语是不及物动词的施事，如"Gorillas play at night"中"Gorillas"是"play"的施事；后一种情况是名词主语是不及物动词的客体，如"Gorillas exist"中"Gorillas"是"exist"的客体。

借助关系语法，波尔马特（1978）进一步指出，语义关系的不同表明非宾格动词与非作格动词主语论元的性质不同。非宾格动词语义上表达状态或存在等，其论元承担的语义（题元）角色为客体，位于动词之后宾语的位置。因此，非宾格动词的论元为内论元。非作格动词语义上表达行为动作，其论元承担的语义（题元）角色为施事，位于动词之前主语的位置。因此，非作格动词的论元为外论元。相应地，由非宾格动词和非作格动词构成的语序均为NP-V的隐性非宾格动词结构和非作格动词结构的生成机制不同。如图6-1所示，隐性非宾格动词结构中的主语经历了由initial 2（宾语）位置至initial 1（主语）位置的提升操作（advancement），而非作格动词结构的主语一直处于initial 1（主语）位置。因此，隐性非宾格动词结构"Gorillas exist"，是经历了主语从initial 2（宾语）至initial 1（主语）位置提升句法操作而得到的派生结构，而非作格动词结构"Gorillas play at night"是直接映射而来的基础生成结构。同时，波尔马特（1978）通过对荷兰语和土耳其语中具体语言现象的分析指出，对于某些具体语言来讲，非宾格动词和非作格动词句在句法方面的差异还

---

① 从大的方面看，变化和存在也属于一种状态。因此，下文在分析非宾格动词语义特征时，将状态、变化和存在统一说成状态。

表现在，非宾格动词不能进入非人称被动式，非作格动词则能够进入非人称被动式。这说明不及物动词在表层句法特征方面亦呈现出二分的特点。

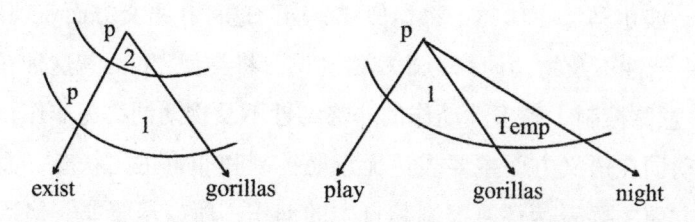

图6-1　关系语法视角下隐性非宾格动词结构和非作格动词结构句法生成示意图

基于上述分析，波尔马特（1978）根据句法和语义的双重标准，将不及物动词进一步分为非宾格动词和非作格动词两个次类。对于一些语言来讲，非宾格动词不能进入非人称被动式，非作格动词能够进入非人称被动式。由非宾格动词构成的主动式中的主语，实际上是非宾格动词的客体，其处于深层结构中补语的位置；由非作格动词构成的主动式中的主语，则是非作格动词的施事，其处于深层结构中主语的位置。自此，非宾格假说问世。

非宾格假说的具体内容可以进一步概述。根据语义和句法的不同，不及物动词可以进一步划分出非宾格动词和非作格动词两个次范畴。非宾格动词语义层面表达"无意愿控制"和"非自主"的状态，非作格动词语义层面则主要表达"意愿控制"和"自主"的施事性动作。由非宾格动词和非作格动词构成的语表形式为NP-V的主动式，深层生成机制不同，于非宾格动词而言，位于表层主语位置的NP基础生成于initial 2（宾语）的位置，于非作格动词而言，位于表层主语位置的NP基础生成于initial 1（主语）的位置。由非宾格动词构成的NP-V主动式（隐性非宾格动词结构）是经过提升句法操作得到的派生结构，由非作格动词构成的NP-V主动式（非作格动词结构）是直接映射得到的基础生成结构。因此，非宾格动词和非作格动词在句法层面也存在二分。

综上所述，非宾格假说认为，根据语义-句法映射机制的不同，不及物动词包括非宾格动词和非作格动词两个次类[①]。非宾格动词表达广义的状态，其

---

① 部分研究者主张不及物动词和及物动词均存在非宾格动词和非作格动词的二分（黄正德，2007），但有学者则主张，只有不及物动词才存在上述两类动词的二分（韩景泉，2018）。因此，本章只在没有争议的不及物动词范围内考察汉语的非宾格动词和非作格动词。

表层主语位置上的论元承担的题元角色为客体，基础生成于非宾格动词之后的内论元位置（见图6-2a）。非作格动词表达行为动作，其表层主语位置上的论元承担的题元角色为施事，基础生成于非作格动词之前的外论元位置（见图6-2b）。与非作格动词相比，非宾格动词语义-句法映射过程中经历了额外的句法移位。

（a）［客人$_i$/（主语/客体）］［来了 t_i］　　非宾格动词

（b）［客人/（主语/施事）］［哭了］　　非作格动词

图6-2　非宾格动词和非作格动词主语论元比较示意图

二、国外学界相关研究概况

（一）国外学界非宾格动词句法-语义映射机制的理论探讨

一系列国外研究表明不及物动词语义-句法映射机制层面存在差异（王鑫等，2020）。布尔齐奥（Burzio，1986）在管辖与约束理论时期的生成语法（Generative Grammar）的框架下，结合格理论（Case Theory）和题元理论（Theta Theory），对隐性非宾格动词结构和非作格动词结构各自的生成机制作出了解释。布尔齐奥定律（Burzio's Generalization）规定，没有外论元的动词无法给其内论元赋宾格。格鉴别式（Case Filter）则规定，表层结构中具有语音形式的名词性成分必须带有结构格（韩景泉，2000）。由于没有外论元，非宾格动词无法给其内论元赋宾格。为了通过格鉴别式，无法获得宾格的非宾格动词内论元移位至表层主语位置获得主格，同时满足扩展的投射原则（Extended Projection Principle，EPP），每个句子都必须有主语的规定性。因此，如图6-3所示，隐性非宾格动词结构的客体论元从内论元位置经过句法移位映射到外论元的位置。相较之下，非作格动词结构是外论元位置直接映射得到的基础生成结构（布尔齐奥，1986）。

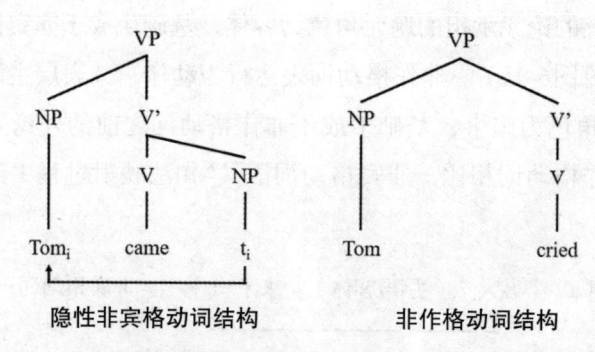

图6-3 布尔齐奥定律视域下隐性非宾格和非作格动词结构生成机制

与上述分析不同，库普曼和斯考特（Koopman & Sportich，1991）以及斯考特切（Sportiche，1988）等人提出的动词组内主语假说（VP-internal Subject Hypothesis）认为，动词对题元角色的指派具有统一性，即动词的论元（包括内论元和外论元）在VP内均有一个接受题元角色指派的基础位置（base location）。因此，与内论元一样，外论元也应该在VP之内接受题元角色的指派。相对应地，IP的指示语位置只是对应论元移位后的落脚点，并不能直接接受题元角色的指派。根据动词组内主语假说，隐性非宾格动词结构与非作格动词结构在生成的过程中都要经过句法移位的操作。不同点在于，隐性非宾格动词结构中表层主语位置上的名词性成分是从非宾格动词内论元的位置上移位得到的，而非作格动词结构中表层主语位置上的名词性成分则是从非作格动词外论元的位置上移位得到的。此时，隐性非宾格动词结构和非作格动词结构各自的生成过程如图6-4所示。

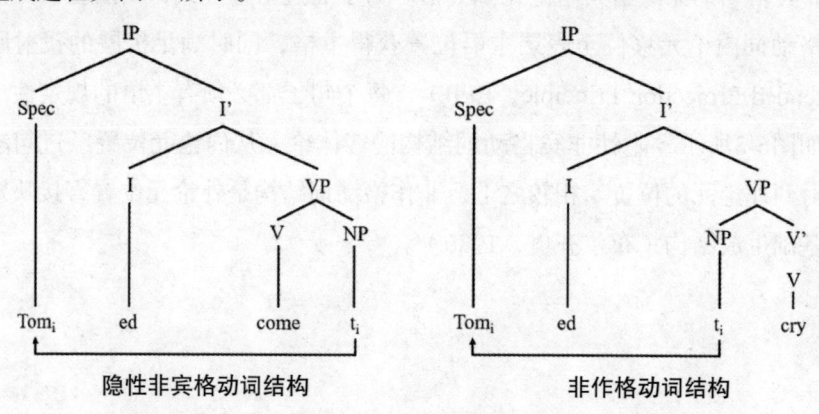

图6-4 动词组内假说视域下隐性非宾格和非作格动词结构生成机制

由于动词组内主语假说规定表层主语源于VP标示语位置，因此，非宾格动词深层宾语也应该先移位至VP标示语位置。基于此，弗里德曼（Friedman，2003）和席尔瓦（Silva，2004）等研究融合了布尔齐奥定律和动词组内主语假说的部分观点，对斯考特切（1988）的观点进行了修正。一方面，其认为隐性非宾动词结构中的内论元为了通过格鉴别式，在句法生成的过程中经历了句法移位，即其承认布尔齐奥定律的正确性；另一方面，其也强调动词对题元角色的指派具有统一性。无论是非宾格动词的客体论元，还是非作格动词的施事论元，其被指派题元角色的过程都在VP内部完成。非宾格动词的论元在内论元位置被指派客体的题元角色，非作格动词的论元在外论元位置被指派施事的题元角色。内论元和外论元的位置都在VP内部。非宾格动词和非作格动词语义-句法映射过程都从VP内部开始。因此，隐性非宾格动词结构中的表层主语实际上经历了两次移位，第一次是为了获得格从非宾格动词内论元的位置移位到非宾格动词外论元的位置；后一次则是与非作格动词句中的主语一样，从VP外论元的位置移位至IP的指示语位置；相应地，非作格动词结构中的主语在深层结构中应该是先处于VP的外论元位置，后经过句法移位至IP的标志语位置。此时，隐性非宾格动词结构和非作格动词结构各自的生成过程如图6-5所示。

隐性非宾格动词结构　　　　　　　**非作格动词结构**

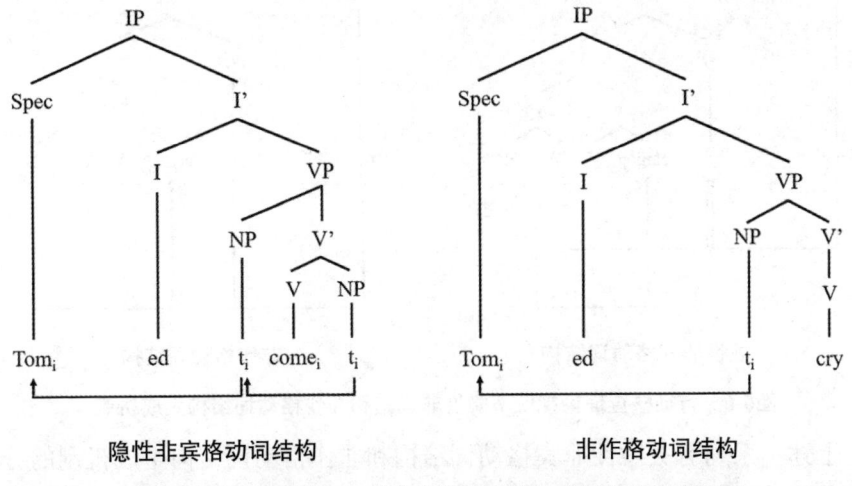

图6-5　融合观视域下隐性非宾格和非作格动词结构生成机制

乔姆斯基（1995）注意到，英语中还存在诸如"There came a boy"之类语序为V-NP的显性非宾格动词结构。而显性非宾格动词结构中，位于宾语位置的名词性成分并没有发生显性的句法移位。这表明，非宾格动词唯一论元不经历句法移位也能获得结构格。因此，乔姆斯基（1995）认为，格是词库中的名词的固有属性，在特征核查的过程中，非宾格动词内论元与T形成远距离一致关系，无须进行显性句法移位便可获得主格的取值。非宾格动词内论元移位的动因不是为了获得格，而是为了满足T的EPP特征。在语段理论（Phase Theory）框架下，乔姆斯基（1995）结合VP-嵌套理论（VP-shell Theory）和特征核查理论（Feature Checking Theory）提出，隐性非宾格动词结构表层主语基础生成于下层VP标示语位置。为了核查自身特征和功能语类T的EPP特征，该标示语先移位至上层vp标示语位置，再移位至TP标示语位置。非作格结构表层主语则基础生成于上层vp标示语位置，直接移位至TP标示语位置，核查功能语类T的EPP特征。此时，隐性非宾格动词结构和非作格动词结构各自的生成过程如图6-6所示。

隐性非宾格动词结构　　　　　　　非作格动词结构

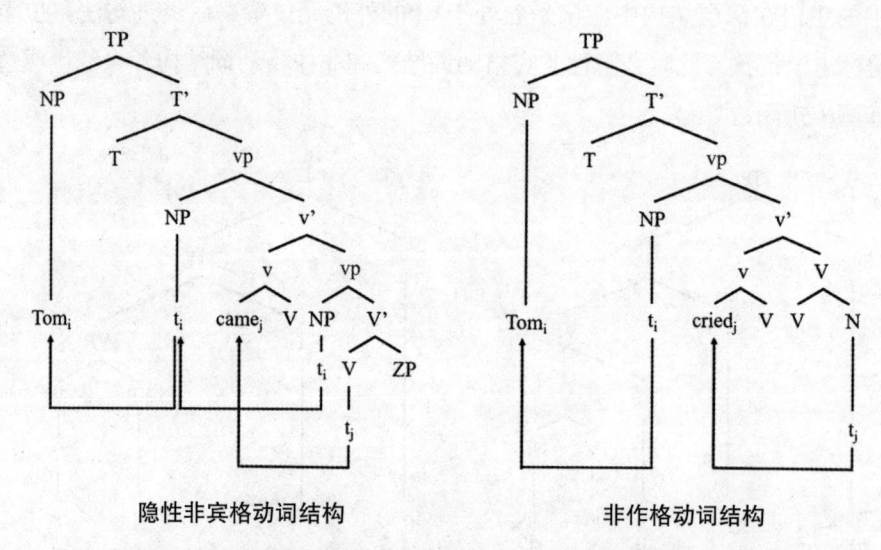

图6-6　特征核查理论视域下隐性非宾格和非作格动词结构生成机制

上述一系列有关隐性非宾格动词结构和非作格动词结构生成机制的分析表明，非宾格动词和非作格动词论元性质存在内论元和外论元的不同。来自不同语言的相关语言事实也表明，非宾格动词的论元基础生成于内论元位置，而非作格动词的论元基础生成于外论元位置。这表明，不及物动词在语义-句法映射机制层面存在二分。

首先，在荷兰语、意大利语和法语中，非宾格动词只能分别跟"zijn""essere"和"être"等助动词连用，这些助动词相当于英语当中的be动词。相应的，这些语言中的非作格动词只能分别跟"avere""hebbe"和"avoir"等助动词连用，这些助动词相当于英语当中的have［布尔齐奥，1986；基耶尔基亚（Chierchia），2004］，见例（1）。同时，与be动词连用的不及物动词，表达特定状态，其论元承担客体的题元角色，基础生成于内论元位置。与助动词have连用的不及物动词，表达自主性动作，其论元承担施事的题元角色，基础生成于外论元的位置。

（1）De vaas hebbe gevallen.（非宾格动词）

The vase is fallen.

The vase fell.

Susan hebbe gelachen.（非作格动词）

Susan has laughed.

Susan laughed.

其次，如例（2）所示，在英语中，非宾格动词"fall"可以出现在表示结果的"fall open"这一谓语结构中，而非作格动词"shout"却不能跟表示结果的"hoarse"连用［津津村（Tsujimura），1994］。

（2）The bag fell open.（非宾格动词）

*[1]Dora shouted hoarse.（非作格动词）

再次，德语、法语和英语等语言中的非宾格动词可以转化为表示结果的修饰语，置于其论元之前，但非作格动词则无此用法［莱文等（Levin etc.），1995；波尔马特，1978；威廉斯（Williams），1981］，如例（3）中所举英语的语料。上述差异表明，英语中的非宾格动词表达短暂的状态，而非作格动词表达持续性的动作。因此，前者的论元为内论元，而后者的论元为外论元。

---

[1] *表示表达不合理。

（3）The recently arrived student.（非宾格动词）

*The slept student.（非作格动词）

从次，如例（4）所示，西班牙语中，非宾格动词加上名词词缀-dor后可以构成表示具体动作发出者的名词，但非宾格动词却无此用法［蒙特鲁尔（Montrul），2005］。上述差异也表明，非宾格动词的动作性弱，状态性强，非作格动词正好相反。因此，非宾格动词的论元被指派客体的题元角色，基础生成位置在内论元。非作格动词的论元被指派施事的题元角色，基础生成位置在外论元。

（4）*Mario es buen llegador.（非宾格动词）

*Mario is good arriver.

Mario is a good arriver.

Mario es muy hablador.（非作格动词）

*Mario is very talker.

Mario is a good talker.

最后，在希伯来语和英语等语言中，部分非宾格动词可以被用作及物性使役动词，此时位于内论元位置的宾语对应该使役动词用作非宾格动词时的主语，但非作格动词无此用法［莱茵哈特（Reinhart），2002；莱茵哈特和西洛尼（Siloni），2005］，英语语料举例参见例（5）。上述差异表明，非宾格动词结构中的主语实际上是位于内论元位置的宾语，句法生成过程中经历了额外的句法移位。

（5）The vase broke.（非宾格动词）

Her brother broke the vase.

The girl cried.（非作格动词）

*Her brother cried the girl.

（二）国外学界非宾格动词句法-语义映射机制的实证研究

启动（priming）实验范式认为，加工机制相似的结构或相关的事物之间具有启动效应。理论和实证研究则表明，主动句为基础生成结构，被动句为派生结构，其受事论元在句法加工的过程中经历了由深层宾语至表层主语的移位（封世文等，2015）。金（Kim，2006）借助句法启动（structural priming）

实验发现，在被试言语产出的过程中，隐性非宾格动词结构对被动结构具有显著的启动效应，对主动结构则无显著启动效应。金（2006）指出，上述实验结果表明，隐性非宾格动词结构与被动结构具有相似的句法表征和加工过程，与主动结构具有不同的句法表征和加工过程。同时，大量实验研究表明，被动结构与主动结构相比，在句法加工的过程中经历了句法移位。金（2006）最终指出，隐性宾格动词结构在句法加工的过程中很可能和被动句结构一样，经历了句法移位。因此，非宾格动词的论元和被动动词的一样，是基础生成于动词之后的内论元，非作格动词的论元则是基础生成于动词之前的外论元，不及物动词语义–句法映射机制层面存在二分。

谢特里特（Shetreet）等人（2010）借助fMRI等技术手段，通过听觉刺激任务，让被试判断所听到句子（包括隐性非宾格动词结构、非作格动词结构和及物动词结构三种句子）的内容是否发生在家中并作出按键反应。实验结果表明，与非作格动词结构和及物动词结构相比，被试在加工隐性非宾格动词结构时，左侧额下回（IFG）与左侧颞中回（MTG）后部出现明显激活，被试在加工非作格动词结构和及物动词结构时，脑区激活情况无显著性差异。谢特里特等人（2010）指出，根据前人的相关研究，左侧额下回的激活与句法移位有关。因此，与非作格动词结构相比，隐性非宾格动词结构在加工的过程中经历了额外的句法移位操作，即隐性非宾格动词结构是经过句法移位生成的，而非作格动词结构是基础生成的，非宾格动词的论元是内论元，而非作格动词的论元是外论元。同时，谢特里特等人（2010）指出，既然实验结果证实隐性非宾格动词结构与非作格动词结构相比，经历了额外的句法移位操作，所以不及物动词语义–句法映射机制层面存在二分。

谢特里特等人（2012）采用同2010年相似的实验设计，分别考察了被试在加工隐性非宾格动词结构、非作格动词结构和反身动词（reflexive verbs）结构时的脑区激活情况。实验结果表明，与反身动词结构相比，隐性非宾格动词结构在左侧额下回和左侧颞中回区域出现了显著激活，这与谢特里特（2010）将隐性非宾格动词结构脑区加工情况与非作格动词结构脑区加工情况比较时所得实验结果相同。谢特里特等人（2012）认为，上述实验结果在表明反身动词结构是基础生成的同时，也再一次说明，与非作格动词结构相比，隐性非宾格动词结构是经过句法移位得到的派生结构，非宾格动词的论元是内论元，而非作格动词的论元是外论元，表明不及物动词语义–句法映射机制层面存在二分。

阿格纽（Agnew）等人（2014）则采用同谢特里特等人（2010、2012）相似的实验设计，分别考察了被试在加工隐性非宾格动词结构、非作格动词结构和及物动词结构时的脑区激活情况。实验结果表明，隐性非宾格动词结构的脑区激活情况与及物动词结构很相似，与非作格动词结构相比在左侧额下回出现显著激活。阿格纽（2014）等人认为，隐性非宾格动词结构与非作格动词结构加工时脑区激活出现的差异，证实了谢特里特等人（2010、2012）的实验结论，即隐性非宾格动词结构是经过句法移位后生成的，而非作格动词结构是基础生成的，非宾格动词的论元是内论元，而非作格动词的论元是外论元。对于隐性非宾格动词结构与及物动词结构在加工时出现了相似的神经表征这一实验结果，阿格纽（2014）等人借助"题元角色传递理论"（Theta-role transmission Theory）作出了相应解释：隐性非宾格动词结构和及物动词句结构的动词都经历了两次题元角色的分派。对于及物动词而言，其要给外部论元和内部论元分别指派施事和受事的题元角色；对于非宾格动词而言，其虽然只给内部论元分配了一次客体题元角色，但这一题元角色在非宾格动词内部论元移位至外部论元的位置上后仍然存在，这相当于非宾格动词又给位于外部论元位置上的客体指派了一次题元角色。上述实验结果支持不及物动词语义–句法映射机制层面存在二分。

梅尔策·阿尔舍（Meltzer-Asscher）等人（2015）通过词汇判断任务，分析和比较了被试在加工单个非宾格动词、非作格动词和及物动词时的脑区激活情况。实验结果表明，与非作格动词和及物动词相比，被试在加工零语境下非宾格动词时，反应时较长，同时在左侧额下回出现了显著激活。结合谢特里特等人（2010、2012）的研究成果，梅尔策·阿尔舍等人（2015）认为，上述差异说明，零语境下的非宾格动词与非作格动词和及物动词相比，含有句法移位和论元的非典型投射等更为复杂的论元结构信息，表明非宾格动词的论元是内论元，而非作格动词的论元是外论元。此外，梅尔策·阿尔舍等人（2015）指出，虽然实验考察的是零语境下的单个动词，但由于动词前均带有功能词to， to与对应的动词构成了一个含有零语音形式主语的小句，这个零语音形式的主语很可能发生了句法移位，这也表明不及物动词语义-句法映射机制层面存在二分。

第二节　现代汉语不及物动词语义-句法映射机制理论研究

动词次范畴的划分是理论语言学、神经语言学和心理语言学领域的焦点议题之一。其中，针对不及物动词次范畴划分提出的非宾格假说，在对众多跨语言疑难现象的认识和解释上发挥了巨大作用，不仅具有极高的经验价值，而且具有重要的理论意义（韩景泉，2020）。因此，该假说在国内学界引起了广泛关注。图6-7的统计结果显示，2001年至2020年这二十年间，我国影响力较大的数据库中国知网（China national knowledge infrastructure，CNKI），每年都收录了主题为"非宾格"的学术论文，且在2016年至2020年的5年间，中国知网收录的与非宾格假说相关的论文的数量，年均值在15篇以上（搜索日期为2020年11月23日）。同时，表6-1表明，在2001年至2020年这20年间，研究非宾格假说的文章一直见诸《中国语文》《外语教学与研究》《当代语言学》《现代外语》以及《语言科学》等影响力较大的国内语言学专业期刊上（检索时间同样为2020年11月23日）。下面对非宾格假说视域下的汉语本体研究作一系统回顾。

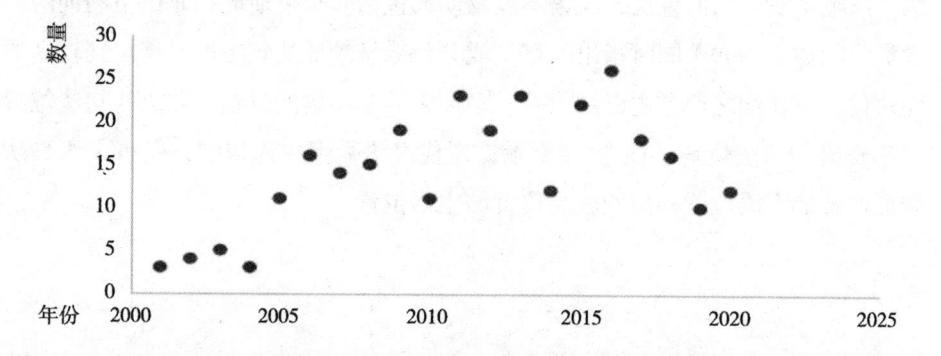

图6-7　2000—2020年间中国知网主题为"非宾格"的论文分布图

表6-1　2001—2020年国内重要语言学期刊刊发主题为"非宾格"的论文一览表

期刊名称	刊发论文数量
《现代外语》	17
《外语教学与研究》	11
《当代语言学》	8
《外语教学》	8
《解放军外国语学院学报》	7
《中国语文》	6
《外语与外语教学》	6
《语言研究集刊》	5
《外语研究》	4
《语言科学》	4

有关非宾格假说的汉语本体研究，探讨的最多以及最核心的议题是现代汉语不及物动词在语义–句法映射机制层面有无二分。

徐杰（1999）相对系统地分析了现代汉语不及物动词语义–句法层面映射机制存在二分。其认为，汉语中的"学生走了"和"病人咳嗽了"等句子虽然表层句法结构相同，但深层结构各异。"学生走了"（隐性非宾格结构）有对应的"走了学生"（显性非宾格结构）的说法，而"病人咳嗽了"却没有对应的"咳嗽了病人"的说法，汉语不及物动词包括非宾格动词和非作格动词两个次类。徐杰（1999）同时指出，移位成分只能从较低的句法位置移位到较高的句法位置。动词之前是主语的位置，动词之后是宾语的位置。主语的句法位置高于宾语的句法位置。如图6-8所示，现代汉语受事主语句中，受事主语是从较低位置的宾语位置移位到较高位置的主语位置。

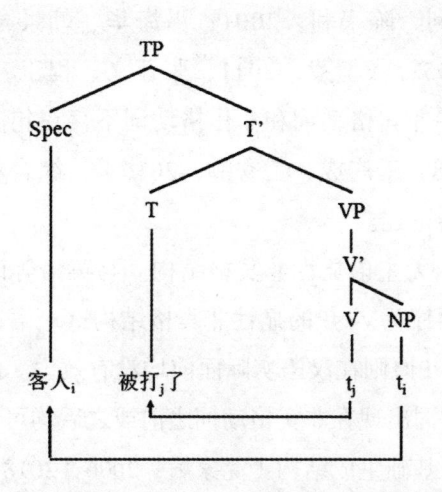

图6-8 现代汉语受事主语句主语移位过程示意图

因此，如图6-9所示，对于现代汉语非宾格动词的论元来讲，只可能从动词之后宾语的位置移位至动词之前主语的位置，而不可能从主语位置移位至宾语位置（见图6-10）。因此，现代汉语隐性非宾格动词结构是经历了句法移位的派生结构。与此同时，现代汉语非作格动词结构是基础生成结构。因此，现代汉语不及物动词在语义–句法映射机制层面存在二分。

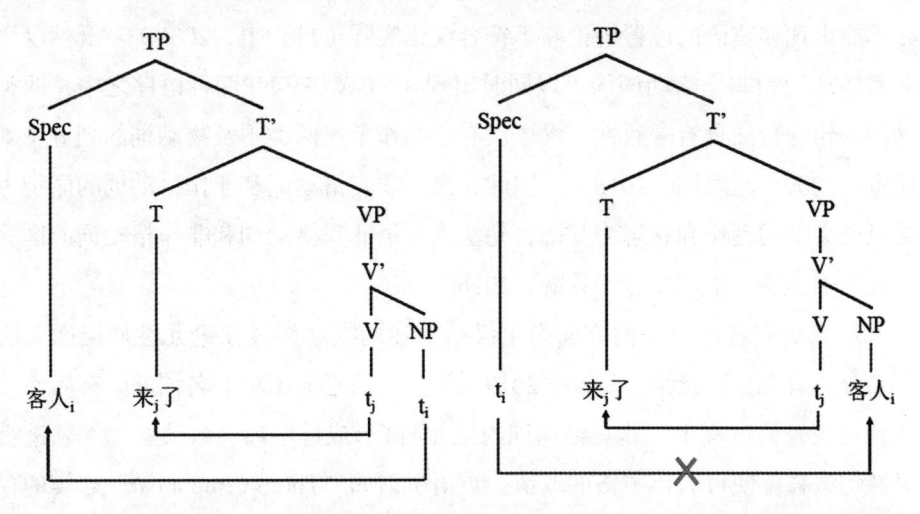

图6-9 徐杰（1999）认为合理的移位过程　　图6-10 徐杰（1999）认为不合理的移位过程

徐杰之后，部分研究者赞同现代汉语不及物动词在语义–句法层面存在非宾格动词和非作格动词的二分这一观点（安丰存，2007；董成如，2011；

顾阳，2007；温宾利、陈宗利，2001；潘海华、韩景泉，2005；杨素英，1999；朱行帆，2005；张孝荣，2011；张智义、程工，2018）。另一些研究者则主张，汉语中非宾格动词和非作格动词不存在句法的二分（刘探宙，2009；沈家煊，2018；王广成、王秀卿，2016）。综合看来，相关研究主要从以下两个视角进行论述。

其一，考察汉语无主语显性非宾格结构。与英语等语言不同，汉语中存在大量缺少主语、语序为V-NP的显性非宾格结构这一语言事实表明，非宾格假说、格鉴别式和EPP原则在汉语实际面前均没有效力。汉语名词和动词的组合方式相对灵活，名词出现在非宾格动词之前或之后均可，表明汉语中两种语序的非宾格结构都是基础生成结构（沈家煊，2006、2018）。此外，汉语中存在大量无主语显性非宾格结构这一语言事实表明，汉语主语和宾语在表层结构中的句法实现，不受题元角色选择和论元结构的制约，因而不需要得到相关动词赋予的结构格就可以完成，汉语非宾格动词和非作格动词不存在句法的二分（胡建华，2007）。

其二，分析非作格动词后带宾语结构。由非作格动词构成的汉语存现句表明，汉语非作格动词可以后带宾语。因此，非宾格假说关于非作格动词的论元不能出现在宾语的位置的论断不符合汉语实际（吕云生，2005）。既然汉语非宾格动词和非作格动词均可以同时出现在NP-V和V-NP两种语序之中，两类动词的句法特征具有一致性，汉语没有必要作上述两类不及物动词的划分（刘探宙，2009；沈家煊，2018）。因此，汉语非宾格动词和非作格动词的区别主要以语义上的动作和状态为基础，句法上汉语非宾格动词和非作格动词的区分具有不确定性（王广成、王秀卿，2016）。

后来研究者从正反两方面力主汉语上述两类动词存在论元性质层面句法的二分。首先，韩景泉（2016、2019）认为，格是词库中的名词的固有属性，在特征核查的过程中，非宾格动词内论元与T形成远距离一致关系，无须进行显性句法移位便可获得主格的取值。英语中诸如"There came a car"之类的存现句表明，由于已经获得了格位，当句首有成分充当主语时，非宾格动词的内论元保留在宾语的原生位置；"A car came"可以说而"Came a car"不能说的语料事实则表明，非宾格动词内论元移位的动因不是为了获得格，而是为了满足T的EPP特征。只不过汉语与英语相比，EPP特征比较弱。因此，非宾格动词论元移位的动因并非获得格，汉语无主语显性非宾格动词句的存在，与发展后的非宾格假说（乔姆斯基，1995）的规定性并不矛盾。汉语无主语显性非宾格结构是基础生成结构，隐性非宾格结构是派生结构。

再者，对于由非作格动词构成的汉语存现句，许歆媛、潘海华（2019）认为，非作格动词后带宾语结构是经历了句法移位的派生结构。该句式句法生成过程中，动词之后的名词经历了由左向右的移位操作。针对非作格动词后带宾语结构的情况，孙天琦、潘海华（2012）认为，虽然汉语非作格动词在一定条件下可以后带宾语，但与汉语非宾格动词直接后带宾语的情况存在显著差异：

其一，汉语中真正的表层非宾格动词结构（独立存在的V-NP结构，即无主语显性非宾格动词结构）不允许非作格动词的出现，因为隐性非宾格动词句可以独立使用，而非作格动词进入V-NP语序中不能单说，必须在其前面带上一个显性的话题成分才能单说；

其二，当汉语非宾格动词结构和非作格动词结构中的唯一论元是非数量形式且后置时，非宾格动词的论元既可以是对比焦点，也可以是信息焦点，但非作格动词的论元只能是对比焦点；

其三，汉语非宾格动词后带宾语（此时构成显性非宾格动词结构）可以允许隐性话题的存在，但汉语非作格动词后带宾语时必须提供显性话题。

上述三点差异则进一步表明，汉语非作格动词能够后带宾语，并不是非作格动词本身具有的词汇特征在句法上的表现，而是在具体语境中语用因素的影响使然。在此基础上，韩景泉（2016）指出，汉语非作格动词后带宾语结构是经过右向移位的派生结构，汉语显性非宾格动词结构则是基础生成结构。

第三节　现代汉语不及物动词语义-句法映射机制实证研究

从第二节相关内容可以看出，汉语不及物动词在语义-句法映射机制层面，是否存在非宾格动词和非作格动词论元性质的二分这一议题，在过去20余年的研究进程中一直存在争议。汉语本体研究理论分歧一直存在的一个很重要的原因是，相关研究者都只是提出了各自的理论主张，而较少有研究借助实验手段为相应理论设想提供实证参考(王鑫、封世文、杨亦鸣,2020)。语言理论的科学性体现在其对语言事实的解释力和可验证性上(杨洋、郑礼珊,2020)。心理语言学和神经语言学认为,语言加工过程的复杂与否与语言本身的复杂与否密切相关。对语言现象的分析,立足理论视角的同时,也应该参考语言加工的认知神经基础和机制。从实验科学的角度来看,围绕语言的研究所形成的各种理论,都还是一种假说,这些理论与人类大脑中的语言的实际情况是否相符,是需要神经科学和脑科学来验证的(杨亦鸣,2012)。在认识到语言能力在本质上是人脑的一种机能后,在进行理论分析的同时,需要将理论研究与实证研究结合起来,以探寻相应理论假设的证据支持。同时,神经语言学研究可以从实证角度为理论语言学的各种设想提供来自语言深层加工机制的证据(梁丹丹,2004)。因此,面对汉语不及物动词有无非宾格动词和非作格动词句法的二分这一理论分歧时,后续研究应该注重引入神经语言学的研究手段,为考察各种与非宾格假说相关的理论设想的正误与否,提供系统的证据支持(王鑫、封世文、杨亦鸣,2020)。有鉴于此,本节借助功能性核磁共振成像技术手段,考察汉语隐性非宾格动词结构和非作格动词结构加工的神经机制。通过比较上述两种结构加工神经机制的异同,比较汉语非宾格动词和非作格动词论元性质的异同,最终为分析现代汉语非宾格动词和非作格动词在语义–句法映射机制层面是否存在句法的二分这一汉语学界长期存在的理论分歧,提供来自语言加工神经机制的实证参考。

一、被试情况

实验招募了16名以汉语为母语的在校大学生或研究生。其中,男性被试8名,女性被试8名,被试年龄在20~26周岁。所有被试均通过爱丁堡利手测试,被确定均为右利手,视力正常或矫正后正常,均无脑外伤和神经系统病史或遗传病史。所有被试均为自愿参加本次实验,实验前签署知情同意书与实验协议,填写相关信息。实验前告知被试fMRI实验室注意事项,并对其进行磁共振实验的相关培训。实验结束后给予被试适当的报酬。

二、实验材料

需要稍作说明的是，为了使后期的比较和分析更加直观，在探讨隐性非宾格动词结构和非作格动词结构加工神经机制之间的异同时，还需要引入另外一种加工机制已知的结构作为中间比较项。因此，已有的fMRI实验研究，在直接比较上述两种结构加工脑区激活情况的同时，会引入另外一种加工机制已知的结构，将其与有待考察的其他两种结构分别作比较。比如，在谢特里特等人（2010）的研究中，作者既直接比较了隐性非宾格动词结构与非作格动词结构加工时的脑区激活情况，同时又引入及物动词结构这一已知的基础生成结构，分别与有待考察的其他两种结构进行比较。受到上述语料设计思路的启发，本实验引入了汉语受事主语结构（如"学生被打了"）作为第三种结构，分别与有待考察的汉语隐性非宾格动词结构和非作格动词结构作比较。汉语受事主语结构理论上被认为是一种经历了由内论元位置到外论元位置的派生结构（杨大然、程工，2018），相关的实验研究也证实了上述理论设想（刘涛、杨亦鸣，2016；封世文等人，2015）。

本实验的目的是通过比较句法生成的过程中，汉语隐性非宾格动词结构与非作格动词结构有无涉及额外的句法移位操作，从而分析汉语非宾格动词和非作格动词的论元性质在句法层面有无二分。因此，引入汉语受事主语结构这一理论和实证研究都确定了的句法移位结构作为第三种结构，与上述有待考察的两种结构分别比较，有其可行性。此外，为了防止被试只根据名词生命性做判断，本实验引入了现代汉语形容词谓语句这一填充语料，其语表形式为双音节名词+全+单音节形容词+了。

由此，实验语料主要包括以下三种：汉语隐性非宾格动词结构、非作格动词结构以及受事主语结构。其中，受事主语结构由及物动词构成。动词选择标准如下：能够自由进入NP-V和V-NP两种语序的不及物动词为非宾格动词，只能够进入NP-V这一种语序的不及物动词为非作格动词。与此同时，不及物动词不能进入"被"字句和"把"字句。及物动词是能够进入"被"字句和"把"字句的动词。构成上述三种结构的动词各8个，每个动词使用6次，分别出现在6个不同的表达之中（包括4个语义合理的表达和2个语义不合理的表达）。这样，本实验涉及的三种语言结构每种各48个。蔡清和布里斯贝特（Cai & Brysbaert，2010）基于一个33 500万字的电影字幕语料库，根据logW-CD（log10 Word frequencies-Contextual Diversity）算法尽可能详尽地统计了汉语词词频分布情况（http：//expsy.ugent.be/subtlex-ch）。基于上述统计结果，单因素方差分析表明，三类动词的词频 [$F(2,21)=2.83$，$p=0.82$] 不存在显著性差异。实验涉及的三种动词词频的具体情况见表6-2和图6-11。

表6-2　三类动词的词频统计情况表

动词类型	词频
非宾格动词	3.38 ± 0.46
非作格动词	3.23 ± 0.36
及物动词	3.30 ± 0.52

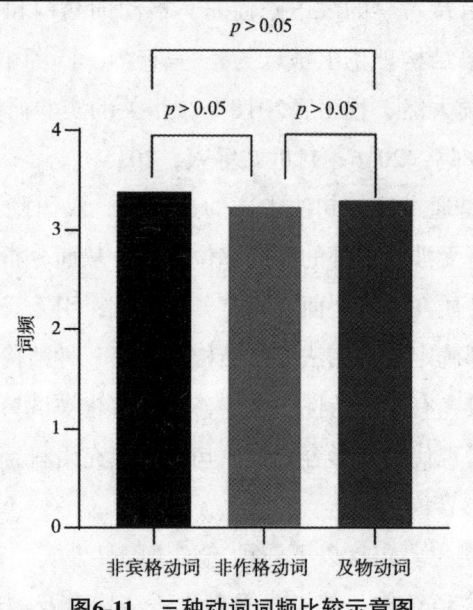

图6-11　三种动词词频比较示意图

每种结构中，语义合理的，论元为有生命名词；语义不合理的，论元为无生命名词。三种结构中，汉语隐性非宾格动词结构的语表形式均为双音节名词+全+单音节非宾格动词+了，汉语非作格动词结构的语表形式为双音节名词+全+单音节非作格动词+了，汉语受事主语结构的语表形式为双音节名词+被+单音节及物动词+了。为了避免结构长度对实验结果造成影响，本实验保持了三种结构长度的一致性。语料举例如表6-3所示。

表6-3 语料概况表

结构类型	语义合理性	语料举例
隐性非宾格动词结构	合理	客人全来了。
	不合理	宇宙全来了。
非作格动词结构	合理	孩子全哭了。
	不合理	椅子全哭了。
受事主语结构	合理	学生被打了。
	不合理	月亮被打了。
填充语料	合理	枫叶全红了。
	不合理	学校全红了。

实验前,对三类结构中语义合理的和语义不合理的句子作了可接受度统计。依据5度量表("5"为完全可以接受,"4"为比较能接受,"3"为不确定,"2"为比较不能接受,"1"为完全不能接受),50名不参与正式实验的在校大学生或研究生对实验中三种结构的合理性作了打分评估。单因素方差分析结果表明,语义合理的结构中,汉语隐性非宾格动词结构、非作格动词结构以及受事主语结构之间不存在显著性差异 $[F(2,89)=1.25, p=0.29]$。语义不合理的结构中,汉语隐性非宾格动词结构、非作格动词结构以及受事主语结构之间也不存在显著性差异 $[F(2,89)=1.55, p=0.22]$。语义合理和不合理的结构的可接受度情况如表6-4和图6-12所示。除了三类语言刺激材料之外,实验还包含基线任务,在该任务状态下,被试根据看到的箭头方向做出按键反应。

表6-4 三类结构的可接受度统计表

句子类型	可接受度
语义合理的隐性非宾格动词结构	4.35 ± 0.19
语义合理的非作格动词结构	4.34 ± 0.14
语义合理的受事主语结构	4.35 ± 0.12
语义不合理的隐性非宾格动词结构	1.13 ± 0.08
语义不合理的非作格动词结构	1.12 ± 0.09
语义不合理的受事主语结构	1.14 ± 0.09

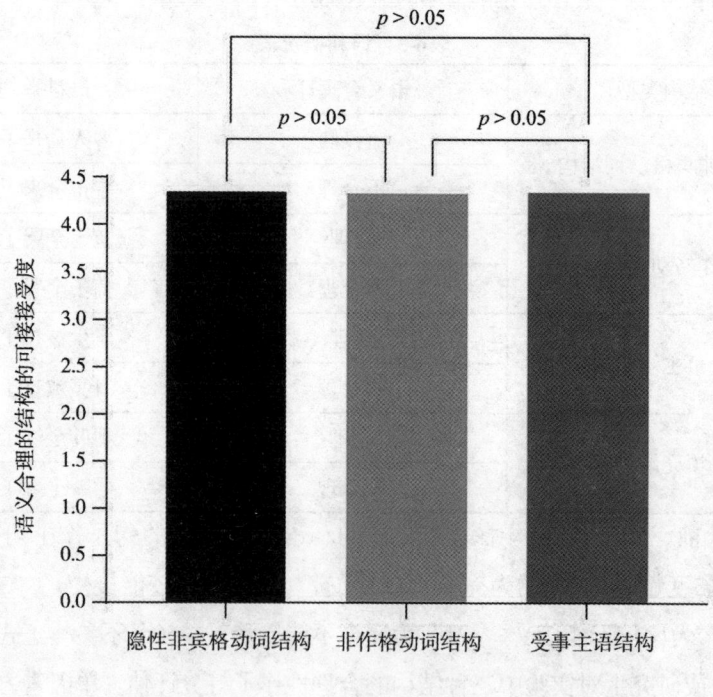

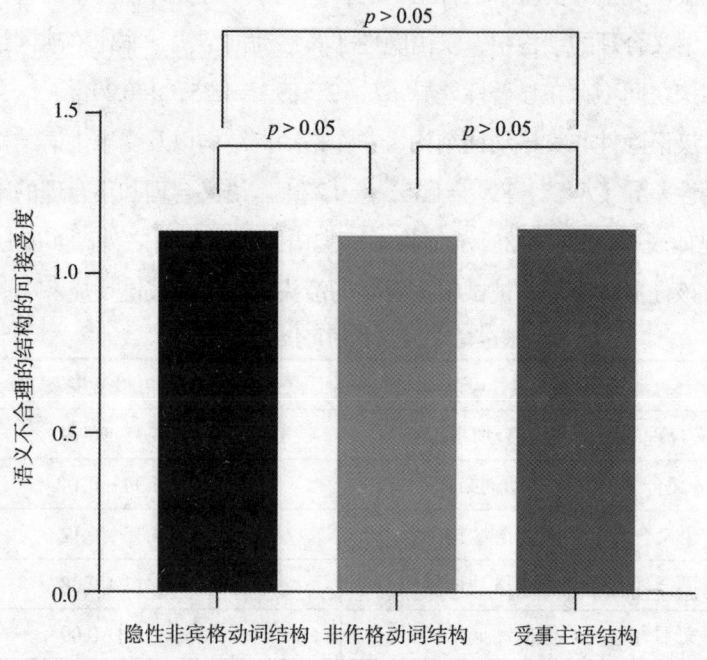

图6-12 三类结构可接受度比较统计示意图

三、实验程序

本实验通过视觉通道进行刺激。实验采用组块设计,以语义合理性判断为实验任务。每种类型的结构各48个,语义合理的结构32个,语义不合理的结构16个,整个实验共计192个结构。每一种结构类型有4个组块,每一个组块有12个刺激。每个组块中的刺激8个为语义合理结构,4个为语义不合理结构。实验进行2个run,每个run 包含9个组块的扫描。如图6-13所示,4个组块按照拉丁方顺序为随机呈现。

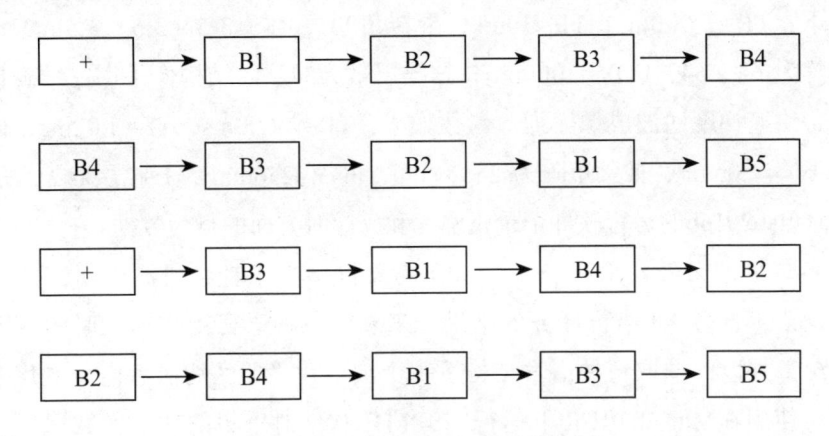

+ → B1 → B2 → B3 → B4

B4 → B3 → B2 → B1 → B5

+ → B3 → B1 → B4 → B2

B2 → B4 → B1 → B3 → B5

图6-13 结构类型组块排列示意图

每个组块内的刺激随机呈现。每一个组块时长36s,组块之间的间歇20s,加上实验开始和结束阶段的各20s静息,一个run的总时长为8min44s。实验任务结束后进行3D像扫描,时长5min,每位被试的实验时间总共22min28s。实验刺激呈现步骤如图6-14所示。

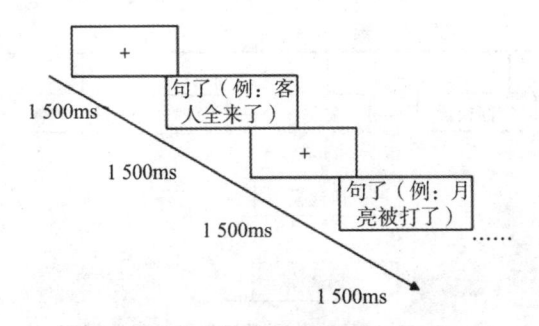

1 500ms +
1 500ms 句了(例:客人全来了)
1 500ms +
1 500ms 句了(例:月亮被打了)……

图6-14 实验刺激呈现步骤示意图

实验任务方面,被试在看到语言刺激任务后进行语义合理性判断,并做出按键反应。语义合理的按左键,不合理的按右键。实验的控制任务是首先在屏幕上显示两个带方向的箭头,要求被试在看到箭头后对其方向一致性进行判断。箭头方向一致按左键,箭头方向不一致按右键。

四、实验数据采集和处理

借助江苏师范大学江苏省语言与认知神经科学重点实验室的MR750 3.0T磁共振成像仪采集脑成像数据,功能像采用平面回波成像梯度回波序列。参数如下:TR=2 000ms,TE=30ms,翻转角90°,体素$3.5 \times 3.5 \times 3.5mm^3$,像素矩阵为$64 \times 64$,FOV=200mm²,扫描层数为34层。结构像采用三维磁化强度预备快速梯度回波成像序列。参数如下:TR=2 600ms,TE=3.02ms,体素$1.0 \times 1.0 \times 1.0mm^3$,像素矩阵为$256 \times 256$,FOV=256mm²,扫描层数为32层。借助Matlab2016b的运行软件记录正确率和反应时方面的行为数据。

参照封世文等人(2015、2020)考察汉语加工神经机制的研究,本实验借助语言任务>非语言任务的结果,来观察三种语言结构加工时的脑区激活情况,并以此抽取每种语言结构下每个被试在兴趣区的血氧信号变化率的数值。使用在Matlab2016b下运行的SPM12软件对采集的功能像数据进行处理。处理流程如图6-15所示,具体包括原始数据转换、预处理、一阶建模和二阶建模。预处理又分为时间校正、空间校正、配准、分割、平滑和标准化各个环节。

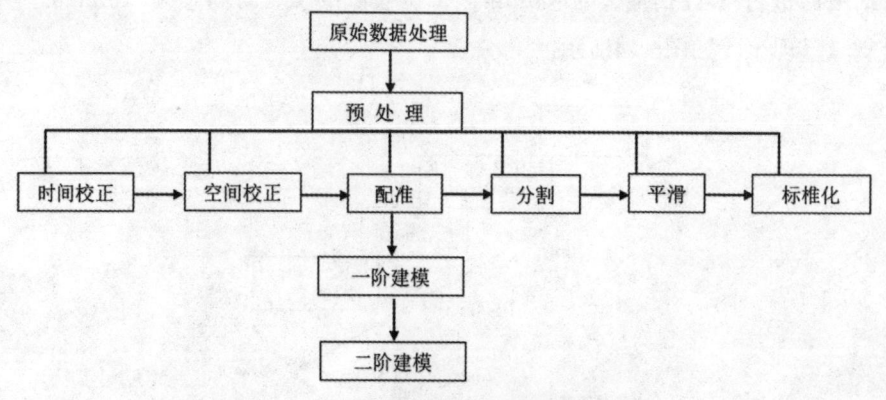

图6-15 功能性磁共振成像数据处理流程图

对于行为数据的处理，则是借助SPSS统计工具，对现代汉语隐性非宾格动词结构、非作格动词结构和受事主语结构三种结构的正确率和反应时作单因素方差分析。为了有效考察汉语隐性非宾格动词结构是否是经历了句法移位的派生结构，以此分析汉语非宾格动词的论元是内论元还是外论元这一理论争议，实验在全脑分析之后作了兴趣区分析。为了比较现代汉语隐性非宾格动词结构、非作格动词结构和受事主语结构三种结构两两之间加工神经机制的异同，使用SPSS软件对三种结构在兴趣区处的血氧信号变化率进行两两之间的配对样本t检验。兴趣区的选定参考谢特里特等人（2010）的做法，选取考察的三种条件中，每两种条件相互比较情况下的交集脑区。具体到当前实验，兴趣区选取以下情况下的交集脑区：其一，"现代汉语隐性非宾格动词结构–非作格动词结构"条件下与"现代汉语受事主语结构–非作格动词结构"条件下激活脑区的交集脑区；其二，"现代汉语受事主语结构–汉语隐性非宾格动词结构"条件下与"现代汉语受事主语结构–非作格动词结构"条件下激活脑区的交集脑区。

五、实验结果

下面依次呈现行为数据的结果和功能性磁共振成像实验的结果。

（一）行为数据的结果

行为结果方面，单因素方差分析结果表明，被试加工汉语隐性非宾格动词结构、非作格动词结构和受事主语结构的反应时不存在显著性差异［$F(2, 74)=1.43, p=0.25$］，被试加工上述三种结构的正确率也不存在显著性差异［$F(2, 74)=0.71, p=0.50$］。三种结构的反应时和正确率的基本情况见表6-5和图6-16。

表6-5　三种结构反应时和正确率统计表

结构类型	反应时（ms）	正确率
隐性非宾格动词结构	1 012.54 ± 110.25	94.66% ± 4.2%
非作格动词结构	1 001.45 ± 109.60	94.01% ± 4.3%
受事主语结构	1 011.90 ± 108.57	94.66% ± 3.6%

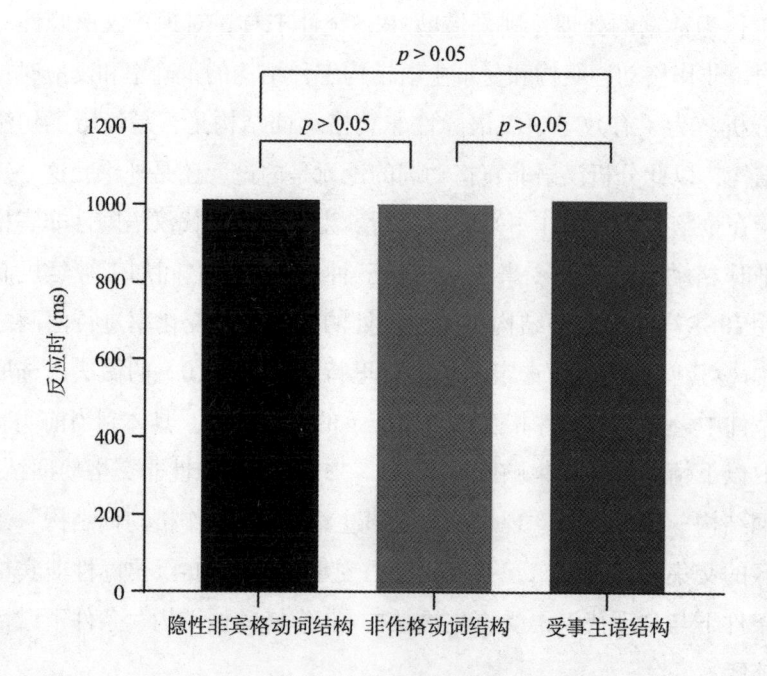

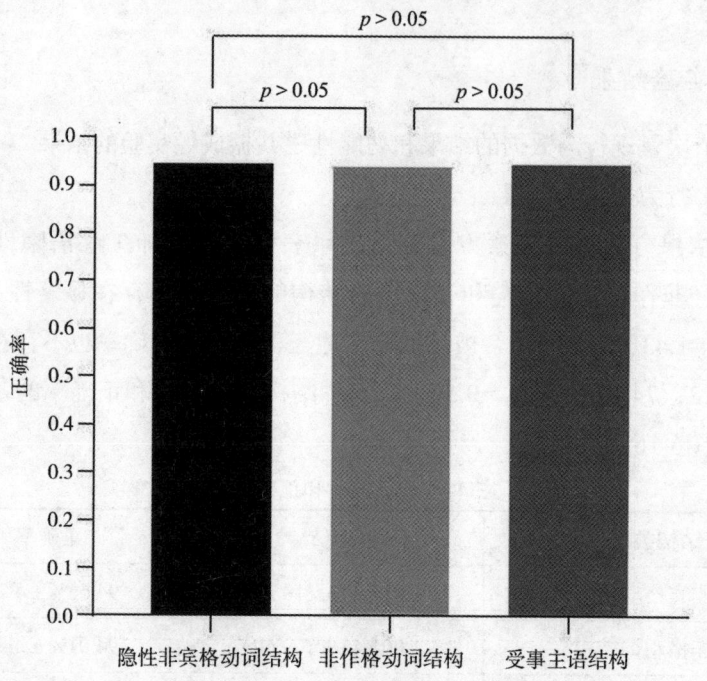

图6-16 三种结构反应时和正确率比较统计示意图

（二）功能性磁共振成像实验结果

下面从全脑水平和兴趣区两个方面呈现功能性磁共振成像实验结果。

1. 全脑水平的实验结果

（1）隐性非宾格动词结构与非语言控制任务的比较结果

如表6-6和图6-17所示，全脑水平上，现代汉语隐性非宾格动词结构与非语言控制任务相比，在左脑枕叶、左脑梭状回、左脑额下回、左脑额中回、左脑颞中回、左脑内侧额中回、左脑顶下叶、左侧小脑后部、右脑舌回、右脑梭状回、右脑枕叶、右脑额下回以及右侧小脑后部等功能脑区引发了显著强激活。

表6-6 现代汉语隐性非宾格动词结构-控制任务脑区激活情况一览表

脑区	x	y	z	T	p_{-fwe}	Voxels
左脑枕叶（Visual Assoc 18）	−23	−93	−7	15.37	0.000	269
左脑梭状回（Fusiform 37）	−42	−60	−21	8.19	0.000	
左脑额下回（BA44）	−46	9	25	10.58	0.000	301
左脑额中回（BA8）	−53	16	35	9.79	0.000	
左脑颞中回（BA39）	−57	−48	11	7.18	0.007	23
左脑内侧额中回（BA32）	−8	8	53	9.84	0.000	
左脑顶下叶（BA7）	−27	−56	42	9.60	0.000	54
左侧小脑后部	−5	−71	28	7.06	0.000	121
右脑舌回（Visual Assoc 18）	26	−90	−7	10.02	0.001	139
右脑梭状回（Fusiform 37）	44	−60	−21	6.65	0.000	
右脑枕叶（BA19）	41	−67	−1	6.37	0.000	
右脑额下回（BA9）	52	16	32	8.54	0.000	48
右侧小脑后部	7	−75	−28	7.30	0.000	121

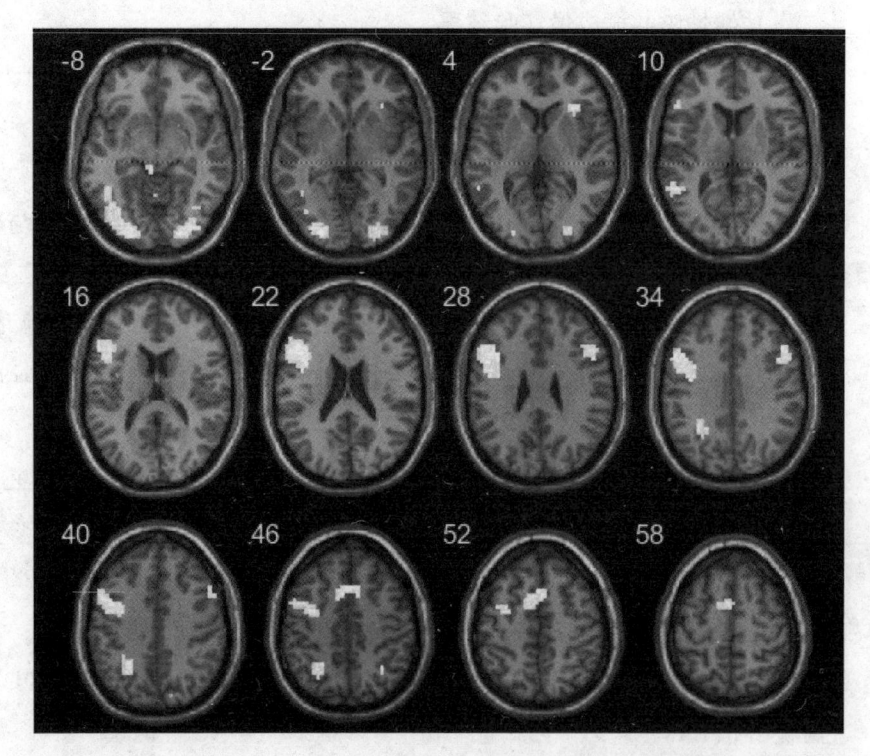

图6-17　现代汉语隐性非宾格动词结构–控制任务脑区激活

（2）非作格动词结构与非语言控制任务的比较结果

如表6-7和图6-18所示，全脑水平上，现代汉语非作格动词结构与非语言控制任务相比，在左脑枕叶、左脑颞下回、左脑中央前回、左脑额下回、左脑额中回、左脑内侧额中回、左脑顶下叶、左脑颞中回、左侧小脑后部、右脑枕叶、右脑额下回以及右侧小脑后部等功能脑区引发了显著强激活。

表6-7　现代汉语非作格动词结构–控制任务脑区激活情况一览表

脑区	x	y	z	T	p_{-fwe}	Voxels
左脑枕叶（Visual Assoc 18）	−23	−90	−7	10.96	0.000	301
左脑颞下回	−46	−60	−11	9.69	0.000	
左脑中央前回（BA6）	−46	4	32	9.64	0.000	299
左脑额下回（BA44）	−46	23	25	8.56	0.000	
左脑额中回	−35	1	42	8.25	0.000	
左脑内侧额中回（BA6）	−8	4	56	9.10	0.000	81

续表

脑区	x	y	z	T	p_{-fwe}	Voxels
左脑顶下叶（BA7）	−27	−56	42	8.94	0.001	37
左脑颞中回（BA22）	−53	−48	11	7.40	0.002	31
左侧小脑后部	−8	−75	−28	11.08	0.000	84
右脑枕叶（Visual Assoc 18）	29	−90	−7	10.46	0.000	146
右脑额下回（BA44）	52	16	32	6.91	0.001	43
右侧小脑后部	7	−75	−28	9.18	0.000	84

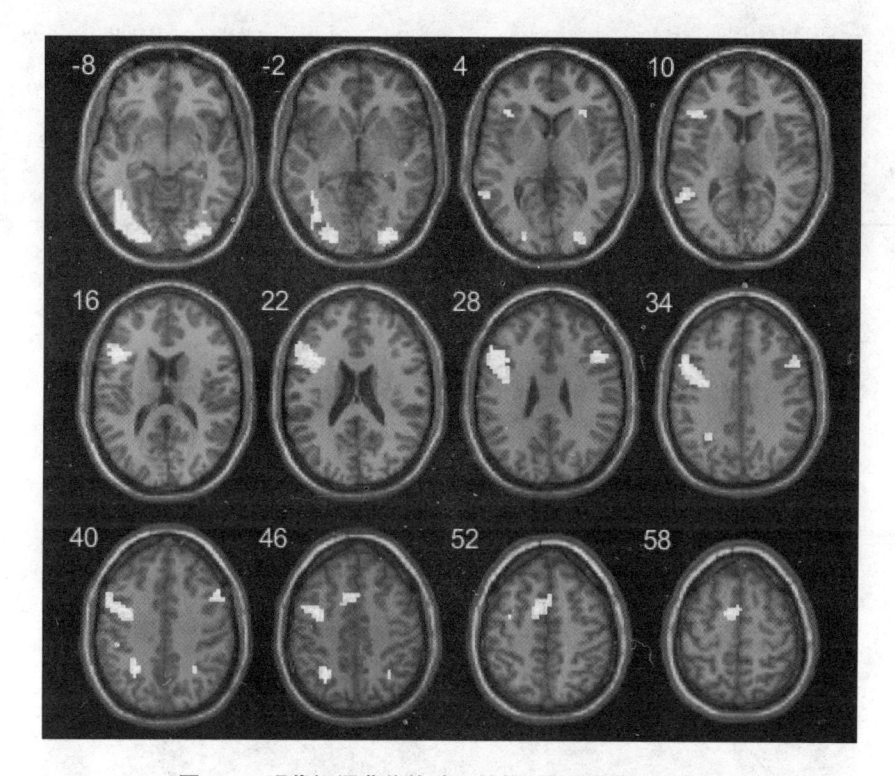

图6-18 现代汉语非作格动词结构–控制任务脑区激活

（3）受事主语结构与非语言控制任务的比较结果

如表6-8和图6-19所示，全脑水平上，现代汉语受事主语结构与非语言控制任务相比，在左脑小脑后部、左脑枕叶、左脑中央前回、左脑额下回、左脑顶下叶、左脑内侧额中回、右脑枕叶、右脑额下回以及右侧小脑后部等功能脑区引发了显著强激活。

表6-8　现代汉语受事主语结构–控制任务脑区激活情况一览表

脑区	x	y	z	T	p_{-fwe}	Voxels
左侧小脑后部	−5	−56	−18	12.85	0.000	632
左脑枕叶（Visual Assoc 18）	−27	−90	−11	11.89	0.000	
左脑中央前回（BA9/6）	−53	12	35	11.04	0.000	306
左脑额下回（BA44）	−42	19	18	9.25	0.000	
左脑顶下叶（BA7）	−27	−56	42	10.92	0.001	42
左脑内侧额中回（BA6）	−5	8	53	9.06	0.000	139
右脑枕叶（Visual Assoc 18）	29	−90	−7	9.65	0.000	90
右脑额下回（BA44）	52	16	35	6.72	0.009	22
右侧小脑后部	33	−48	−28	6.51	0.000	68

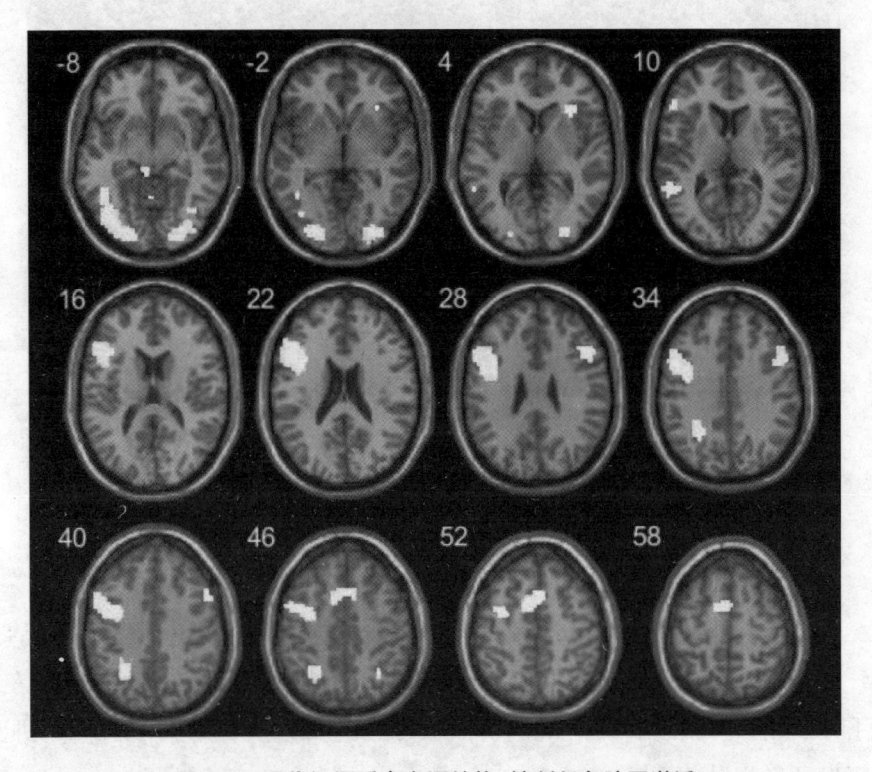

图6-19　现代汉语受事主语结构–控制任务脑区激活

2.兴趣区分析结果

兴趣区的设定与实验预期密切相关。实验的预期如下。其一，如果现代汉语不及物动词在语义-句法映射机制层面存在二分，那么汉语隐性非宾格动词结构与汉语受事主语结构一样，是经历由内论元到主语句法移位的派生结构。汉语非作格动词结构则是直接映射得到的基础生成结构。此种情况下，与汉语非作格动词结构相比，汉语隐性非宾格动词结构和受事主语结构加工时可能在句法移位相关的功能脑区处出现更强的激活，这两种结构比较时则可能不存在显著性差异，此时的兴趣区可确定为"现代汉语隐性非宾格动词结构-非作格动词结构"条件下与"现代汉语受事主语结构-非作格动词结构"条件下激活脑区的交集脑区。"现代汉语受事主语结构-汉语隐性非宾格动词结构"条件下与"现代汉语受事主语结构-非作格动词结构"条件下激活脑区的交集脑区为空。其二，如果汉语不及物动词在语义-句法映射机制层面不存在二分，那么汉语隐性非宾格动词结构和非作格动词结构均是基础生成结构。此种情况下，与其他两种结构相比，汉语受事主语结构加工时可能在句法移位相关的功能脑区处出现更强的激活，汉语隐性非宾格动词结构和非作格动词结构之间可能不存在显著性差异。此时的兴趣区可确定为"现代汉语受事主语结构-汉语隐性非宾格动词结构"条件下与"现代汉语受事主语结构-非作格动词结构"条件下激活脑区的交集脑区。"现代汉语隐性非宾格动词结构-非作格动词结构"条件下与"现代汉语受事主语结构-非作格动词结构"条件下激活脑区的交集脑区为空。如表6-9和图6-20所示，对"现代汉语受事主语结构-汉语隐性非宾格动词结构"条件下激活脑区与"现代汉语受事主语结构-非作格动词结构"条件下激活脑区取交集，得到左脑颞上回后部和左脑额中回两个兴趣区。

表6-9 兴趣区激活情况一览表

脑区	x	y	z	T	p_{-fwe}	Voxels
左脑额中回（BA9）	−31	34	42	5.34	0.025	74
左脑额中回	−23	8	60	4.66	0.025	
左脑颞上回	−50	−33	7	4.82	0.027	68

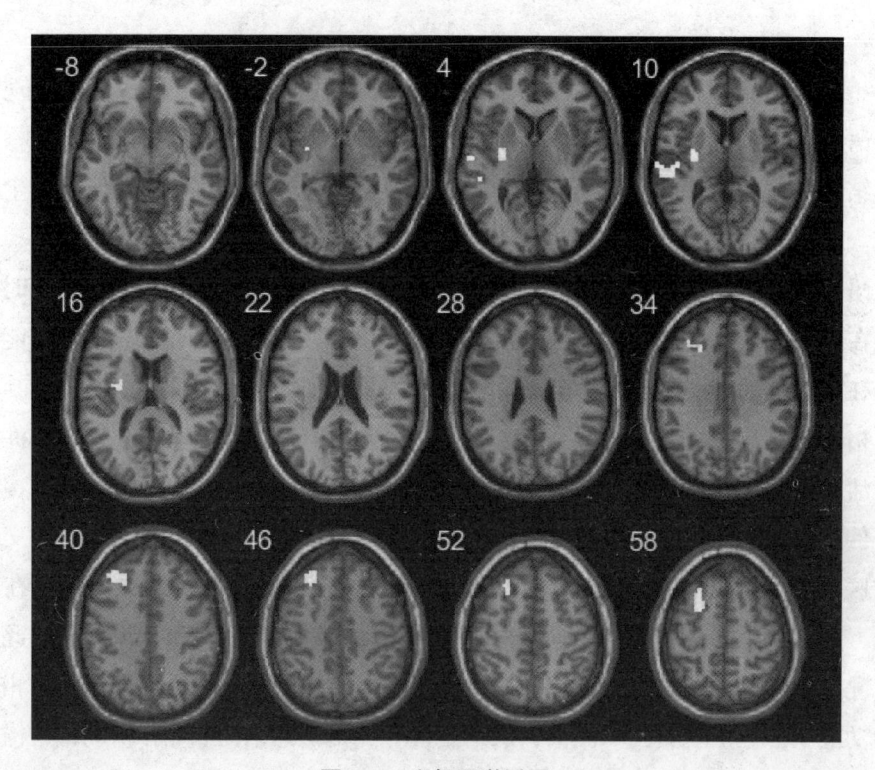

图6-20 兴趣区激活图

三种语言结构在兴趣区的平均血氧信号变化率如图6-21所示。两幅图中的横坐标呈现的是三种不同语言结构。其中,"1"代表现代汉语隐性非宾格动词结构,"2"代表现代汉语非作格动词结构,"3"代表现代汉语受事主语结构。两幅图中的纵坐标呈现的是血氧信号变化率的平均值。配对样本t检验分析结果表明,在兴趣区左脑颞上回处,现代汉语受事主语结构与隐性非宾格动词结构之间存在显著性差异,$t(15)=2.70$,$p<0.05$;现代汉语受事主语结构与非作格动词结构之间也存在显著性差异,$t(15)=2.51$,$p<0.05$;现代汉语隐性非宾格动词结构与非作格动词结构之间无显著性差异,$t(15)=0.43$,$p=0.67$。在兴趣区左脑额中回处,现代汉语受事主语结构与隐性非宾格动词结构之间存在显著性差异,$t(15)=2.99$,$p<0.01$;现代汉语受事主语结构与非作格动词结构之间也存在显著性差异,$t(15)=2.684$,$p<0.05$;现代汉语隐性非宾格动词结构与非作格动词结构之间无显著性差异,$t(15)=0.29$,$p=0.78$。

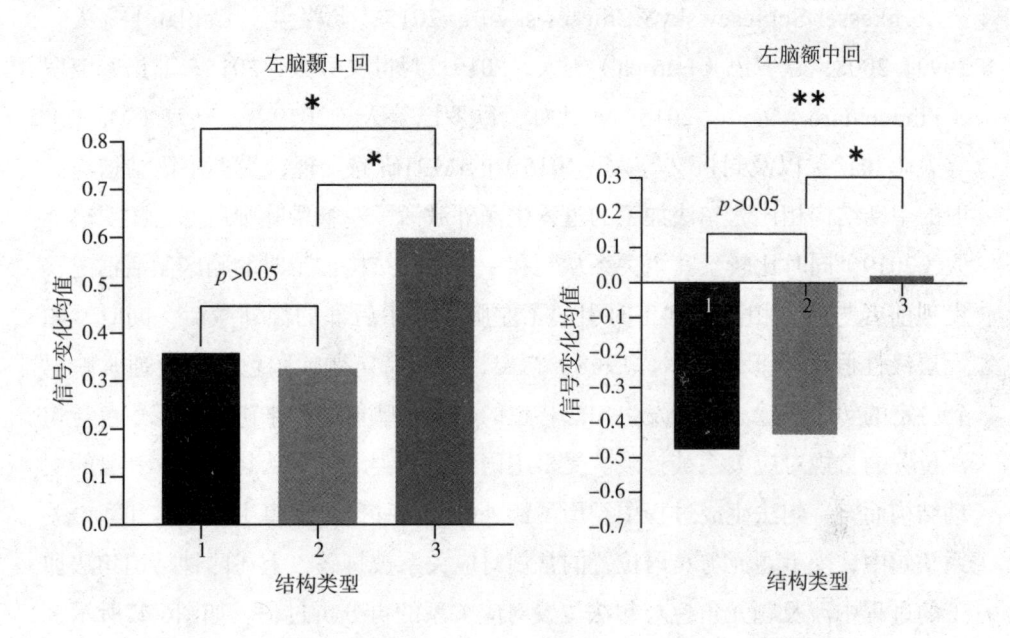

图6-21 三种语言结构在两个兴趣区的血氧信号变化率均值示意图

（**=条件之间差异极显著，$p<0.01$；*=条件之间差异显著，$p<0.05$；）

六、实验讨论

实验主要目的是，通过观察汉语隐性非宾格动词结构与非作格动词结构在句法加工的过程中是否涉及由内论元到主语的句法移位，进一步比较汉语不及物动词语义-句法映射机制的异同，最终为分析汉语不及物动词论元句法层面是否存在二分这一理论分歧提供实证参考。为了提高结论的信度，实验同时引入了汉语受事主语结构。该结构中的受事论元，已经被证实经历了由内论元到主语位置的句法移位，这与非宾格假说关于非宾格动词客体论元的规定具有一致性。因此，将汉语受事主语结构与其他两种结构作比较，可以为考察汉语非宾格动词和非作格动词的客体论元和施事论元有无内外论元之分提供相对直接的证据。下面结合兴趣区分析结果作具体讨论。

左脑颞叶中后部是与语言加工联系密切的功能脑区之一。大量研究表明，该脑区与题元角色和句法位置对应关系的再分析过程密切相关［本·沙哈尔（Ben-Shachar）等人，2003、2004；博恩克塞尔和施列谢夫斯基

（Bornkessel-Schlesewsky&Chlesewsky），2013；卡普兰（Caplan）等人，1999、2008；欧罗巴（Europa）等人，2019；封世文等人，2015；菲诺基亚罗（Finocchiaro）等人，2015］。比如，欧罗巴等人（2019）、马克（Mack）等人（2013）以及封世文等人（2015）的fMRI研究发现，受事主语结构与一般的主动结构相比，句法加工的过程中额外激活了左脑颞叶中后部。欧罗巴等人（2019）同时比较了宾语关系从句和一般主动结构加工时的脑区激活情况，发现前者与后者相比，加工时引起了左脑颞叶中后部的额外激活。同时，题元层级性假说（菲尔莫尔，1968）指出，带有特定题元角色的论元通常映射到特定的句法位置。对于发生句法移位的非典型映射结构来讲，题元角色与句法位置的常规对应关系被打破。受事主语结构和宾语关系从句相对于一般的主动结构而言，句法生成过程中经历了额外的句法移位。受事主语结构和宾语关系从句中，受事题元与宾语位置的常规对应关系被打破，上述两种结构句法加工的过程中涉及题元角色与句法位置对应关系的再分析过程。如图6-22所示，作为非典型映射结构中的一种，受事主语结构的受事论元由于发生了由内论元位置向外论元位置的句法移位操作，因而受事论元最终映射到主语位置，形成了受事题元角色与主语句法位置不对称的格局。图6-23则表明，疑问词标句词结构也是一种经历了句法移位的非典型映射结构。比如，在"What did you say?"这一结构中，"what"虽然承担的是受事的题元角色，应该映射到动词"say"后面的内论元或宾语的位置，但却映射到了动词之前CP指示语的位置，因而也形成了题元角色和语表线性位置不对称的格局。

[(subject/patient)Tom$_i$] [was hit (object/patient)t$_i$]

subject/agent

图6-22 前人研究中受事主语结构题元角色与句法位置关系示意图

[I] [knew the girl][who$_i$ Tom met t$_i$[(object/patient)]

Spes-CP/patient

图6-23 前人研究中疑问词标句词结构题元角色与句法位置关系示意图

相关实证研究表明，左脑颞叶与语义的加工密切相关（欧罗巴等人，

2019），题元角色的指派与再分析过程是语义加工的重要方面。因此，欧罗巴等人（2019）、马克等人（2013）以及封世文等人（2015）的fMRI研究均认为，受事主语结构和宾语从句加工过程中在左脑颞叶中后部引起的额外激活，反映了题元角色与句法位置对应关系的再分析加工过程。

相应地，汉语受事主语结构是经历了句法移位的派生结构，该结构中的受事题元与主语位置之间形成了非对称的语义–句法分布格局。参照前人关于句法移位的实证研究，当前实验认为，与现代汉语非作格动词结构这一基础生成结构，亦即不涉及题元角色与句法位置对应关系再分析过程的结构相比，现代汉语受事主语结构在兴趣区左脑颞上回处引起的显著强激活，可能反映了该结构加工过程中，受事题元与主语句法位置非常规对应关系的再分析过程。还需进一步指出的是，在当前实验中，现代汉语受事主语结构与隐性非宾格动词结构相比，在兴趣区左脑颞上回也出现了显著强激活，而现代汉语隐性非宾格动词结构与非作格动词结构在该兴趣区的激活强度不存在显著性差异。这表明，现代汉语隐性非宾格动词结构和非作格动词结构可能均不涉及题元角色与句法位置对应关系再分析过程，这也说明两者可能都是基础生成结构。因此，立足当前实验的结果看，现代汉语不及物动词语义–句法层面可能不存在非宾格动词和非作格动词的二分。

此外，实验结果还显示，与现代汉语隐性非宾格动词结构和非作格动词结构相比，受事主语结构在兴趣区左脑额中回也引起了显著强激活。前人研究指出，左脑额中回与语言的选择性加工有关。比如，克特勒（Ketteler，2008）发现，多义词的具体语义选择与左脑额中回密切相关。梅尔策·阿尔舍、舒查德（Schuchard）和德恩（den Ouden）（2013）则发现，与只有一种确定的句法结构实现形式的动词相比，具有多种句法结构实现形式的动词加工时，会在左脑额中回引起更强激活。当前实验中，由于现代汉语有不带施事论元的短被动句和带有施事论元的长被动句两种被动句，因此现代汉语被动动词的句法结构实现形式具有可选性，在加工具体被动句结构形式时，涉及句法结构的选择。与此同时，当前实验中的受事主语结构为现代汉语中的短被动句。因此，左脑额中回可能体现了现代汉语短被动句加工时涉及的句法结构形式的选择机制。

第四节 本章结语

非宾格假说认为，不及物动词在论元语义-句法映射机制层面存在二分。非宾格动词的论元为基础生成于动词之后的内论元，非作格动词的论元则为基础生成于动词之前的外论元。虽然隐性非宾格动词结构和非作格动词结构的语序均为NP-V，但生成机制相异，前者是经历了由内论元到主语句法移位的派生结构，后者则是直接映射而来的基础生成结构。来自西班牙语、荷兰语、英语、意大利语和日语等具体语言的语料证据支持了非宾格假说（蒙特鲁尔，2005）。由于现代汉语缺少显性的主宾格标记但语序比较灵活，现代汉语不及物动词论元语义-句法映射机制是否存在差异，尚无定论。

理论层面，汉语部分不及物动词（亦即汉语非宾格动词）能同时自由进入NP-V和V-NP两种语序的语言事实，无法推出后一种语序较前一种更基础，进而也无法推出这部分动词的论元基础生成位置是动词之后的内论元，最终也无法得出汉语不及物动词论元性质层面存在二分的结论。此外，现代汉语非宾格动词论元移位也缺少必要的动因。

实证层面，本章借助功能性磁共振成像技术，比较了现代汉语隐性非宾格动词结构和非作格动词结构加工时的脑区激活情况。现代汉语受事主语结构是一种被实验证实了的句法移位派生结构，将其与其他两种结构比较，能够有效说明汉语非宾格动词和非作格动词论元语义-句法映射机制是否存在差异。兴趣区分析结果表明，汉语受事主语结构与其他两种结构相比，在左脑颞上回和左脑额中回两个功能脑区引起了更强激活；现代汉语隐性非宾格动词结构和非作格动词结构相比较则无显著性差异。左脑颞上回反映了现代汉语受事主语结构句法-语义再分析过程。上述实验结果及分析表明，现代汉语隐性非宾动词格结构不是与受事主语结构类似的派生结构，而是与非作格动词结构类似的基础生成结构；汉语非宾格动词的客体论元不是与受事论元类似的内论元，而是与施事论元类似的外论元。从功能性磁共振成像实验结果提供的证据看，汉语不及物动词在论元语义-句法映射机制层面可能不存在二分。同时，后续研究可以进一步探讨汉语显性非宾格动词结构的生成和加工机制，深化认识非宾格假说视域下的汉语本体研究。

第七章 现代汉语"NP+X的"结构的语义-句法映射机制

上一章的功能性磁共振成像实验结果表明，现代汉语不及物动词的施事论元和客体论元基础映射的句法位置都在主语的位置。与此同时，现代汉语受事主语结构与现代汉语隐性非宾格动词结构和非作格动词结构这两种不及物动词结构相比，加工时在左脑颞上回这一语言加工功能脑区处引起了显著强激活。该脑区反映了现代汉语受事主语结构中，受事这一语义角色与主语这一句法位置的语义–句法映射对应关系再分析过程。

上述实验结果也表明，语序是现代汉语最重要的语法手段。一般情况下，承担特定语义角色的各个句法成分在句子中的位置是固定的。比如，对于及物动词构成的事件结构而言，常规的语序为主语+及物动词+宾语。其中，主语对应的常规语义角色为施事，宾语对应的常规语义角色是受事。再比如，现代汉语中，主语和谓语的常规语序为主语在前，谓语在后。前面的主语语义上是被陈述的对象，后面的谓语语义上为陈述主语的成分。但需要注意的是，在实际的语言交际中，由于某种表达的需要，句法成分会发生移位现象（柯航，2011；马庆株，1995；应学风，2014），形成语义角色与句法位置对应错配的映射关系。对于上述语义和句法之间的错配现象，邵敬敏（1987）指出："改变句子成分的语序而并不改变其原句式的语法结构关系以及深层语义关系，只是改变了某些语用风格色彩，这是句法成分的移位。"具体用例如下：

（1a）这女孩真漂亮！
（1b）真漂亮，这女孩！
（2a）这个人也许明天回来。

（2b）这个人明天回来，<u>也许</u>。（沈从文《边城》）

上例中，例（1b）为突出女孩的容貌美丽，把"这女孩"后移，但并未改变语法结构的主谓关系和陈述与被陈述的语义联系。例（2b）为增强"推测，估计"语气，将充当状语的"也许"后移，但前后两句中的"也许"，都只能被分析为状语，起到修饰中心语的作用。

除上例提到的主谓以及状中结构的移位现象外，现代汉语句中定语的移位也是一个重要的议题（刘宁生，1995）。其中，学界关注较多的是现代汉语中"NP+X的"[①]这一类结构。用例如下：

（3a）荷塘四面，长着许多<u>蓊蓊郁郁的</u>树。（朱自清《荷塘月色》）

（3b）荷塘四面，长着许多树，<u>蓊蓊郁郁的</u>。

（4a）那个<u>戴草帽的</u>女人，不管走到哪都大惊小怪的，很讨厌。（温锁林《定语的移位》）

（4b）那个女人，<u>戴草帽的</u>，不管走到哪都大惊小怪的，很讨厌。

例（3a）和例（4a）中，作为定语的"蓊蓊郁郁的"和"戴草帽的"位于中心语之前，但例（3b）和例（4b）中，"蓊蓊郁郁的"和"戴草帽的"却位于名词性成分之后，构成"NP+X的"结构。

第一节 关于"NP+X的"结构语义-句法映射机制的讨论

对于例（1b）和例（2b）类似的结构，学界的看法比较一致，认为其是语义-句法错配映射结构，分别由例（1a）和例（2a）移位得到。但对于例（3b）和例（4b）之类"NP+X的"结构，学界分析其语义-句法映射机制时，存在分歧。一种观点认为，现代汉语中，"X的"作定语时不可以后移，"NP+X的"结构中的"X的"，位于名词性成分之后时，充当谓语成分，这使得"NP+X的"整个结构有了相对的独立性，变成了一个省略主语的分句（陆俭明，1980；李芳杰，1983）。另一种观点则认为，现代汉语中，部分

[①] "X的"中，真正的定语为"X"，"的"为结构助词。本章为了方便论述，将"X的"整体视作定语。

"X的"作定语时可以后移,"NP+X的"结构中的"X的",位于名词性成分之后时仍作定语,语义上修饰中心语(黎锦熙,1982;王力,1985;崔应贤,2002;吕叔湘、朱德熙,2013;符达维,1984;邵敬敏,1987;温锁林、雒自清,1984)。

一、现代汉语"NP+X的"结构的语义-句法映射不存在错配

如前所述,认为现代汉语中"X的"作定语时不可以后移。主张现代汉语"NP+X的"结构的语义-句法映射不存在错配的研究以陆俭明和李芳杰为代表。陆俭明(1980)总结了四条确定易位结构(移位结构)[①]的标准:

其一,易位句的语句重音一定在前置部分上,后移部分一定轻读;

其二,易位句的意义重心始终在前置部分,换句话说,后移部分永远不能成为强调的对象;

其三,易位句中被倒装的两个成分都可以复位,复位后句子意思不变;

其四,句末语气词绝不能在后移部分之后出现,一定紧跟在前置部分之后。

根据上述四条标准,陆俭明认为现代汉语中没有定语和中心语的易位现象,继而提出了"我买了顶帽子,呢子的"这类结构是一个复句,不是定语和中心语易位的句子。李芳杰(1983)赞同陆俭明(1980)的观点,他以陆俭明(1980)总结出来的四条确定易位句的标准分析了八种类型的易位句,最后得出如下结论:现代汉语无论口语还是书面语都不存在定语易位的现象。

二、现代汉语"NP+X的"结构的语义-句法映射存在错配

与上述观点不同,以黎锦熙为代表的一批学者认为,现代汉语中,"X的"作定语时可以后移,亦即主张现代汉语部分"NP+X的"结构的语义-句法映射存在错配。黎锦熙(1982)认为,汉语中的形容词附加语,一般情况下在实体词的前面,充当定语,但是因为修辞上的需要,其也可以改附于实体词

[①] 在本章中,"易位"等同于"移位",都指句法成分从其常规映射句法位置,移动到非常规映射句法位置的过程和现象。

后面。这里的后附形容词附加语就是后置定语，相应地，整个句子为定语后置句。持同样观点的还有王力。王力（1985）认为，普通的次品（修饰中心语的成分）总是放在其所修饰的首品（被修饰的中心语）的前面，但是出于某种特殊的原因，它可以放在首品的后面。崔应贤（2002）也认为，为了适应具体语言环境的需要和语言交际的需要，汉语表达可以突破"定语+中心语"这一常规语序，将修饰中心语的定语后移，后移的定语即为后置定语。从形式上看，它们直接附着在中心语的后面，用逗号隔开，后置的定语后面仍附着"的"字，可以无条件还原到中心语前面。对于所谓"某种特殊的原因"，吕叔湘、朱德熙（2013）给出说明，有些附加语不长，但是作家们为了使句子更加流畅，就把它放在后面。

符达维（1984）从句子语义的角度考虑，认为紧贴在名词后面并对其起到修饰限制作用的成分是后置定语，句子"他有个儿子胖胖的"和"我有办法叫他来"想要表达的意思是"他有个胖胖的儿子""我有叫他来的办法"，所以"胖胖的"以及"叫他来"都是后置定语，只不过"叫他来"后置时不需要"的"字罢了。

邵敬敏（1987）从"X的"结构句法性质的层面，分析了其位于名词性成分之后的情况，认为现代汉语中存在由"X的"构成的定语后置句，此时的后置定语只能由具有"排谓性"的典型体词性"X的"结构充当。温锁林、雒自清（1984）在邵敬敏（1987）研究的基础上，用"可复位性"和"唯定性"标准重新界定了后置定语的范围。在是否为后置定语的问题上，三位学者较前人做出了进一步探讨，从"X的"结构本身能否承担相应的句法功能的角度展开讨论。

第二节 对"NP+X的"结构语义–句法映射机制的理论反思

下面先分别从反对和支持现代汉语"NP+X的"结构语义–句法存在错配的两个视角，反思相关理论研究。接着以结构为主要标准，辅之以语义因素，圈定现代汉语中发生语义–句法错配的"NP+X的"结构。

一、关于现代汉语"NP+X的"结构的语义–句法不存在错配

如前所述,陆俭明(1980)和李芳杰(1983)等主张现代汉语"NP+X的"结构的语义–句法不存在错配。实际上,陆俭明(1980)根据自己提出的四条判断标准,认为现代汉语中没有定语后置现象的观点是值得商榷的。对于陆俭明(1980)提出的四条标准,学界存在质疑,王铎(1987)、杨德峰(2001)认为,陆俭明(1980)有关易位句的论述可能不够周全。他们认为,易位句的语句重音不一定在前置部分,后置部分也不一定轻读,有时为了起到强调、夸张等效果,后移部分也可以加重语气,语句重音处也是语义重心处,当后移部分起着追加重要信息的作用时,也可以是语义重心,此时是需要重读的。的确,重读与否不能只看"NP"和"X的"的相对位置,位于前面的"NP"未必一定重读,位于后面的"X的"也未必一定轻读。句子中一个成分是重读还是轻读,主要看这个成分是否被强调或是否是新信息,亦即看这个成分是否是句子想表达的语义重心。因此,陆俭明(1980)提出的判定易位成分的第一条标准和第二条标准可能值得进一步考量。对于陆俭明提出的"易位句中被倒装的两个成分都可以复位,复位后句子意思不变"这一条标准,现代汉语部分"NP+X的"结构也是可以做到的。例如,前文提到的例(4b)实际上可以还原为例(4a),亦即"NP+X的"结构可以复位成"X的+NP"结构。此外,其在提出"句末语气词决不能在后移部分之后出现,一定紧跟在前置部分之后"这一标准时,首先举了如下用例:

*(5)来了,你哥哥吗?

*(6)走了,大概吧。

与此同时,现代汉语"NP+X的"结构中,"X的"之后可以加语气词。用例如下:

(7)听说你买了一件衣服,红色的吗?

(8)听说你买了一件衣服,红色的吧。

因此,陆俭明(1980)认为,现代汉语"NP+X的"结构中,"X的"之后可以加语气词,这不符合现代汉语易位结构中易位成分不能后带语气词的规定。上述论证,实际上也是值得推敲的。首先,类似例(5)和例(6)之类的

谓语移位结构以及状语移位结构,并非不能带语气词。具体用例见例(9)和例(10)。其次,并非所有现代汉语"NP+X的"都能带语气词,例(11)和例(12)的说法就不成立。更为重要的是,当"NP+X的"后面带语气词时,整个结构为主谓结构,"X的"作谓语。而例(11)和例(12)则表明,当"NP+X的"整个结构为定语后移结构时,该结构往往不能后带语气词。如是观之,陆俭明(1980)关于现代汉语易位结构的第四条标准同样是有待探讨的,且其讨论的不能后带语气词的现代汉语"NP+X的"结构,实际上是主谓结构,并不是定语后移结构。

(9) 来了客人吗?
(10) 已经走了,大概一个小时之前吧。
*(11) 那个女生,穿红色裙子的吗?
*(12) 请帮我把帽子拿过来,红色的吗?

综上所述,陆俭明(1980)关于现代汉语易位结构的四条标准,其适用性有待进一步探讨。因此,陆俭明(1980)以及李芳杰(1983)等基于上述四条现代汉语易位结构鉴定标准,认为"NP+X的"结构的语义-句法不存在错配的做法,可能值得斟酌。

二、关于现代汉语"NP+X的"结构的语义-句法存在错配

如前所述,前人在论证"NP+X的"结构的语义-句法存在错配时,主要分为两个视角:其一,主要看形式;其二,主要看语义。这两个论证视角也存在进一步讨论的空间。首先,光只从形式上考虑是欠妥当的,它忽视了汉语是主要靠语序和虚词表达语法意义的语言(范晓,2001;方希,1999;刘春光,2014;武氏河,2006;张宜生、张爱民,1996),语序的变化会带来结构和语义的变化,例如短语"树木,绿油油的"是主谓结构,"绿油油的树木"是定中结构,而不能简单地根据形式变化,把前一例分析为定语后移的定语后置结构。又如,根据邵敬敏(1987)的观点,"你的"不具有"排谓性",例如在"这件衣服,你的"中,"你的"作谓语,所以句子"相信吧,洁,时光老人将会治好她的创伤,使她重作慈母,你的,也是我们的慈母。"划线部分是一个省略主语的名词谓语句。很显然,邵敬敏(1987)只考虑了"X的"结构

本身具有的句法功能，忽视了整体句意。虽然"你的"具有作谓语的能力，但是在上例中，明显不是想要介绍"慈母"的什么性质特征，如果将例句还原为"相信吧，洁，时光老人将会治好她的创伤，使她重作慈母，慈母<u>你的</u>，也是我们的慈母"，整个句子语义就会变得不协调。根据句子整体意思和后半句"我们的慈母"的暗示，这里的"你的"起到的是限制作用，强调"你"和"慈母"之间的领属关系，正确的还原应该是"相信吧，洁，时光老人将会治好她的创伤，使她重作<u>你的</u>慈母，也是我们的慈母"。其次，只从语义角度考虑也存在不足，亦即忽略了句子本身的客观结构。在语义上，"他有个儿子，胖胖的"的确可以表达"他有一个胖胖的儿子"的意思，"胖胖的"本身作为形容词可以修饰"儿子"的体型特征，具备定语的语义特征，但是按照句子层级结构分析，分析到最小一层为"儿子胖胖的"，是主谓结构。并且，对于句意的理解，如果没有具体语境的限制，不同的人可能会有不同的看法，因此只从语义上判定一个句子是否是定语后置句，就会缺乏说服力。"他有一个儿子，胖胖的"这种表达，如果缺乏具体结构环境，更宜把其分析为陈述客观事实"他有一个儿子，这个孩子是一个胖胖的孩子"，不应强设语境，理解为"他家有一个胖胖的儿子"。因此，现代汉语"NP+X的"这一结构的语义-句法映射机制有无发生错配，亦即上述结构是解读为定语后移结构，还是解读为主谓结构，需要结合结构语境来分析。

三、现代汉语"NP+X的"结构定语后移的句法和语义限制

总体上看，现代汉语"NP+X的"结构解读为定语后置（定语后移）结构时，通常出现在陈述句和祈使句两类句类之中。在陈述句中，后置定语"X的"结构可再分为五小类："关于+N+的"结构、"程度副词最+形容词+的"结构、"人称代词/人名/地名/时间名词+的"结构、"X的和Y的"共现结构和"动词性短语+的"结构。当这五种结构中的"X的"结构具备修饰限制义时，整个"NP+X的"是后置定语结构。另外，出现在祈使句中的"X的"结构皆为后置定语。

(一) "关于+N+的"结构

首先"关于+N+的"结构不能直接作谓语，具有"排谓性"，如果想要在谓语中出现，需要借助系词"是"，即"几份文件是关于形势的""一些文件是关于汤敏增的""专电是关于南北战事的"。所以下例中，画线部分不能看成是省略了主语的句子，不能直接还原为"今天咱们学习几份文件，文件关于形势的……""……，顺便借了一些资料，一些资料关于汤敏增的，……""他经常写一些诗歌，诗歌关于战争的和爱情的……"。其次，下面各例句中的"关于+N+的"结构在语义上，如果加"是"后，那么其对于名词的陈述判断意味加重，便成为一个分句表示主干信息，若不加"是"则表示修饰限制作用，作后置定语表示支干信息，这两种情况有本质的不同。例（13）主要想介绍会议的大致内容，强调今天学习内容的范围，并不是想要判断会议文件的性质是关于形势的，突出学习的文件的重要性，所以例（13）画线部分应该为后置定语，起到修饰限定的作用。同理，例（14）至例（17）的画线部分，在整个句子中起到的作用也是修饰作用。例（14）中，借的资料只是关于汤敏增的，而不是关于其他人的；又如例（16）中，他写的并且让小岳声情并茂朗诵的诗歌也只是关于战争的和爱情的，不涉及友情等。综上，陈述句中表示限制义的"关于+N+的"结构为后置定语。

（13）"今天咱们学习几份文件，关于形势的，然后念几份通知，最后再讲讲咱们单位发生的一些问题——大家往前坐坐，别都挤在后面。"（王朔《给我顶住》）

（14）我就向郑女士告辞，顺便借了一些资料，关于汤敏增的，带回招待所慢慢翻。（《人民日报》1996年）

（15）每一个专电，每一个通讯，关于南北战事的，都争先从纸上跳起来欢迎她的眼光。（茅盾《蚀》）

（16）当时，他经常写一些诗歌，关于战争和爱情的，让小岳声情并茂地朗诵。（石钟山《文官武将》）

（17）无论什么问题，关于世间或出世间的，马先生都有最高远最源本的见解。[《读者》（合订本），北大语料库]

（二）"程度副词最+形容词+的"结构

"程度副词最+形容词+的"结构多数情况下不能直接作谓语，也具有"排谓性"。比较"这件衣服最漂亮的"和"这件衣服是最漂亮的"这两句表达后发现，很明显后句更符合我们日常的用语规范，当此结构表示陈述判断义时，也同样需要借助系词"是"。所以，例（18）到例（20），在结构上皆不宜表述为"苹果最大的""果子最漂亮的""同学最优秀的"。在语义上，以上例句画线部分皆不是为了陈述前面名词性成分的客观性质，而是想要表达对名词性成分的修饰义和限制义。此外，在静态的句子中，结合具体的语境，不难分析出句子的语义重心。比如，例（18）不是想要介绍苹果的外貌特征是大还是小，而是表示限制义，强调"他从盘子里拿走了一个最大的苹果，留下了其他小一些的"。同理例（19）至例（21）分别表达"南洋的果子中，最漂亮的果子是杨桃""班上的同学，只有那几个最优秀的同学才去实习了""让老人开心的最简单的办法是吃一堆，其他的办法都比它难"。例（22）出现在对话中，说话者无意介绍晓燕的陈述性特征，而是想要表达自己对晓燕的主观评价，便用"最可爱的"修饰"晓燕"，表示修饰义。

（18）他在盘子里抓了个苹果，<u>最大的</u>，一口咬去一大半。（梁谷子《浅析定语后置》）

（19）南洋的果子，<u>最漂亮的</u>，恐怕要算洋桃，因为颜色嫩绿而透明，比翡翠还要淡一点，觉得倒还可爱。（CCL语料库）

（20）班上的几个同学，<u>最优秀的</u>，往工厂实习去了。（微博）

（21）让家里老人开心的办法，<u>最简单的</u>，就是吃一堆。当然，你可以往家里增加人口，但这个办法明显比前者难度大。（BBC语料库）

（22）郑君才把晓燕柔软的身体紧紧搂在怀里，哑着嗓子慢慢地说，"燕，<u>最可爱的</u>，为了你，我也要振作起来，好好努力……爱我，永远地爱我吧！"（杨沫《青春之歌》）

值得注意的是，如果"程度副词最+形容词+的"结构在语义上没有修饰限制义，则不能被判定为后置定语。用例见例（23）。

（23）专员，这可不是普通的清蒸鸡，子鸡里藏着只乳鸽，乳鸽里还藏了只麻雀，这叫三套鸡，<u>最滋补的</u>。（胡辛《蒋经国与章亚若之恋》）

在上例中，"最滋补的"并不修饰限制"三套鸡"，如果是后置定语，还原则是"这叫最滋补的三套鸡"，但此时显然是不合乎原句的句意的。结合整个句子来看，"最滋补的"表示陈述义，是对三套鸡属性的一个介绍和判定，所以"最滋补的"不是后置定语。综上，"程度副词最+形容词+的"结构在句中表示限制修饰义时是后置定语。

（三）"人称代词/人名/地名/时间名词+的"结构

"人称代词/人名/地名/时间名词+的"结构虽然不具有"排谓性"，但是此结构有时可以表达修饰限制义，用例如下。

（24）一个南方美人，来到北方，我的，能不光荣些吗？（老舍《牺牲》）

（25）纸薄的心旌，我的，尽无休息地跟着它们飘荡，以至于怦怦而内热。（俞平伯《桨声灯影里的秦淮河》）

（26）相信吧，洁，时光老人将会治好她的创伤，使她重作慈母，你的，也是我们的慈母。（流沙河《七只情雁》）

（27）这是党费，李铎的。（陈建民《汉语口语里的追加现象》）

（28）我最爱吃凤梨，台湾的，因为那是家乡的味道，总能勾起我儿时的回忆。（微博）

（29）今天好多事都没完成，还有好多相片都没上传，昨天的。（BBC语料库）

上面用例中，画线部分可以作谓语，它们不具有"排谓性"，直接说"南方美人，我的""慈母，你的""党费，李铎的""凤梨，台湾的""相片，昨天的"是完全成立的，但是不能因为"人称代词/人名/地名/时间名词+的"结构可以作谓语，就否定该结构充当后置定语的可能。实际上，例（24）到例（29）中，"人称代词/人名/地名/时间名词+的"结构结皆为后置定语。例（24）强调"我的南方美人"，她只属于我，不属于别人，为了强调，同时引起别人注意将定语后移，并不是为了介绍南方美人的具体个人信息，如果表达成"南方美人，我的"明显和句子整体意思不协调。例（25）意在表达"我的纸薄的心旌"；例（26）根据后句"我们的慈母"的暗示，"你的"一定是后置定语，因为这样才能保证整个句子结构和语义的协调性；例（27）表达

"李铎的党费,党费不是别人缴纳的","李铎的"对于"党费"有领属义,具有限制作用;例(28)表达"我最爱的凤梨只是台湾地区的,不是其他地方的";例(29)也不是专门为了介绍相片的属性,而是强调客观事实"还有好多昨天的相片都没上传完",意在强调没上传的照片不是其他时间段的,"昨天"在时间上具有限制义。综上,"人称代词/人名/地名/时间名词+的"结构虽然不具有"排谓性",但是在具体的句子和语境中有可能表达修饰限制义,此时该结构应该判定为后置定语。

(四)"X的和Y的"共现结构

"X的和Y的"共现结构一般不能直接作谓语,具有"排谓性"。例如,诸如"生命,我的,你的和他的"和"东西,看的和吃的"等说法均不符合日常用语规范,需要借助系词"是"表达陈述义。"X的和Y的共现"结构作后置定语的用例如下。

(30)我的理想和追求是快快乐乐过一生。我珍惜生命,<u>我的,你的和他的</u>。我认为生命高于一切!(池莉《你以为你是谁》)

(31)我们曾经和党内的机会主义倾向作斗争,<u>右的和"左"的</u>。(毛泽东《论人民民主专政》)

(32)我其实觉得很有许多东西要买,<u>看的和吃的</u>,只是没有钱。(鲁迅《琐记》)

(33)因了许多《上元灯》的读者,<u>相识的或不相识的</u>,给予我许多过分的奖饰,使我对于短篇小说的创作上,一点不敢存苟且和取巧的心。(施蛰存《我的创作生活之历程》)

以上例句中,"X的和Y的"共现结构在语义上具有修饰限制义。例(30)意在强调"我珍惜生命,珍惜我的,你的和他的生命",并不是陈述"生命"的所有者;例(31)意在表达"我们作斗争,是和右的和左的机会主义倾向作斗争",无意判断"机会主义"的性质是右的还是左的;例(32)意在强调"有很多看的和吃的东西要买";例(33)想表达"许多相识的和不相识的《上元灯》读者"。综合考虑整个句子的语义重点,上述各例画线部分皆表达修饰限制义,因而皆为后置定语。

如果"X的和Y的"共现结构在整个句子中表示列举陈述义,虽然其结构本身具有"排谓性",但是在语义的压制之下,不能将其判定为后置定语。用例如下。

(34)各样的桃子,<u>圆的,扁的,血红的,全绿的,浅绿而带一条红脊椎的,硬的,软的,大而多水的,和小而脆的</u>,都来到北平给人们的眼、鼻、口,以享受。(老舍《四世同堂》)

(35)这样的队伍浩浩荡荡前来,看不见它的尾巴。不,它的尾巴在时时加长起来,它沿路吸收了无数人进去,<u>长衣的和短衣的,男的和女的,老的和小的</u>。(茅盾《大鼻子的故事》)

以上两例,单独考虑画线部分的结构,"X的和Y的"共现结构完全可以作定语,修饰中心语。但此处的"X的和Y的"共现结构受到句意的钳制,其修饰性减弱,陈述性增强,具有陈述列举功能。例(34)中,中心语"桃子"前面有修饰语"多样的",画线部分便一一列举了桃子的种类,有"圆的、扁的、血红的……",此处的"X的和Y的"共现结构是对多样的桃子的一个详细的解释说明,与前面的"桃子"构成陈述与被陈述的关系;同样地,例(35)画线部分是对"无数人"的列举陈述,并不表示修饰与限制,也不能被判定为后置定语。综上,"X的和Y的"共现结构在句中表限制修饰义时,可以判定其为后置定语。

(五)"动词性短语+的"结构

"动词性短语+的"结构多数情况下不能直接作谓语,具有"排谓性"。形容一个人的外貌特征或身份时,一般会说"那个人留着胡子""留胡子的人""那个女人带着草帽""戴草帽的女人""他叫张子豪"。几乎不会用"一个人,留胡子的""女人,戴草帽的""地主的儿子,叫张子豪的"这样的说法。在语义上,下例中,画线部分起到限定并且提高对象辨识度的作用,例(36)意在表达"那一个人,只是留胡子的那个,是我外公";例(37)意在表达"不管走到哪里都大惊小怪让人讨厌的女人,不是别人,就是那个戴草帽的";例(38)意在表达"陈文英嫁给了一个叫张子豪的地主的儿子,不是其他人"。

(36)那一个人,<u>留胡子的</u>,是我外公。

（37）那个女人，戴草帽的，不管走到哪都大惊小怪的，很讨厌。（温锁林《定语的移位》）

（38）大女儿陈文英，今年二十一岁，已经出嫁给香山县一个地主的儿子，叫张子豪的。（欧阳山《三家巷》）

如前所述，以上例句中，画线部分是前面名词的区别性特征，和名词最前面的定语"那个""一个"相配合，可以锁定描述的对象，这样陈述对象就有了"唯一确定性"。试将以上例句与例（39）比较。

（39）这是斜对门的杨二嫂……开豆腐店的。（鲁迅《故乡》）

例（39）和以上例句具有同样的结构，但例（39）中的"动词性短语+的"结构在句意上不具有限定意义，它出现在判断句中，整个句子都在介绍杨二嫂的相关信息，"开豆腐店"是杨二嫂的职业，是作为陈述对象出现的，故而不能判定为后置定语。所以，"动词性短语+的"结构只有在强调其前名词性成分的区别特征且在语义上具有限定作用时，才是后置定语。

此外，如前所述，祈使句中的"NP+X的"结构皆为后置定语。祈使句指要求对方做或不要做某事、具有祈使语气的句子。它可以分为两大类：一类表达命令、禁止，一类表达请求、劝阻。祈使句具有鲜明的语气特征和语义指向，不论是命令、禁止，还是请求、劝阻，"X的"具体句子中都具有浓厚的强调修饰义。因此，凡是能进入祈使句中的"X的"结构，皆为后置定语。用例如下：

（40）请给我拿来那件衣服，最贵的。（温锁林、雒自清《定语的移位》）

（41）明天去买件春秋大衣，米色的。（谌容《减去十岁》）

（42）春大姐，再添六杯咖啡，五块的。（《人民日报》1998年）

（43）渴死我啦，买个冰糕吧，脆皮的。（《市场报》1994年）

（44）当您穿上崭新的名牌时装，请不要忘记那些孩子，衣衫褴褛的。（微博）

以上例句中，由于祈使句本身句类语气特点的限制，画线部分"X的"结构要和整个句子语义保持一致，就要表示追加强调的修饰义，如果其表示陈述义,就会和整个句子语气矛盾,并且割裂句子结构使其不协调。例(40)中,要求拿来的那件衣服,不是别的,而是那件"最贵的";例(41)中,明天要去买的衣服也不是别的颜色的,而是"米色的";例(42)中,要添的是"五块的咖啡";例(43)中,要买的是"脆皮的冰糕";例(44)则更为明显,因为前句有"崭新的名牌时装"作为暗示,那么后句要和它形成一个对比,只能是"衣衫褴褛的孩子",只不过为了在语用上突出强调,便将"衣衫褴褛的"后移。此外,试比较例(42)与例(45)。

(45)我买了一件春秋大衣,米色的。

例(45)是陈述句,在没有特殊语境的具体限制下,该句是在陈述客观事实"买了一件春秋大衣","米色的"是对大衣性质的陈述性介绍,所以整个句子应该分析为一个复句。例(42)则不同,"五块的"出现在祈使句中,整个句子自然地赋予了"五块的"修饰强调的作用,所以应该将其分析为后置定语。例(42)和例(45)的差异也表明,分析"X的"结构是否是后置定语需要综合考虑,有时会出现语义压制结构的情况,所以需要具体问题具体分析,特别是要运用形式结构和意义内容相结合的分析方法。

第三节 "NP+X的"结构定语后移的实证研究

上一节在理论反思的基础上,相对系统地总结了现代汉语"NP+X的"结构定语后移的句法和语义限制。本节采用实证研究方法,通过问卷形式测试语感,调查汉语母语者对"NP+X的"定语后置句的理解情况。

一、实验设计

问卷抽取上文20个例句[①],涵盖不同句类和不同形式的"NP+X的"结

[①] 为使问卷简洁有效,实验共圈定了20个句子作为考察对象。其中,陈述句层面,包含"关于+N+的"结构、"程度副词最+形容词+的"结构、"X的和Y的"共现结构、"动词性短语+的"结构的例句各3个,包含"人称代词/人名/地名/时间名词+的"结构的例句共5个。另外还有3个祈使句例句。上述做法使实验语料涵盖了前文中涉及的各类"NP+X的"结构。

构，以乱序的方式排列组合，发放给汉语言文学专业和非汉语言文学专业[①]的学生各55人。问卷具体情况如下。

各位被试好！请根据您对句子的理解，选择下列句子中对应的表达形式：

示例：春大姐，再添六杯咖啡，<u>五块的</u>。（《人民日报》1998年）

A.春大姐，再添六杯<u>五块的咖啡</u>。

B.春大姐，再添六杯咖啡，<u>六杯咖啡是五块的</u>。

如果您认为画线部分"五块的"修饰限制前面的名词"咖啡"，表述应为"五块的咖啡"，请选择A。如果您认为画线部分"五块的"是对前面名词"咖啡"的陈述，表述应为"六杯咖啡是五块的"，请选择B。

请作答下列20个题目：

1.请给我拿来那件衣服，<u>最贵的</u>。（温锁林、雒自清《定语的移位》）

　A.请给我拿来那件<u>最贵的</u>衣服。

　B.请给我拿来那件衣服，<u>衣服是最贵的</u>。

2.我的理想和追求是快快乐乐过一生。我珍惜生命，<u>我的，你的和他的</u>。我认为生命高于一切！（池莉《你以为你是谁》）

　A.我的理想和追求是快快乐乐过一生。我珍惜<u>我的，你的和他的</u><u>生命</u>。我认为生命高于一切！

　B.我的理想和追求是快快乐乐过一生。我珍惜生命，<u>生命是我的，你的和他的</u>。我认为生命高于一切！

3.这是党费，<u>李铎的</u>。（陈建民《汉语口语里的追加现象》）

　A.这是党费，<u>党费是李铎的</u>。

　B.这是<u>李铎的</u>党费。

[①] 考虑到汉语言文学专业的学生在理解句子时，可能会受到专业的影响，不自觉地会以专业语法知识分析句子，与非汉语言文学专业的学生只凭借语感理解句子是有一定区别的，故在分发问卷时，根据被试专业是否为汉语言文学专业，将其分开发放。调查结果显示，不同专业被试的选择在比例上呈现一致性，这表明专业对汉语母语者"NP+X的"结构的理解影响不大，详细情况见下文的具体分析。

4. 那一个人,留胡子的,是我外公。

A.那一个留胡子的人,是我外公。

B.那一个人,是我外公,他是留胡子的。

5. 他在盘子里抓了个苹果,最大的,一口咬去一大半。(梁谷子《浅析定语后置》)

A.他在盘子里抓了个苹果,一口咬去一大半,那个苹果是最大的。

B.他在盘子里抓了个最大的苹果,一口咬去一大半。

6. "今天咱们学习几份文件,关于形势的,然后念几份通知,最后再讲讲咱们单位发生的一些问题——大家往前坐坐,别都挤在后面。"(王朔《给我顶住》)

A."今天咱们学习关于形势的几份文件,然后念几份通知,最后再讲讲咱们单位发生的一些问题——大家往前坐坐,别都挤在后面。"

B."今天咱们学习几份文件,这几份文件是关于形势的,然后念几份通知,最后再讲讲咱们单位发生的一些问题——大家往前坐坐,别都挤在后面。"

7.明天去买件春秋大衣,米色的。(谌容《减去十岁》)

A. 明天去买件春秋大衣,春秋大衣是米色的。

B. 明天去买件米色的春秋大衣。

8.大女儿陈文英,今年二十一岁,已经出嫁给香山县一个地主的儿子,叫张子豪的。(欧阳山《三家巷》)

A.大女儿陈文英,今年二十一岁,已经出嫁给香山县一个地主的儿子,儿子是叫张子豪的(那个)。

B.大女儿陈文英,今年二十一岁,已经出嫁给香山县一个地主的叫张子豪的儿子。

9.相信吧,洁,时光老人将会治好她的创伤,使她重作慈母,你的,也是我们的慈母。(流沙河《七只情雁》)

A.相信吧,洁,时光老人将会治好她的创伤,使她重作你的慈母,也是我们的慈母。

B.相信吧,洁,时光老人将会治好她的创伤,使她重作慈母,她(慈母）是你的，也是我们的慈母。

10.我其实觉得很有许多东西要买，看的和吃的，只是没有钱。（鲁迅《琐记》）

A.我其实觉得很有许多东西要买，只是没有钱，东西是看的和吃的。

B.我其实觉得很有许多看的和吃的东西要买，只是没有钱。

11.我最爱吃凤梨，台湾的，因为那是家乡的味道，总能勾起我儿时的回忆。（微博）

A. 我最爱吃凤梨，因为那是家乡的味道，总能勾起我儿时的回忆，凤梨是台湾的。

B. 我最爱吃台湾的凤梨，因为那是家乡的味道，总能勾起我儿时的回忆。

12.我就向郑女士告辞，顺便借了一些资料，关于汤敏增的，带回招待所慢慢翻。（《人民日报》1996年）

A.我就向郑女士告辞，顺便借了一些关于汤敏增的资料，带回招待所慢慢翻。

B.我就向郑女士告辞，顺便借了一些资料，资料是关于汤敏增的，带回招待所慢慢翻。

13.那个女人，戴草帽的，不管走到哪都大惊小怪的，很讨厌。（温锁林《定语的移位》）

A.那个女人，不管走到哪都大惊小怪的，很讨厌，那个女人是戴草帽的。

B.那个戴草帽的女人，不管走到哪都大惊小怪的，很讨厌。

14.渴死我啦，买个冰糕吧，脆皮的。（《市场报》1994年）

A.渴死我啦，买个脆皮的冰糕吧。

B.渴死我啦，买个冰糕吧，冰糕是脆皮的。

15.让家里老人开心的办法，最简单的，就是吃一堆。当然，你可以往家里增加人口，但这个办法明显比前者难度大。（BBC语料库）

A.让家里老人开心的最简单的办法，就是吃一堆。当然，你可以往家里增加人口，但这个办法明显比前者难度大。

B.让家里老人开心的办法,就是吃一堆,这种办法是最简单的。当然,你可以往家里增加人口,但这个办法明显比前者难度大。

16.今天好多事都没完成,还有好多相片都没上传,昨天的。(BBC语料库)

A.今天好多事都没完成,还有好多昨天的相片都没上传。

B.今天好多事都没完成,还有好多相片都没上传,相片是昨天的。

17.当时,他经常写一些诗歌,关于战争和爱情的,让小岳声情并茂地朗诵。(石钟山《文官武将》)

A.当时,他经常写一些诗歌,让小岳声情并茂地朗诵,诗歌是关于战争和爱情的。

B.当时,他经常写一些关于战争和爱情的诗歌,让小岳声情并茂地朗诵。

18.纸薄的心旌,我的,尽无休息地跟着它们飘荡,以至于怦怦而内热。(俞平伯《桨声灯影里的秦淮河》)

A.纸薄的心旌,尽无休息地跟着它们飘荡,以至于怦怦而内热,心旌是我的。

B.我的纸薄的心旌,尽无休息地跟着它们飘荡,以至于怦怦而内热。

19.班上的几个同学,最优秀的,往工厂实习去了。(微博)

A.班上的几个最优秀的同学,往工厂实习去了。

B.班上的几个同学,往工厂实习去了,几个同学是最优秀的。

20.我们曾经和党内的机会主义倾向作斗争,右的和"左"的。(毛泽东《论人民民主专政》)

A.我们曾经和党内的机会主义倾向作斗争,机会主义是右的和"左"的。(毛泽东《论人民民主专政》)

B.我们曾经和党内的右的和"左"的机会主义倾向作斗争。(毛泽东《论人民民主专政》)

每个题目中的例句,表达形式A画线部分的"X的"结构在语义上为修饰限制义,在句中为后置定语,发生了移位。表达形式B画线部分的"X的"结构语义为陈述义,结构上没有移位,画线部分是省略主语的分句,"X的"结构是谓语,故在选项中将其省略的主语补充出来。此外,问卷中有些"X的"结构具有"排谓性",如果只补充主语而不加"是",句子就会变成一个病句，如示例中的B选项，如果不加"是"，画线部分补充主语则为"*六杯咖啡五块的"，这种说法本身不正确，这会给被试造成一种暗示，引导被试选择其他选项，这样会降低调查的效度和信度。20个问题中，表修饰义和表陈述义的选项的呈现采用乱序的形式。

二、数据呈现与分析

本次调查共收集有效问卷110份，统计认为问题中"X的"结构的语义为修饰限制义，亦即结构上是后置定语的被试人数的比例。为了排除所学专业对调查结果可能带来的影响，将汉语言文学专业与非汉语言文学专业的被试分开统计。数据统计结果如图7-1至图7-4和表7-1所示（图中对应每个序号的三个柱状图从左到右分别为汉语言文学专业被试的情况、非汉语言文学专业被试的情况以及总计情况）。

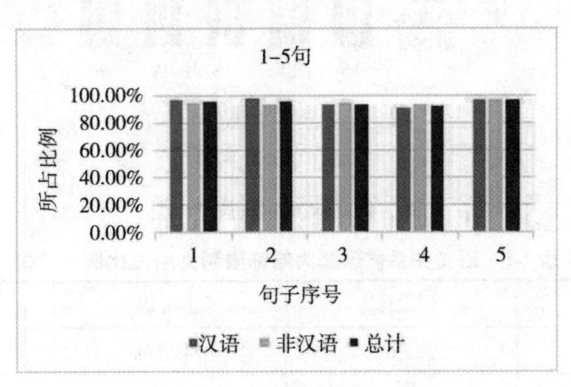

图7-1　1-5句数据统计图

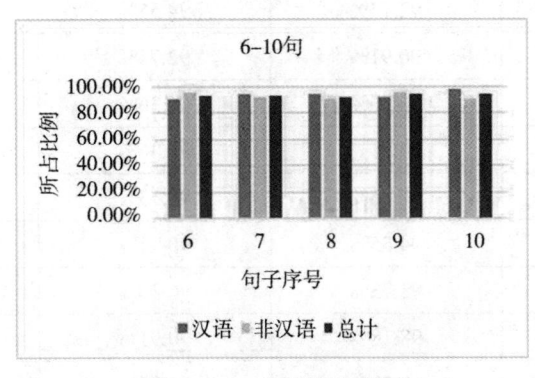

图7-2　6-10句数据统计图

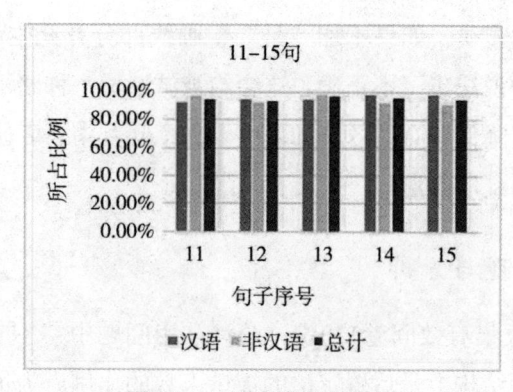

图7-3　11-15句数据统计图

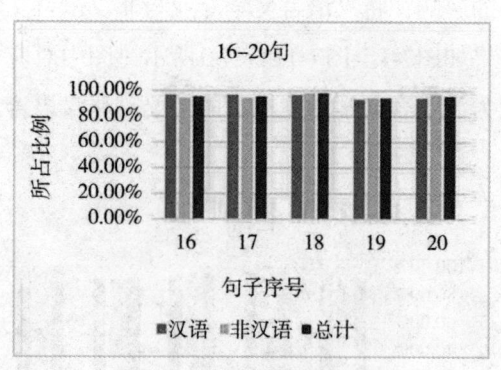

图7-4　16-20句数据统计图

表7-1　语义关系被理解为修饰限制义所占比例一览表

句子序号	汉语	非汉语	总计
1	96.36%	94.55%	95.45%
2	98.18%	92.73%	95.45%
3	92.73%	94.55%	93.64%
4	90.91%	92.73%	91.82%
5	96.36%	96.36%	96.36%
6	90.91%	96.36%	93.64%
7	94.55%	92.73%	93.64%
8	94.55%	90.91%	92.73%
9	92.73%	96.36%	94.55%
10	98.18%	90.91%	94.55%
11	92.72%	96.36%	94.55%

续表

句子序号	汉语	非汉语	总计
12	94.55%	92.73%	93.64%
13	94.55%	98.18%	96.36%
14	98.18%	92.73%	95.45%
15	98.18%	90.91%	94.55%
16	96.36%	94.55%	95.45%
17	96.36%	94.55%	95.45%
18	96.36%	98.18%	97.27%
19	92.73%	94.55%	93.64%
20	94.55%	96.36%	95.45%

根据图7-1至图7-4和表7-1可以得知，汉语言文学专业和非汉语言文学专业的被试在句意理解上呈现一致性，均有超过90%的被试认为，被调查例句中的"X的"结构可以后移，在语义上为修饰限制义，充当的是后置定语。这在一定程度上可以佐证前文理论分析的合理性。

第四节　"NP+X的"中"X的"的语义和语用效果

一、语义方面的效果

在前文的论述中我们提到，在现代汉语"NP+X的"定语后置结构中，"X的"在语义上具有修饰限定的作用。实际上，所谓"修饰限定"，还可以进一步分析。为与前文分析相照应，以下举例皆出自前文，用例序号与前文保持一致。具体分析如下。

（一）圈定范围

"X的"语义上具有圈定范围的作用，用例如下。

（13）"今天咱们学习几份文件，关于形势的，然后念几份通知，最后再讲讲咱们单位发生的一些问题——大家往前坐坐，别都挤在后面。"（王朔《给我顶住》）

（20）班上的几个同学，最优秀的，往工厂实习去了。（微博）

（28）我最爱吃凤梨，<u>台湾的</u>，因为那是家乡的味道，总能勾起我儿时的回忆。（微博）

（29）今天好多事都没完成，还有好多相片都没上传，<u>昨天的</u>。（BBC语料库）

例（13）意在表达，在众多的文件中，我们只学习几份"关于形势的文件"，对文件的范围进行了圈定；例（20）中，去工厂实习的也只是班上"最优秀的几个同学"，其他的同学是没有机会去的；例（28）中，生产凤梨的地方有很多，可是我最爱吃的是"台湾地区的"，限定了地理范围；例（29）中，没上传的是"昨天的照片"，限定了时间范围。可见画线部分是大范围中的小部分，此时"X的"具有厘定范围的作用。

（二）表示领属所有

"X的"语义上具有表示领属所有的作用，用例如下。

（24）一个南方美人，来到北方，<u>我的</u>，能不光荣些吗？（老舍《牺牲》）

（25）纸薄的心旌，<u>我的</u>，尽无休息地跟着它们飘荡，以至于怦怦而内热。（俞平伯《桨声灯影里的秦淮河》）

（26）相信吧，洁，时光老人将会治好她的创伤，使她重作慈母，<u>你的</u>，也是我们的慈母。（流沙河《七只情雁》）

（27）这是党费，<u>李铎的</u>。（陈建民《汉语口语里的追加现象》）

以上画线部分皆具有"领有义"，也即"归属义"。例（24）中，"南方美人"是"我"的女人，"女人"只属于"我"；例（25）中，"纸薄的心旌"是"我"此刻拥有的心情；例（26）中，"她"是"你"的慈母，"慈母"和"你"具有领属关系；例（27）中，"李铎"是"党费"的所有者。因此，画线部分的"X的"结构对于修饰的名词具有领属所有义。

（三）表达确定义

"X的"语义上具有表达确定义的作用，用例如下。

（18）他在盘子里抓了个苹果，<u>最大的</u>，一口咬去一大半。（梁谷子《浅析定语后置》）

（19）南洋的果子，<u>最漂亮的</u>，恐怕要算洋桃，因为颜色嫩绿而透明，比翡翠还要淡一点，觉得倒还可爱。（CCL语料库）

（21）让家里老人开心的办法，最简单的，就是吃一堆。当然，你可以往家里增加人口，但这个办法明显比前者难度大。（BBC语料库）

（40）请给我拿来那件衣服，最贵的。（温锁林、雒自清《定语的移位》）

以上都是"程度副词最+形容词+的"结构作后置定语的用例，因为"最"本身具有"极""绝"的意思，所以此类结构修饰的名词事物是确定的。例（18）中，"他"抓起的"苹果"是那一个"最大的"；例（19）中，"南洋的最漂亮的果子"只能是"杨桃"；例（21）中，让老人开心的"最简单的办法"只能是"吃一堆"，虽然其他方法也可以让老人开心，但是难度就增加了；例（40）中，请求拿来的"衣服"是"最贵的"那一件，不是其他的。因此，在"程度副词最+形容词+的"结构的限制下，"X的"所限定的事物具有确定性。一般情况下，"X的"之前的"NP"具有的"X"的特征程度是最深的。

（四）表示周遍性

"X的"语义上具有表达周遍性的作用，用例如下。

（30）我的理想和追求是快快乐乐过一生。我珍惜生命，我的，你的和他的。我认为生命高于一切！（池莉《你以为你是谁》）

（33）因了许多《上元灯》的读者，相识的或不相识的，给予我许多过分的奖饰，使我对于短篇小说的创作上，一点不敢存苟且和取巧的心。（施蛰存《我的创作生活之历程》）

例（30）中，"你""我""他"是人称代词的三种基本形式，可以涵盖所有人，所以原句想要表达"我珍惜所有人的生命"；例（33）画线部分是意义相反的两组词，联合起来使用便涵盖了当时情况中的全部的范围。

（五）区别性质

"X的"语义上具有区别性质的作用，用例如下。

（36）那一个人，留胡子的，是我外公。

（37）那个女人，戴草帽的，不管走到哪都大惊小怪的，很讨厌。（温锁林《定语的移位》）

（41）明天去买件春秋大衣，米色的。（谌容《减去十岁》）

（43）渴死我啦，买个冰糕吧，<u>脆皮的</u>。（《市场报》1994年）

上例中，画线部分是其所修饰对象的突出特征。比如，"留胡子"是外公的特点；"戴草帽"是那个女人的特征；"米色的"是区别于其他大衣的颜色；"脆皮的"是不同于其他冰糕的性质，在表达上起到区别性质、提高对象辨识度的作用。

值得注意的是，本节将"X的"的语义特点分为以上五种不同的小类，并分别结合相应的例子，论证具体例句的具体语义特征。但这并不否认具体用例同时具备表达其他语义效果的可能。如在例（20）"班上的几个同学，最优秀的，往工厂实习去了"中，"最优秀的"既圈定范围，强调只有排名靠前的几个同学才有资格去工厂实习，也不否认"最优秀的"也是那几个同学与其他同学相比的区别性特征。

二、语用方面的效果

综合看来，现代汉语"NP+X的"定语后置结构中，"X的"在语用上主要发挥三个方面的作用。同样地，为与前文分析相照应，以下举例皆出自前文，用例序号与前文保持一致。具体分析如下。

（一）强调突出定语

定语作为结构中的非中心成分，一般位于中心语之前。也由于定语所在的位置靠前，其所包含的信息往往不能够较好地被突出强调，把它后移后变为句子的焦点，可以突出其所包含的内容和信息。用例如下。

（15）每一个专电，每一个通讯，<u>关于南北战事的</u>，都争先从纸上跳起来欢迎她的眼光。（茅盾《蚀》）

（21）让家里老人开心的办法，<u>最简单的</u>，就是吃一堆。当然，你可以往家里增加人口，但这个办法明显比前者难度大。（BBC语料库）

（25）纸薄的心旌，<u>我的</u>，尽无休息地跟着它们飘荡，以至于怦怦而内热。（俞平伯《桨声灯影里的秦淮河》）

例（15）中的后置定语突出"专电"和"通讯"的内容范围；例（21）中的后置定语强调"吃一堆"这种让老人快乐的办法实现的难度最简单；例（25）强调的是"我"此刻的心情。

（二）追加说明①

在口语中，说话人想要急于表达某个信息，说出后又觉得需要对这个信息某个方面的重要内容加以补充说明。此种情况可以借助后置定语来实现追加说明的目的。用例如下。

（36）那一个人，<u>留胡子的</u>，是我外公。

（42）春大姐，再添六杯咖啡，<u>五块的</u>。（《人民日报》1998年）

以上用例的画线部分，皆是对前面描述对象的区别性特征的追加说明，起到提高辨识度或者限定的作用。

（三）精简结构

如果同一个定语修饰不同的名词性成分，将这些定语合并同类项后提取出并后置，可以使句子简洁。此外，同一个名词性成分，受到多个定语修饰或定语本身较长时，提取出部分定语成分，也可以避免定语结构臃肿，信息安排过密，出现整个句子头重脚轻的现象。用例如下。

（15）每一个专电，每一个通讯，<u>关于南北战事的</u>，都争先从纸上跳起来欢迎她的眼光。（茅盾《蚀》）

（33）因了许多《上元灯》的读者，<u>相识的或不相识的</u>，给予我许多过分的奖饰，使我对于短篇小说的创作上，一点不敢存苟且和取巧的心。（施蛰存《我的创作生活之历程》）

例（15）中，定语"关于南北战事的"同时修饰"专电"和"通讯"，还原成正常的语序则是"每一个关于南北战事的专电，每一个关于南北战事的通讯……"句子就会变得啰嗦繁复。例（33）中，被修饰的名词前本身具有定语，如果将画线部分前移，不仅重点不突出，而且还会导致句子结构臃肿，所以将部分定语后置，不仅能突出强调画线部分的内容，也可以使整个句子的表达更精简。

同样需要说明的是，后置定语"X的"的语用效果也并非唯一确定的，在一个句子可能具有多种语用效果。比如，例（15）中的后置定语，既具有精简结构的作用，也是强调性的定语；又如，例（33）中的后置定语，既起到追加

---

① 虽然追加说明也有强调的作用，但那只是间接效果。追加说明出现的前提条件是在口语中表达过急，然后再做补充，因而和突出强调存在着本质的不同。

信息的作用，也意在强调。

第五节　本章结语

　　本章主要探讨了现代汉语"NP+X的"作为后置定语结构时的语义–句法映射机制问题。首先，反对现代汉语"NP+X的"结构语义–句法存在错配的研究，提到的有关现代汉语易位结构的四条判定标准有待商榷。其次，讨论现代汉语"NP+X的"结构语义–句法是否存在错配，亦即现代汉语"NP+X的"结构中的"X的"结构是否经历了移位这一议题时，应该同时立足形式结构以及意义内容这两个维度进行分析。

　　在陈述句中，"X的"结构定语后置句可以再分为以下五类："关于+N+的"结构、"程度副词最+形容词+的"结构、"X的和Y的"共现结构、"动词性短语+的"结构以及"人称代词/人名/地名/时间名词+的"结构。这五类结构，无论有无排谓性，"X的"在语义上表达修饰限定义时，都是经历了移位的后置定语结构。在祈使句中，由于句类自身的语气和语义限制，后移的"X的"结构，皆为后置定语。接着，借助语感测试实验，从实证研究的角度，分析现代汉语是否存在定语后移的"NP+X的"结构。实验结果表明，90%以上的汉语母语者认为，现代汉语"NP+X的"结构可以理解为定语后置结构。这进一步表明，现代汉语中，部分"NP+X的"结构的语义–句法映射过程发生了句法移位。本章最后系统分析了现代汉语"NP+X的"结构解读为移位结构时的语义特点以及语用特点。语义方面，现代汉语"NP+X的"定语后置结构具有圈定范围、表示领属所有、表达确定义、表示周遍性以及区别性质这五种语义特点。语用方面，现代汉语"NP+X的"定语后置结构具有强调突出定语、追加说明、精简结构这三个作用。

参考文献

[1] 安丰存. 题元角色理论与领有名词提升移位[J]. 解放军外国语学院学报, 2007 (03): 11-17.

[2] 白荃. "不"、"没(有)"教学和研究上的误区——关于"不"、"没(有)"的意义和用法的探讨[J]. 语言教学与研究, 2000(03): 21-25.

[3] 北京大学中文系现代汉语教研室编. 现代汉语[M]. 北京: 商务印书馆, 2012.

[4] 卞觉非. 略论语素、词、短语的分辨及其区分方法[J]. 语文研究, 1983(01): 4-12+15.

[5] 布龙菲尔德(Leonard Bloomfield)(美)著; 袁家骅等译. 语言论[M]. 北京: 商务印书馆, 1980.

[6] 曹芳宇. 汉语语素"儿"的性质[J]. 云南师范大学学报(对外汉语教学与研究版), 2010, 8(01): 60-63.

[7] 曹贤文. 语言多棱镜[M]. 北京: 外语教学与研究出版社, 2020.

[8] 陈昌来, 胡建锋. 带受事成分的不及物动词的考察[J]. 语言教学与研究, 2003(03): 63-72.

[9] 陈昌来. 现代汉语不及物动词的配价考察[J]. 语言研究, 1998(02): 38-47.

[10] 陈衡. 词和短语区分的频率因素计量考察[J]. 现代语文, 2018(07): 129-134.

[11] 陈建民. 汉语口语里的追加现象[A]. 《中国语文》杂志社编, 《语法研究和探索(二)》[C]. 北京: 北京大学出版社, 1987.

[12] 陈练军. 汉语单音词的语素化研究[M]. 北京: 社会科学文献出版社, 2019.

[13] 陈伟琳. "只有"与"只+有"的用法及分野[J]. 信阳师范学院学报(哲学社会科学版), 1999(04): 76-78+81.

[14] 程相伟. 也谈词和短语的划分标准[J]. 泰安教育学院学报岱宗学刊, 2002 (01): 84-86.

[15] 崔应贤等. 现代汉语定语的语序认知研究[M]. 北京: 中国社会科学出版社, 2002.

[16] 代宗艳, 宗守云. "X系"的性质转化与演化机制[J]. 对外汉语研究, 2020 (01): 65-76.

[17] 戴维·克里斯特尔(David Crystal)(英)著, 沈家煊译. 现代语言学词典 [M]. 北京: 商务印书馆, 2000.

[18] 邓盾. "词"为何物: 对现代汉语"词"的一种重新界定[J]. 世界汉语教学, 2020, 34(02): 172-184.

[19] 丁声树等. 现代汉语语法讲话[M]. 北京: 商务印书馆, 1961.

[20] 丁晓慧. 网络词"云XX"的演化成因及流行现状[J]. 开封文化艺术职业学院学报, 2021, 41(07): 59-60.

[21] 董成如. 汉语存现句中动词非宾格性的压制解释[J]. 现代外语, 2011, 34 (01): 19-26+108.

[22] 董秀芳. 词汇化: 汉语双音词的衍生和发展[M]. 成都: 四川民族出版社, 2002.

[23] 符淮青. 现代汉语词汇[M]. 北京大学出版社: 北京, 2004.

[24] 范厉杨. 语言符号任意性原则论争评析[J]. 现代语文, 2022, (02): 91-95.

[25] 范晓. 范晓语法论文选集[M]. 上海: 复旦大学出版社, 2019.

[26] 范晓. 关于汉语的语序问题(二)[J]. 汉语学习, 2001(6): 18-28.

[27] 范晓. 关于汉语的语序问题(一)[J]. 汉语学习, 2001(5): 1-12.

[28] 范晓. 三个平面的语法观[M]. 北京: 北京语言文化大学出版社, 1996.

[29] 方希. 有定与向心结构的语序[J]. 语文研究, 1999(01): 2-9.

[30] 费尔迪南·德·索绪尔(Ferdinand de Saussure)(瑞士)著; 高名凯译. 普通语言学教程. 北京: 商务印书馆, 1980.

[31] 冯胜利. 从韵律看汉语"词""语"分流之大界[J]. 中国语文, 2001(01): 27-37+95.

[32] 符达维. 现代汉语的定语后置[J]. 重庆师院学报(哲学社会科学版), 1984

(04): 85-89.

[33] 符淮青. 现代汉语词汇 第2版[M]. 北京: 北京大学出版社, 2004.

[34] 高名凯. 汉语语法论[M]. 北京: 商务印书馆, 1986.

[35] 高名凯. 汉语语法研究中的词类问题[J]. 安徽大学学报, 1963(01): 35-52.

[36] 耿立波, 邵可青, 杨亦鸣. 语言的手势起源: 基于镜像系统的证据[J]. 听力学及言语疾病杂志, 2015, 23(06): 661-664.

[37] 龚乐宁. 德汉否定词分析及对比[J]. 吉林省教育学院学报(上旬), 2012, 28(07): 113-115.

[38] 顾海峰. 国内语言符号任意性与象似性学术争鸣述评[J]. 四川外语学院学报, 2006(02): 140-144.

[39] 顾阳. 时态、时制理论与汉语时间参照[J]. 语言科学, 2007(04): 22-38.

[40] 郭华. 现代汉语动语素研究[M]. 开封: 河南大学出版社, 2020.

[41] 郭继懋, 李伟, 钟村艳. 从"他很帅"到"他长得很帅"——形容词从谓语变为组合补语的条件[J]. 语文研究, 2003(04): 15-18.

[42] 郭继懋. 试谈"飞上海"等不及物动词带宾语现象[J]. 中国语文, 1999(05): 337-346.

[43] 郭聿楷. 象似性是语言中居统治地位的普遍机制吗[J]. 中国俄语教学, 2006(02): 7-12.

[44] 郭锐. 朱德熙先生的汉语词类研究[J]. 汉语学习, 2011(05): 14-26.

[45] 哈杜默德·布斯曼(Hadumod Bußmann)(德)著; 陈慧瑛编译主编. 语言学词典[M]. 北京: 商务印书馆, 2003.

[46] 韩景泉. 汉语显性非宾格动词句的最简分析[J]. 外国语(上海外国语大学学报), 2016, 39(06): 12-22.

[47] 韩景泉. 汉语非宾格动词的论元结构及其句法推导[J]. 外语教学与研究, 2019, 51(01): 31-43+159.

[48] 韩景泉. 英语动词DIE的非宾格属性[J]. 外语教学与研究, 2020, 52(06): 817-829+958.

[49] 韩景泉. 领有名词提升移位与格理论[J]. 现代外语, 2000(03): 262-272+261.

[50] 胡附, 文炼. 现代汉语语法探索[M]. 北京: 新知识出版社, 1956.

[51] 胡建华. 题元、论元和语法功能项——格标效应与语言差异[J]. 外语教学与研究, 2007(03): 163-168+240.

[52] 侯倩. 现代汉语 "否定语素+X" 词语研究[D]. 山东大学.

[53] 胡明扬. 说 "词语"[J]. 语言文字应用, 1999(03): 3-9.

[54] 胡裕树, 范晓. 动词研究综述[M]. 太原: 山西高校联合出版社, 1996.

[55] 胡裕树. 现代汉语[M]. 上海: 上海教育出版社, 1981.

[56] 胡壮麟. 对语言象似性和任意性之争的反思[J]. 北京大学学报(哲学社会科学版), 2009, 46(03): 95-102.

[57] 黄伯荣, 廖序东. 现代汉语(增订六版)[M]. 北京: 高等教育出版社, 2017.

[58] 黄昌宁. 中文信息处理中的分词问题[J]. 语言文字应用, 1997(01): 74-80.

[59] 黄盛璋. 论汉语动词分内外动的问题[J]. 语文教学(华东), 1958(8): 29-32.

[60] 黄雅思. 否定词 "没(没有)" 的历史演变探析[J]. 新课程研究(高教职教), 2015(01): 113-115.

[61] 黄正德. 汉语动词的题元结构与其句法表现[J]. 语言科学, 2007, (04): 3-21.

[62] 伦昕煜, 孙建伟. "云" 族新词语的构式考察[J]. 语文学刊, 2019, 39(05): 104-110.

[63] 江学旺. 《说文解字》形声字甲骨文源字考——论形声字的形成途径[J]. 古汉语研究, 2000(02): 2-6.

[64] 蒋冀骋, 吴福祥. 近代汉语纲要[M]. 长沙: 湖南教育出版社, 1997.

[65] 蒋军, 陈安涛, 张蔚蔚, 张庆林. 无意识信息引发的认知控制及其神经机制[J]. 心理科学进展, 2012, 20(10): 1573-1584.

[66] 金福芬, 陈国华. 汉语量词的语法化[J]. 清华大学学报(哲学社会科学版), 2002(S1): 8-14.

[67] 金立鑫, 于秀金. 普通话动词与 "了、过、着、在" 的组合与限制[J]. 汉语学习, 2022(03): 11-24.

[68] 柯航. 汉语单音节定语移位的语义制约[J]. 中国语文, 2011(05): 410-418+480.

[69] 兰宾汉, 邢向东. 现代汉语[M]. 北京: 中华书局, 2014.

[70] 黎锦熙. 新著国语文法 订正本 中等学校用[M]. 北京: 商务印书馆, 1924.

[71] 黎锦熙. 新著国语文法[M]. 北京: 商务印书馆, 1982.

[72] 李宝伦. 汉语否定词"没(有)"和"不"对焦点敏感度的差异性[J]. 当代语言学, 2016, 18(03): 368-386.

[73] 李葆嘉. 论索绪尔符号任意性原则的失误与复归[J]. 语言文字应用, 1994(03): 22-28.

[74] 李春艳. 汉藏语系状貌词语音重叠特征的象似性[J]. 吉林大学社会科学学报, 2021, 61(02): 228-234+240.

[75] 李德鹏. 论古汉语现代汉语双音词判断标准的一致性[J]. 云南民族大学学报(哲学社会科学版), 2009, 26(01): 156-160.

[76] 李德鹏. 论汉语的语素就是词[J]. 汉语学报, 2013(02): 90-94.

[77] 李德鹏. 三论汉语的语素就是词[J]. 辽宁师范大学学报(社会科学版), 2018a, 41(06): 103-110.

[78] 李德鹏. 再论汉语的语素就是词[J]. 澳门理工学报, 2018b: 107-118.

[79] 李冬英. 《尔雅》普通语词研究[D]. 济南: 山东大学, 2011.

[80] 李芳杰. 定语易位问题刍议[J]. 语文研究, 1983(03): 24-31.

[81] 李洪儒. 索绪尔语言学的语言本体论预设——语言主观意义论题的提出[J]. 外语学刊, 2010(06): 17-24.

[82] 李劲荣. 也论汉语的显性非宾格现象[J]. 上海师范大学学报(哲学社会科学版), 2023, 52(02): 114-123.

[83] 李晋霞, 李宇明. 论词义的透明度[J]. 语言研究, 2008(03): 60-65.

[84] 李晋霞. 词与短语区分的理论与实践[M]. 北京: 中国社会科学出版社, 2013.

[85] 李镜儿. 现代汉语拟声词研究[D]. 上海: 复旦大学, 2006.

[86] 李临定. 现代汉语动词[M]. 上海: 中国社会科学出版社, 1990.

[87] 李讷. 人类进化中的"缺失环节"和语言的起源[J]. 中国社会科学, 2004(02): 162-177+208.

[88] 李人鉴. 关于"没有"[J]. 扬州师院学报(社会科学版), 1979(02): 44-48.

[89] 李文山. 论现代汉语中的三个"还有"——兼论共时材料中的语法化[J]. 汉

语学习, 2008(05): 55-61.

[90] 李显赫. 汉语的语素就是词吗?——与李德鹏先生商榷[J]. 琼州学院学报, 2015, 22(03): 57-62.

[91] 李晓玉. 论句末的"没"和"没有"[J]. 黑龙江教育学院学报, 2018, 37(10): 113-115.

[92] 李行健. 现代汉语规范词典[M]. 北京: 外语教学与研究出版社, 2010.

[93] 李学清. "树叶绿得可爱"中的"绿"是动词吗?[J]. 中学语文, 1992(08): 29.

[94] 李艳. 句末"没"从否定副词到疑问语气词的渐变[J]. 深圳大学学报(人文社会科学版), 2010, 27(04): 130-134.

[95] 李永宏, 孔江平, 于洪志. 现代语音学仪器及生理语音学研究[J]. 生命科学仪器, 2008(09): 54-58.

[96] 梁丹丹. 中国神经语言学的回顾与前瞻[J]. 当代语言学, 2004(02): 139-153+190.

[97] 梁谷子. 浅析定语后置[J]. 广西师范学院学报, 1996(02): 65-67+90.

[98] 梁梓霞. 语言符号的任意性与理据性之辨析[D]. 南昌: 东华理工大学, 2020.

[99] 廖定文. 现代汉语语法入门[M]. 贵阳: 贵州人民出版社, 1987.

[100] 刘春光. 认知视角下的现代汉语语序研究[D]. 上海: 上海师范大学, 2014.

[101] 刘丹青. 汉语类指成分的语义属性和句法属性[J]. 中国语文, 2002(05): 411-422+478-479.

[102] 刘克云. 否定标记"没有"的句法语义分析[D]. 安徽师范大学, 2011.

[103] 刘森. 当代语文学学科体系的建构[J]. 语文建设, 2005(03): 4-6.

[104] 刘宁生. 汉语偏正结构的认知基础及其在语序类型学上的意义[J]. 中国语文, 1995(02): 81-89.

[105] 刘钦荣. 语素和词的关系新解[J]. 驻马店师专学报(社会科学版), 1990(01): 39-44.

[106] 刘润清. 西方语言学流派[M]. 北京: 外语教学与研究出版社, 2002.

[107] 刘书芬. 从荀子《正名》篇中的"约定俗成"谈"名"与"实"之间的任意性和理据性的辨证关系[J]. 上饶师范学院学报, 2014, 34(04): 72-75.

[108] 刘坛孝, 焦成. 认知视域下语言的主观化建构[J]. 长沙理工大学学报(社会科学版), 2022, 37(02): 87-94.

[109] 刘探宙. 一元非作格动词带宾语现象[J]. 中国语文, 2009(02): 110-119+191.

[110] 刘涛, 杨亦鸣. 基于事件相关电位的空语类分类的神经机制研究[J]. 外语研究, 2016, 33(05): 14-21.

[111] 刘晓林. 也谈不及物动词带宾语的问题[J]. 外国语(上海外国语大学学报), 2004(01): 33-39.

[112] 刘月华, 潘文娱. 实用现代汉语语法[M]. 北京: 商务印书馆, 1983.

[113] 刘月华等. 实用现代汉语语法[M]. 北京: 外语教学与研究出版社.

[114] 刘云, 李晋霞. 论频率对词感的制约[J]. 语言教学与研究, 2009(03): 1-7.

[115] 刘云. 词与语素、短语的纠结与离析[J]. 华中学术, 2021, 13(01): 207-220.

[116] 刘振平. 儿韵和儿化韵的实验分析[J]. 汉语学习, 2008(06): 73-78.

[117] 柳燕梅. 汉语语素识别研究中的三点分歧[J]. 汉语学习, 2004(01): 33-38.

[118] 陆俭明. 现代汉语语法研究教程[M]. 北京: 北京大学出版社. 2005.

[119] 陆俭明. 关于汉语词类问题的两次大讨论[J]. 语文研究, 2022(04): 1-8.

[120] 陆俭明. 汉语口语句法里的易位现象[J]. 中国语文, 1980, 1-6: 28-41.

[121] 陆俭明. 名词性"来信"是词还是词组?[J]. 中国语文, 1988(5): 366-369.

[122] 陆俭明. 浅议"汉语名动形层层包含"词类观及其他[J]. 汉藏语学报, 2013(00): 137-146.

[123] 陆俭明. 现代汉语不及物动词之管见[J]. 语法研究和探索, 1991(1): 159-173.

[124] 陆俭明. 现代汉语语法研究——过去与未来[J]. 汉语语言学, 2022(01): 1-29.

[125] 陆志韦. 北京话单音词词汇[M]. 北京: 科学出版社, 1956.

[126] 陆志韦等. 汉语的构词法. 修订本[M]. 北京: 科学出版社, 1964.

[127] 陆志伟. 汉语的构词法[M]. 北京: 北京科学出版社, 1957.

[128] 骆小所. 现代汉语引论[M]. 昆明: 云南人民出版社, 1999.

[129] 吕叔湘, 朱德熙. 语法修辞讲话[M]. 北京: 商务印书馆, 2013.

[130] 吕叔湘. 汉语语法分析问题[M]. 北京: 商务印书馆, 1979.

[131] 吕叔湘. 汉语语法论文集(增订本)[M]. 北京: 商务印书馆, 1999.

[132] 吕叔湘. 说"自由"和"粘着"[J]. 中国语文, 1962(1): 1-6.

[133] 吕叔湘. 现代汉语八百词[M]. 北京: 商务印书馆, 1980.

[134] 吕叔湘. 现代汉语单双音节问题初探[J]. 中国语文, 1963(1): 10.

[135] 吕叔湘. 中国文法要略[M]. 北京: 商务印书馆, 2014(1947年成书).

[136] 吕叔湘著. 汉语语法分析问题[M]. 北京: 商务印书馆, 1979.

[137] 吕云生. 有关"施事后置"及"非宾格假说"的几个问题[J]. 语言科学, 2005(05): 50-70.

[138] 麻省理工科技评论. 科技之巅 2《麻省理工科技评论》2017年10大全球突破性技术深度剖析[M]. 北京: 人民邮电出版社, 2017.

[139] 马建忠. 马氏文通[M]. 北京: 商务印书馆, 1983(1898年成书).

[140] 马麦贞. 从"来信"说起——兼谈汉语的复音词问题[J]. 山西大学学报(哲学社会科学版), 1989(04): 55-58.

[141] 马明, 刘春阳. 语言象似性的认知研究[J]. 东北大学学报(社会科学版), 2007(02): 180-184.

[142] 马庆株. 多重定名结构中形容词的类别和次序[J]. 中国语文, 1995(05): 357-366.

[143] 马世平. 词和词组的区别[J]. 榆林高等专科学校学报, 2001(03): 51-54.

[144] 梅祖麟. 从语言史看几本元杂剧宾白的写作时期[J], 语言学论丛(第十三辑), 北京: 商务印书馆, 1984.

[145] 莫莉. "动词+非核心论元宾语"构式的构式压制和惯性压制[J]. 语言科学, 2021, 20(04): 373-382.

[146] 南开大学哲学系逻辑学教研室. 逻辑学基础教程[M]. 天津: 南开大学出版社, 2008.

[147] 聂仁发. 试论否定词"不"与"没有"的语义特征[J]. 广播电视大学学报(哲学社会科学版), 2001(01): 84-88.

[148] 聂志平. 论语言符号的任意性和理据性——与李葆嘉先生商榷[J]. 学术交流, 1997(03): 125-128.

[149] 牛远. 谈语言符号的任意性及汉语词汇研究[J]. 重庆科技学院学报（社会科学版），2012(16)：112-114.

[150] 潘海华，韩景泉. 显性非宾格动词结构的句法研究[J]. 语言研究，2005(03)：1-13.

[151] 潘文国. 语言的定义[J]. 华东师范大学学报（哲学社会科学版），2001(01)：97-108+128.

[152] 潘悟云. 汉语否定词考源——兼论虚词考本字的基本方法[J]. 中国语文，2002(04)：302-309+381.

[153] 庞欢. 现代汉语"逆语法化"现象之语素单词化分析[J]. 榆林学院学报，2021，31(01)：116-122.

[154] 彭睿. 临界频率和非临界频率——频率和语法化关系的重新审视[J]. 中国语文，2011(01)：3-18+95.

[155] 任会启，梁丹丹. 智障儿童动词论元遗漏的实验研究[J]. 语言科学，2014，13(05)：449-460.

[156] 商务印书馆辞书研究中心. 应用汉语词典[M]. 北京：商务印书馆，2000.

[157] 邵敬敏. 汉语语法专题研究（增订本）[M]. 北京：北京大学出版社，2009.

[158] 邵敬敏. 现代汉语通论（第三版）[M]. 上海：上海教育出版社，2016.

[159] 邵敬敏. 从语序的三个平面看定语的移位[J]. 复印报刊资料（语言文字学），1987(11)：103-123.

[160] 沈怀兴. 研究现代汉语也需要有历史观点——从"蝴蝶"、"凤凰"二词的结构说起[J]. 河南师范大学学报（哲学社会科学版），1993(01)：100-103.

[161] 沈家煊. "名动词"的反思：问题和对策[J]. 世界汉语教学，2012，26(01)：3-17.

[162] 沈家煊. "王冕死了父亲"的生成方式——兼说汉语"糅合"造句[J]. 中国语文，2006(04)：291-300+383.

[163] 沈家煊. 比附"主谓结构"引起的问题[J]. 外国语（上海外国语大学学报），2018，41(06)：2-15.

[164] 沈家煊. 句法的象似性问题[J]. 外语教学与研究，1993(01)：2-8+80.

[165] 沈家煊. 实词虚化的机制——《演化而来的语法》评介[J]. 当代语言学，

1998(03):41-46.

[166]沈家煊. 谈谈功能语言学各流派的融合[J]. 外语教学与研究, 2019, 51(04):483-495+639.

[167]沈家煊. 我看汉语的词类[J]. 语言科学, 2009, 8(01):1-12.

[168]沈家煊. 英汉否定词的分合和名动的分合[J]. 中国语文, 2010(05):387-399+479.

[169]沈阳. 名词短语分裂移位与非直接论元句首成分[J]. 语言研究, 2001(03):12-28.

[170]石定果. 汉字研究与对外汉语教学[J]. 语言教学与研究, 1997(01):30-42.

[171]石定栩. 汉语句法的灵活性和句法理论[J]. 当代语言学, 2000(01):18-26+61.

[172]石思. 小议"云X"[J]. 现代语文, 2018(04):80-83.

[173]石毓智,李讷. 十五世纪前后的句法变化与现代汉语否定标记系统的形成——否定标记"没(有)"产生的句法背景及其语法化过程[J]. 语言研究, 2000(02):39-62.

[174]石毓智. 汉语发展史上的双音化趋势和动补结构的诞生——语音变化对语法发展的影响[J]. 语言研究, 2002(01):1-14.

[175]宋德生. 体验认知与语言象似性[J]. 外语教学, 2004(01):23-27.

[176]孙芬仙. 论"没有"的词性问题[J]. 楚雄师范学院学报, 2007(08):45-51.

[177]孙汝建. 现代汉语-第2版[M]. 南京:南京大学出版社, 2009.

[178]孙天琦,潘海华. 也谈汉语不及物动词带"宾语"现象——兼论信息结构对汉语语序的影响[J]. 当代语言学, 2012, 14(04):331-342+436.

[179]孙炜,严学军. 也谈语言符号的任意性和理据性[J]. 语文研究, 2005(03):17-21.

[180]孙雍长. 训诂原理[M]. 北京:语文出版社. 1997.

[181]索振羽. 索绪尔的语言符号任意性原则是正确的[J]. 语言文字应用, 1995(02):73-76.

[182]太田辰夫(日)著;蒋绍愚,徐昌华译. 中国语历史文法[M]. 北京:北京大学出版社, 1987.

［183］谭伯仙. 这是形容词谓语句吗？［J］. 中学语文教学，1995（02）：44.

［184］谭羽胭. "云X" 构式及其成因探析［J］. 散文百家（理论），2021（03）：146-147.

［185］汪榕培. 国外语言学：历史与现状英语词汇学：历史与现状［J］. 外语研究，2001（01）：13-20.

［186］王艾录，司富珍. 语言理据研究［M］. 北京：中国社会科学出版社. 2002.

［187］王德春. 论语言单位的任意性和理据性——兼评王寅《论语言符号象似性》［J］. 外国语（上海外国语大学学报），2001（01）：74-77.

［188］王铎. 也谈"易位句"的语音停顿——兼与陆俭明、孟琮先生商榷［J］. 固原师专学报（社会科学版），1987（01）：86-88+59.

［189］王广成，王秀卿. 对非宾格假设理论内涵和意义的再认识［J］. 解放军外国语学院学报，2016，39（04）：40-48+159.

［190］王红生. 上古汉语的存在标记"有"［J］. 保定学院学报，2018，31（01）：63-68.

［191］王洪君. 从字和字组看词和短语——也谈汉语中词的划分标准［J］. 中国语文，1994（2）：11.

［192］王洪君. 汉语的韵律词与韵律短语［J］. 中国语文，2000（6）：525-536.

［193］王惠静. 及物性的几个核心问题及其认知阐释［J］. 西南大学学报（社会科学版），2017，43（03）：135-143+192.

［194］王佳. 浅析网络流行语"XX系"［J］. 现代语文，2019（08）：94-98.

［195］王珏. 汉语声调与词类范畴之间的象似关系［J］. 中国语言学报，2014（00）：155-181.

［196］王俊毅. 及物动词与不及物动词分类考察［J］. 语言教学与研究，2001（05）：17-24.

［197］王力. 汉语语法纲要. 第2版［M］. 北京：中华书局，2023.

［198］王力. 中国现代语法［M］. 北京：商务印书馆，1985.

［199］王力. 中国语法理论［M］. 北京：中华书局，2015.

［200］王力主编. 王力古汉语字典［M］. 北京：中华书局，2000.

［201］王路. 涵义与意谓——理解弗雷格［J］. 哲学研究，2004（07）：65-71+96.

[202] 王日生. 这是形容词谓语句——跟谭伯仙老师商榷[J]. 中学语文教学, 1995 (08): 44.

[203] 王森, 王毅, 姜丽. "有没有/有/没有+VP"句[J]. 中国语文, 2006(01): 10-18+95.

[204] 王卫峰. 试论《释名》的语源学价值[J]. 古汉语研究, 2000(01): 75-80.

[205] 王文丽, 陈昌来. 基于及物性的现代汉语动词再分类[J]. 华东师范大学学报(哲学社会科学版), 2017, 49(01): 105-110+175.

[206] 王文颖. 连词"只有"的语法化过程[J]. 广西师范学院学报(哲学社会科学版), 2015, 36(06): 162-166.

[207] 王鑫, 封世文, 杨亦鸣. 国外非宾格假说研究的理论和实证视角[J]. 现代外语, 2020, 43(03): 413-423.

[208] 王鑫, 杭明丽, 梁丹丹. 动词论元结构复杂性加工的认知神经机制[J]. 心理科学进展, 2020, 28(01): 62-74.

[209] 王鑫, 杨亦鸣. 跨学科视阈下动词研究新视野——《构建论元: 动词论元结构的跨学科研究》述评[J]. 语言与翻译, 2018(04): 89-94.

[210] 王鑫, 周万勤. 基于及物性再分析的现代汉语动词及物性划分研究[J]. 语言与翻译, 2023(04): 22-27.

[211] 王彦坤. 训诂的方法[J]. 暨南学报(哲学社会科学版), 2005(06): 100-106+140.

[212] 王寅. 从社会语言学角度看象似性[J]. 四川外语学院学报, 1999(02): 53-56.

[213] 王寅. 论语言符号象似性[J]. 外语与外语教学, 1999(05): 4-7+57.

[214] 王寅. 认知语言学的哲学基础: 体验哲学[J]. 外语教学与研究, 2002a (02): 82-89+160.

[215] 王寅. 象似说与任意说的哲学基础与辩证关系[J]. 解放军外国语学院学报, 2002b(02): 1-6.

[216] 王寅. 象似性辩证说优于任意性支配说[J]. 外语与外语教学, 2003(05): 3-8.

[217] 王寅. 语言符号象似性研究简史——认知语言学讨论之一[J]. 山东外语教

学, 2000(03): 1-6.

[218] 王志军. 论及物性的分类[J]. 外国语(上海外国语大学学报), 2007(06): 28-31.

[219] 温宾利, 陈宗利. 领有名词移位: 基于MP的分析[J]. 现代外语, 2001(04): 413-416+412.

[220] 温锁林, 雒自清. 定语的移位[J]. 山西大学学报(哲学社会科学版), 2000(04): 74-78.

[221] 温颖. 试论动词的及物不及物与相关施事受事名词的划界问题[A]. 中国社会科学院语言研究所现代汉语研究室编, 句型和动词[C]. 北京: 语文出版社, 1987.

[222] 文旭. 认知语言学的研究目标、原则和方法[J]. 外语教学与研究, 2002(02): 90-97+160.

[223] 吴潮. 论汉语的语素与词的关系问题[J]. 现代语文(学术综合版), 2017(12): 178-181.

[224] 吴城煜. 论汉语的任意性与理据性[J]. 呼伦贝尔学院学报, 2008(04): 47-48+71.

[225] 吴义诚, 戴颖. 有标记语言现象与语法特性研究[J]. 现代外语, 2022, 45(03): 306-317.

[226] 吴义诚, 李艳芝. 语言及物性的构式研究[J]. 外国语(上海外国语大学学报), 2014, 37(03): 41-48.

[227] 武氏河. 现代汉语语序研究[D]. 南京师范大学, 2006.

[228] 邢福义. 现代汉语[M]. 北京: 高等教育出版社, 2011.

[229] 项梦冰. 是"V/A儿"还是"N儿"[J]. 语文建设, 1994(08): 2-4.

[230] 熊文华. 论汉语词和短语的界定标准及实际问题的处理[J]. 广西教育学院学报, 1997(02): 74-78.

[231] 徐福坤. "X门"的词义发展分析[J]. 汉语学习, 2007(03): 38.

[232] 徐国庆. 试论词汇体系研究的三个平面[J]. 学术交流, 1999(01): 125-128.

[233] 徐杰. "及物性"特征与相关的四类动词[J]. 语言研究, 2001(03): 1-11.

[234] 徐杰. 两种保留宾语句式及相关句法理论问题[J]. 当代语言学, 1999

(01): 16-29+61.

[235] 徐盛桓. 常规关系与句式结构研究——以汉语不及物动词带宾语句式为例[J]. 外国语(上海外国语大学学报), 2003(02): 8-16.

[236] 徐时仪. 否定词"没""没有"的来源和语法化过程[J]. 湖州师范学院学报, 2003(01): 1-6.

[237] 许国璋. 语言符号的任意性问题——语言哲学探索之一[J]. 外语教学与研究, 1988(03): 2-10+79.

[238] 许抗美. 论德语的否定形式[J]. 南京理工大学学报(社会科学版), 1995(Z1): 172-176.

[239] 香坂顺一. 白话语汇研究[M]. 北京: 中华书局, 1997.

[240] 鲜珊. "云X"词族溯源与成因分析[J]. 作家天地, 2021(36): 106-107.

[241] 许歆媛, 潘海华. "台上坐着主席团"的生成路径新探[J]. 语言研究, 2019, 39(03): 1-10.

[242] 延俊荣. 汉语语音与语言意义象似性例举[J]. 解放军外国语学院学报, 2000(05): 51-54.

[243] 杨大然, 程工. 汉语活动类动词的论元交替及其句法构造[J]. 中国语文, 2018(06): 657-671+766.

[244] 杨德峰. 也论易位句的特点[J]. 语言教学与研究, 2001(05): 10-16.

[245] 杨诎人. 语音的物理表现与心理感知[J]. 解放军外国语学院学报, 2005(05): 15-18.

[246] 叶蜚声, 徐通锵. 语言学纲要[M]. 北京: 北京大学出版社, 1981.

[247] 叶蜚声, 徐通锵著. 语言学纲要. 第4版[M]. 北京: 北京大学出版社, 2010.

[248] 杨陆润, 周一民. 现代汉语[M]. 北京: 北京师范大学出版社, 1995.

[249] 杨锡彭著. 汉语语素论[M]. 南京: 南京大学出版社, 2003.

[250] 杨瑞汉. 汉语"词"的新定义及其与语素、短语界限的探讨[J]. 现代语文: 下旬. 语言研究, 2009(11): 3.

[251] 杨素英. 从非宾格动词现象看语义与句法结构之间的关系[J]. 当代语言学, 1999(01): 30-43+61-62.

[252] 杨洋, 郑礼珊. 理论语言学的实验研究[J]. 现代外语, 2020, 43(06): 865-

874.

[253] 杨亦鸣. 神经语言学与当代语言学的学术创新[J]. 中国语文, 2012(06): 549-560+576.

[254] 应学凤. 汉语单音节定语移位问题研究述评[J]. 浙江外国语学院学报, 2014(06): 49-54+62.

[255] 游玉祥. "X门"构式的语义信息及认知形成机制[J]. 外语研究, 2011(04): 45-49.

[256] 于亮, 胡伟, 陈士校, 杨亦鸣. 构式的还是动词的?——汉语双宾句加工的神经电生理学研究[J]. 语言文字应用, 2017(02): 36-45.

[257] 于善志, 卢姗. 二语抽象动词具身语义加工中的情境系统性研究[J]. 外语教学与研究, 2021, 53(06): 900-911+960.

[258] 袁邦照. 论及物动词与不及物动词的互相转化[J]. 湘潭大学学报(哲学社会科学版), 2005(S2): 138-140.

[259] 杨锡彭著. 汉语语素论[M]. 南京: 南京大学出版社, 2003.

[260] 袁毓林. 关于分词规范和规范词表的若干意见[J]. 语言文字应用, 1997(04): 111.

[261] 张斌. 简明现代汉语[M]. 上海: 复旦大学出版社, 2004.

[262] 张伯江. 汉语的句法结构和语用结构[J]. 汉语学习, 2011(02): 3-12.

[263] 张伯江. 双音化的名词性效应[J]. 中国语文, 2012(04): 338-346+384.

[264] 主编周芸, 邓瑶, 周春林. 现代汉语导论[M]. 北京: 北京大学出版社, 2011.

[265] 张达球, 郭鸿杰. 非宾格假设的跨语言类型研究——四十年发展与新动向[J]. 外语教学与研究, 2021, 53(04): 606-617+641.

[266] 朱德熙. 语法讲义[M]. 北京: 商务印书馆, 1982.

[267] 朱德熙编著. 语法答问[M]. 北京: 商务印书馆, 1985.

[268] 章含之, 白吉庵. 章士钊全集[M]. 上海: 文汇出版社, 2000.

[269] 张建理, 徐银. 构式语法对汉语"形容词+宾语"结构的研讨[J]. 外国语(上海外国语大学学报), 2011, 34(06): 11-18.

[270] 张洁. 汉代声训特点分析[J]. 学术探索, 2014(06): 124-127.

[271] 张丽萍, 刘振平. "云X"构式探析[J]. 皖西学院学报, 2020, 36(06): 119-

124.

[272] 张孝荣. 一元谓词句的论元结构及其句法实现[J]. 天津外国语大学学报, 2011, 18(05): 6-11.

[273] 张妍. 近十年现代汉语词汇本体研究综述[J]. 语文学刊, 2020, 40(03): 71-76.

[274] 张一兵. 索绪尔与语言学结构主义[J]. 南京社会科学, 2004(10): 1-8.

[275] 张怡春. 偏正结构复合名词语素异序现象分析[J]. 南京师大学报(社会科学版), 2007(04): 157-160.

[276] 张谊生, 张爱民. 汉语语序研究要略[J]. 江苏社会科学, 1996(03): 109-112.

[277] 张谊生主编. 现代汉语[M]. 北京: 中国人民大学出版社, 2013.

[278] 张媛. 试论英汉否定思维与时空性思维的关系——来自英汉否定词"not/no"和"不/没"的证据[J]. 外国语(上海外国语大学学报), 2021, 44(06): 24-32.

[279] 张昀. 从小三角理论再议"X系"的性质[J]. 安康学院学报, 2022, 34(02): 112-115+128.

[280] 张昀. 从小三角理论再议"云X"的性质[J]. 宜春学院学报, 2022, 44(11): 89-93.

[281] 张智义, 程工. 基于分布形态的英汉非宾、非施结构研究[J]. 外语学刊, 2018(04): 18-23.

[282] 赵强强. 也论汉语的语素就是词[J]. 云南师范大学学报(对外汉语教学与研究版), 2016, 14(04): 62-68.

[283] 赵彦春. 作格动词与存现结构症结[J]. 外语学刊, 2002(02): 63-67.

[284] 周韧. 汉语韵律语法研究中的轻重象似、松紧象似和多少象似[J]. 中国语文, 2017(05): 536-552+638.

[285] 周统权. 动词配价的量效应与质效应——来自失语症研究的证据[J]. 语言文字应用, 2007(01): 102-110.

[286] 赵元任, 吕叔湘译. 汉语口语语法[M], 北京: 商务印书馆, 1979.

[287] 周有斌. 形容词谓语句研究概述[J]. 淮北煤师院学报(社会科学版), 1996

(01): 125-127.

[288] 朱晓军. 空间范畴的认知语义研究[D]. 上海：华东师范大学, 2008.

[289] 朱行帆. 轻动词和汉语不及物动词带宾语现象[J]. 现代外语, 2005 (03): 221-231+328.

[290] Agnew, Z. K., Van de Koot, H., McGettigana C. & S.K. Scott. Do sentence with unaccusative verbs involve syntactic movement? Evidence from neuroimaging[J]. *Language, Cognition and Neuroscience*, 2014, 29(9): 1035-1045.

[291] Baker, M. *Incorporation: A Theory of Grammatical Function Changing*[M]. Chicago University Press, 1988.

[292] Ben-Shachar, M., Hendler, T., Kahn, I., Ben-Bashat, D., & Grodzinsky, Y. The neural reality of syntactic transformations: Evidence from functional magnetic resonance imaging[J]. *Psychological science*, 2003, 14(5): 433-440.

[293] Ben-Shachar, M., Palti, D., & Grodzinsky, Y. Neural correlates of syntactic movement: Converging evidence from two fMRI experiments[J]. *Neuroimage*, 2004, 21(4): 1320-1336.

[294] Bornkessel-Schlesewsky, I., & Schlesewsky, M. Reconciling time, space and function: a new dorsal–ventral stream model of sentence comprehension[J]. *Brain and language*, 2013, 125(1): 60-76.

[295] Burzio, L. *Italian syntax: A government-binding approach*[M]. Berlin, Springer, 1986.

[296] Cai, Q., & Brysbaert, M. SUBTLEX-CH: Chinese word and character frequencies based on film subtitles[J]. *PloS one*, 2010, 5(6): 1-8.

[297] Caley, S., Whitworth, A. & Claessen, Mary. Can we separate verbs from their argument structure? A group study in aphasia[J]. *International Journal of Language & Communication Disorders*, 2017, 52(1): 59-70.

[298] Caplan ,D., Alpert ,N., & Waters, G. PET studies of sentence processing with auditory sentence presentation[J]. *NeuroImage*, 1999, 9: 343-351.

[299] Caplan, D., Stanczak, L., & Waters, G. Syntactic and thematic constraint effects on blood oxygenation level dependent signal correlates of comprehension of relative clauses[J]. *Journal of Cognitive Neuroscience*, 2008, 20: 643-656.

[300] Chierchia, G. A semantics for unaccusatives and its syntactic consequences [J].In A. Alexiadou, E. Anagnostopoulou, & M. Everaert(Eds.), *The Unaccusativity Puzzle*[C]. Oxford: Oxford University Press, 2004.

[301] Chomsky, N. *The Minimalist Program*[M]. Cambridge, The MIT Press, 1995.

[302] Chomsky, N. *Language and Mind*[M]. Cambridge, Cambridge University Press, 2006.

[303] Croft,W. & D.Cruse. *Cognitive Linguistics*[M]. Cambridge, Cambridge University Press, 2004.

[304] Europa, E., Gitelman, D. R., Kiran, S., & Thompson, C. K. Neural connectivity in syntactic movement processing[J]. *Frontiers in Human Neuroscience*, 2019(13): 13-27.

[305] Feng, S. W, J. Legault, L. Yang, J. W. Zhu, K. Q. Shao, & Y. M. Yang. Differences in grammatical processing strategies for active and passive sentences: An fMRI study[J]. *Journal of Neurolinguistics*, 2015, 33: 104-117.

[306] Feng, S. W., Qi, R., Yang, J., Yu, A., & Yang, Y. Neural correlates for nouns and verbs in phrases during syntactic and semantic processing: An fMRI study[J]. *Journal of Neurolinguistics*, 2020, 53: 1-10.

[307] Fillmore, C. J. The case for case[A]. In E. Bach, & R. T. Harms (Eds.), *Universals in linguistic theory*[C]. New York, NY: Holt, Rinehart, and Winston, 1968.

[308] Fillmore, C. J. Types of lexical information[A]. In C. J. (Ed.), *Form and meaning in language*[C]. Stanford: CSLI Publications, 2003.

[309] Finocchiaro, C., Capasso, R., Cattaneo, L., Zuanazzi, A., & Miceli, G.

Thematic role assignment in the posterior parietal cortex: A TMS study [J]. *Neuropsychologia*, 2015, 77: 223-232.

[310] Friedmann N. & Shapiro L. P. Agrammatic comprehension of simple active sentences with moved constituents: Hebrew OSV and OVS structures [J]. *Journal of Speech Language & Hearing Research*, 2003, 46(2): 288-297.

[311] Friedmann, N., Taranto G., Shapiro, L. P., & Swinney, D. The vase fell (the vase): The online processing of unaccusatives [J]. *Linguistic Inquiry*, 2003, 39(3): 355-377.

[312] Goldberg, A. *Constructions: A Construction Grammar Approach to Argument Structure*. Chicago, The University of Chicago Press, 1995.

[313] Haiman, J. *Iconicity in Syntax* [M]. Amsterdam, John Benjamins, 1985.

[314] Haiman, J. *Natural Syntax* [M]. Cambridge, CUP, 1985

[315] Hopper, P. & Thompson, S. A. Transitivity in grammar and discourse [J]. *Language*, 1980, 56: 251-299.

[316] Ketteler, D., Kastrau, F., Vohn, R., & Huber, W. The subcortical role of language processing. High levellinguistic features such as ambiguity-resolution and the human brain: An fMRI study [J]. *Neuroimage*, 2008, 39, 2002-2009.

[317] Kim, C. Structural and thematic information in sentence production [A]. In Proceedings of the 37th Annual Meeting of the North East Linguistic Society. Urbana-Champaign, IL: University of Illinois, Urbana-Champaign, 2006.

[318] Kim, K. Y. *Verb production and argument structures in aphasics*. Doctoral dissertation, MA thesis, Yonsei University, Seoul, Korea (in Korean), 2006.

[319] Koopman, H. & Sportiche, D. The position of subjects [J]. *Lingua*, 1991, 85: 211-258.

[320] Levin, B. & Hovav, M. Rappaport. *Unaccusativity at the syntax-lexical semantics interface* [M]. Cambridge, MA: MIT Press, 1995.

[321] Mack, J. E., Meltzer-Asscher, A., Barbieri, E., & Thompson, C. K. Neural

correlates of processing passive sentences [J]. *Brain Sciences*, 2013, 3(3): 1198-1214.

[322] Meltzer-Asscher, A., Jennifer, E. Mack, Elena Barbieri, Cynthia, K. Thompson. How the brain processes different dimensions of argument structure complexity: Evidence from fMRI [J]. *Brain & Language*, 2015, 142: 65-75.

[323] Meltzer-Asscher, A., Schuchard, J., den Ouden, D. B., & Thompson, C. K. The neural substrates of complex argument structure representations: Processing 'alternating transitivity' verbs [J]. *Language and Cognitive Processes*, 2013, 28(8), 1154-1168.

[324] Montrul, S. Second language acquisition and first language loss in adult early bilinguals: Exploring some differences and similarities. *Second Language Research*, 2005, 21: 199-249.

[325] Perlmutter, D. M. Impersonal passives and the unaccusative hypothesis [A]. *Proceedings of the Fourth Annual Meeting of the Berkeley Linguistic Society,* 1978: 157-190.

[326] Reinhart, T. The theta system – an overview [J]. *Theoretical Linguistics*, 2002, 28(3): 229-290.

[327] Reinhart, T., & Siloni, T. The lexicon-syntax parameter: Reflexivization and other arity operations [J]. *Linguistic Inquiry*, 2005, 36(3): 389-436.

[328] Saeed, J. I. Semantics [M]. Beijing: Foreign Language Teaching and Research Press, 2000.

[329] Shetreet, E., & Friedmann, N. Stretched, jumped, and fell: An fMRI investigation of reflexive verbs and other intransitives [J]. *NeuroImage*, 2012, 60: 1800-1806.

[330] Shetreet, E., Friedmann, N., & Hadar, U. The neural correlates of linguistic distinctions: unaccusative and unergative verbs [J]. *Journal of Cognitive Neuroscience*, 2010, 22(10): 2306-2315.

[331] Silva , C. A Natureza de Agr e as suas Implicações na Ordem [M]. UFAL,

2004.

[332] Simone, R. Iconicity in Language [M]. Amsterdam:JohnBenjamins, 1994.

[333] Sportiche, D. A theory of floating quantifiers and its corollaries for phrase structure [J]. *Linguistic Inquiry*, 1988, 19: 425-40.

[334] Tsujimura, N. Unaccusative mismatches and resultatives in Japanese [A]. In H. Ura, & M. Koizum (Eds.), *Formal approaches to Japanese linguistics 1: Proceedings of the first conference on formal approaches to Japanese linguistics* [C]. Cambridge: MA: MITWPL, 1994.

[335] Williams, E. Argument structure and morphology [J]. *The Linguistic Review*, 1981, 1(1): 81-114.

后 记

在我的理解中，"后记"可以作成"杂谈"，因而我更愿意将拙著的"后记"当作成长"杂谈"来写。

现在是2023年年底，这本小书是我出版的第一本专著，而我第一篇小文的发表，是读大二时的2011年年底，距今已经整整12年了。"时光荏苒"的一个表现，可能是她的绝对公平式的"无情"：在时间面前，我们都会感怀青春易逝。在感怀的过程中，我也不觉间步入而立之年。有趣的是，"时光荏苒"的另一个表现是"温情"。我最想表达的也是时间的温情。

温情之一："别让你哥哥烧锅"。

我家和外婆家在同一个村子，二舅家的表弟和我年龄相差不大，我小时候经常去外婆家找他玩儿。外婆家是用土灶台做饭的，每次我想帮忙烧火时，只要表弟在，外婆总会说："毛园，别让你哥哥烧锅（"烧锅"即"烧火"），你烧。"虽然外婆已经离开我们了，但类似"别让你哥哥烧锅"的这种温情，却永远印在了我的心里。

温情之二：收黄豆的夏晨。

大学之前，我有一个要命的缺点：小考考得好，大考考不好。2009年高三那一年的高考我也没有突破这个要命的缺点，当年并没有如愿考上公办本科，我也一度陷入了痛苦之中。幸运的是，父母一直以来给予了我能力范围之内最大的爱与支持。2010年高四的暑假，我和妈妈在田里收割黄豆时，收到了学校拟录取的短信。而我的父亲，则在烈日下的另一个地方，搬运着建筑材料。

温情之三：2014年2月的郑州。

或许是否极泰来，2010年考上本科之后，大小考试时我不再像高中时那样紧张，虽然不能超常发挥，但基本上可以保持正常水平。2013年年底考研答题时也没有什么异常，只是考试结束见到我爸后，说话突然嗓音很重（现在想想，很可能是考研压力带来的突发性感冒）。过完当年的春节，我去了郑州大姐家。考研笔试成绩可以网上查询的时候，虽然感觉发挥得还行，但我还是没有勇气自己查询，只得让大姐帮我查。当我听到大姐告诉我说"367"分时，我知道差不多稳了（前几年上岸分数在350左右）。只是我和大姐两个人笑着笑着就哭了。其实，我大姐查分的时候，手也抖得很厉害。

温情之四："王鑫，把小黑板帮我送到办公室"。

我刚读高中时还没有投影仪等电化教学仪器，老师备课时，通常用小黑板提前将备课内容写好，上课时直接使用。虽然我坐在第一排，大部分老师出于照顾我的原因，会让后排的男生把小黑板送到办公室。但当时的英语老师袁萍萍老师却和其他老师不一样，她下课之后总会对我说："王鑫，把小黑板帮我送到办公室。"然后还会贴心地提醒我一句："小心别把粉笔末沾到衣服上。"我不知道别的同学送小黑板时的心情是怎样的，但我到现在仍然清楚地记得，每次帮袁老师送小黑板，我都非常开心。

温情之五："你的文章比许多硕士写得还要好"。

虽然我的第一篇小文是2011年年底发表的，但真正让我坚定走学术之路的，是2012年发表在《语文知识》（现在叫作《汉字汉语研究》）上的一篇题为《〈孔雀东南飞〉题旨臆解》的文章。当时读大二的我，向郑州大学文学院主办的《语文知识》投了一篇题为《〈孔雀东南飞〉题旨臆解》的文章，几个月后，编辑部的老师打电话交待文章刊发前的相关事宜。在交流过程中得知我还是一名本科生后，编辑老师立即表示抱歉并说期刊暂时不发表本科生的文章。我不免感到有些心灰意冷，不过事情在大概一个星期后发生了转机：我接到了时任《语文知识》主编王东教授的电话。在确定文章的确是我自己完成的之后，王东教授在电话那头说道："你的这篇文章比许多硕士生写得还要好。可以发表！"就这样，我的文章最终被破格刊于《语文知识》"研究生论坛"栏目。峰回路转后文章的成功发表，给当时还在读大二的我带去了莫大的鼓励，对于我后期选择学术道路也产生了重要影响。借此机会，再次向王东老师表达谢意！

温情之六:"王鑫真的很努力"。

"王鑫真的很努力",是我博士论文答辩时,我的博士生导师梁丹丹老师介绍我时对我的评价。够不够努力,我不清楚。但我清楚的是梁老师是我人生中的贵人之一。博士毕业时,我在学院毕业典礼上作学生代表发言时曾说道:"从某种意义上讲,将我们带入超越弯道的人,正是我们的导师。是他们的接纳和倾心指导,扩宽了我们的学术视野,坚定了我们的科研信仰,也改变了我们的人生轨迹!亲爱的导师,谢谢您,让我们体悟了笃学敏行的可贵!"的确,如果不是当年梁老师将宝贵的读博机会给了我,我可能走不到今天。借此机会,再次感谢梁老师,也感谢您百忙之中逐字逐句审阅指正,并为拙著作序。

温情之七:"这是一篇达到毕业水平的博士论文"。

有过读研经历的人都知道,预答辩甚至比正式答辩还要重要。预答辩不过(特别是博士阶段),很大程度上意味着要延期毕业。我至今清楚地记得,博士论文预答辩时,我的硕导杨亦鸣老师总结时说:"总的来看,这是一篇达到毕业水平的博士论文。"上述评价,及时雨般地给当时忐忑的我送去了一颗大大的"定心丸";我更加要感谢杨老师和语科院的各位为我无私地提供学习和实验方面的帮助。

回首来时路,遇到的温情时刻实在太多太多,有机会再一一细说。拙著付梓之际,还要感谢中国矿业大学中国语言文学一级学科经费和江苏省社科青年项目"汉语非宾格和非作格动词加工的神经机制研究"(21YYC004)对书稿出版的支持,感谢中国矿业大学人文与艺术学院各位同仁以及吉林大学出版社李承章老师、兰州大学出版社霍小钟老师、苏州大学出版社杨华老师和李志杰老师的帮助。还要感谢我的学生周万勤、李诗萌、孙程程、张百慧、梁晓敏、李鑫、李子隽、丁昭新等人在文稿整理过程中提供的帮助。

最后,简单说一下本书内容上的逻辑性。本书题为《现代汉语词汇和句法研究》,意在围绕词汇和句法两个层面,对现代汉语中一些议题作小切口、有深度的探讨。首先立足词汇层面的三级语言单位,讨论了现代汉语语素和词的关系(第一章)以及现代汉语词和短语的区别(第二章),在此基础上,考察了现代汉语网络词汇中的类词缀现象(第三章)以及现代汉语词汇的音义对应关系（第四章）。接着从句法层面讨论了现代汉语动词的及物性分类（第五章）、现代汉语不及物动词在语义-句法映射机制层面的分类（第六章）以及现代汉语"NP+X的"结构的语义-句法映射机制（第七章）。各章节之间的逻辑关系，在相关章节的开始也有说明。还需说明的是，拙著的部分内容发表在 *Brain Sciences*、《现代外语》《心理科学进展》《语言与翻译》等期刊上，感谢各位审稿人、责编和主编。

王 鑫

2023年11月于中国矿业大学南湖校区